阿尔寨石窟遗址保护资料汇编

（上）

阿尔寨石窟研究院　编

琪格琪　主编

文物出版社

图书在版编目（CIP）数据

阿尔寨石窟遗址保护资料汇编 / 阿尔寨石窟研究院

编. -- 北京：文物出版社, 2019.12

ISBN 978-7-5010-6412-0

Ⅰ.①阿… Ⅱ.①阿… Ⅲ.①石窟－文化遗址－文物

保护－资料－汇编－鄂托克旗 Ⅳ.①K879.29

中国版本图书馆CIP数据核字(2019)第250653号

阿尔寨石窟遗址保护资料汇编

编　　者：阿尔寨石窟研究院

责任编辑：谷　雨　李　飏
封面设计：程星涛
责任校对：孙　蕾
责任印制：梁秋卉

出版发行：文物出版社
社　　址：北京市东直门内北小街2号楼
邮　　编：100007
网　　址：http://www.wenwu.com
邮　　箱：web@wenwu.com
经　　销：新华书店
印　　刷：北京荣宝艺品印刷有限公司
开　　本：889mm×1194mm　1/16
印　　张：32
版　　次：2019年12月第1版
印　　次：2019年12月第1次印刷
书　　号：ISBN 978-7-5010-6412-0
定　　价：580.00元（全二册）

序

　　阿尔寨石窟寺位于内蒙古河套平原上的鄂托克旗阿尔巴斯（现属蒙西镇）中西部草原。石窟开凿在一座高约43、宽约90、长约300米的褐红色砂岩平顶山的崖壁上。因山顶上曾有寺庙故又称阿尔寨石窟寺。石窟始凿于北魏中晚期，毁于察哈尔林丹汗称雄时期，前后1200余年。相传，阿尔寨石窟原有洞窟108孔，因而又称百眼窑、众窟寺。石窟分三层不规则地分布在平顶山四周的崖壁上，现残存的洞窟有65个。阿尔寨石窟的主要内容有：一、石窟建筑——洞窟；二、壁画；三、浮雕石塔；四、题记；五、寺庙建筑遗迹等。其中现存精美的壁画2000多平方米，壁画内容丰富，价值很高，有"草原敦煌"之美誉，为研究少数民族佛教历史和古代的绘画艺术提供了重要的实物资料。

　　由于阿尔寨石窟位置偏僻，交通不便，多年未开展有效的保护工作，存在多种病害：裂隙切割形成的危岩体；洞窟内壁画表面发生起甲、酥碱、霉变、空鼓、地仗层脱落、烟熏油渍污染等；风沙对洞窟壁画造成的风蚀破坏；风沙侵蚀使崖壁中下层的洞窟被风沙掩埋；石窟裂隙渗水等。其中裂隙切割形成的危岩体，安全稳定系数低，随时有垮塌的危险，是阿尔寨石窟最为严重的病害，一旦石窟危岩体发生垮塌，对石窟的破坏是毁灭性的，石窟安全形势十分严峻，抢救性保护工作极为迫切。

　　阿尔寨石窟的重大意义和存在的严重问题引起了国务院及国家领导人的高度重视。2002年，时任国务院副总理李岚清同志对阿尔寨石窟的保护工作做出了专门批示。为落实国务院领导的批示，做好阿尔寨石窟的保护工作，使珍贵的历史文化遗产得到有效的保护，2002年10月，由国家文物局副局长张柏带队，国家文物局文物保护处处长柴晓明，内蒙古自治区政府、鄂尔多斯市政府、鄂托克旗政府领导及文物保护专家组成联合工作组赴阿尔寨石窟调研，对阿尔寨石窟保护工作做出了安排部署。2003年3月，经国务院特批，增补阿尔寨石窟为第五批全国重点文物保护单位。

　　受内蒙古自治区鄂托克旗文化局的委托，中国文物研究所（中国文化遗产研究院前身）承担了阿尔寨石窟前期勘察和抢险加固保护方案设计任务（第一期）。2003 年 6 月，中国文物研究所组织有关方面对阿尔寨石窟进行了地形测绘、近景摄影和病害调查。根据阿尔寨石窟现状、危害性的严重程度，制定了总体保护规划，开始按计划、有步骤地分期实施，并且将抢险加固保护工作列为首要任务，编制了第一期保护工程设计方案。

第一期保护工程的目的是危岩体加固，解决危岩体对石窟毁灭性破坏的威胁。主要工作内容是：采用预应力锚杆锚固、裂隙灌浆黏结加固、风化剥蚀凹槽内浇注锚杆混凝土相结合的措施加固危岩体。预应力锚杆平衡抵消危岩体的破坏力或破坏力矩；裂隙灌浆增强危岩体与山体稳定岩体的整体性和裂隙面区域岩体的黏结强度；风化剥蚀凹槽内浇注锚杆混凝土支护支撑悬空区域的岩体，改善岩体的受力状态，并防止凹槽岩体进一步风化，威胁到岩体的稳定性。

2005 年 6 月至 8 月，辽宁有色勘察工程公司承担了第一期保护工程的施工任务。2006 年、2008 年又相继实施了第二期、第三期加固保护工程，有效解决了阿尔寨石窟存在的岩体开裂、垮塌破坏以及渗水等病害，确保了阿尔寨石窟的安全。

阿尔寨石窟保护工作的特点有：

一、各级政府高度重视，确保了阿尔寨石窟保护工作及时、顺利地开展。以时任国务院副总理李岚清同志专门批示为契机，国家文物局、内蒙古自治区政府、鄂尔多斯市政府、鄂托克旗政府等组成联合工作组专门落实，指导保护工作。其中最为突出的工作是 2003 年 3 月，经国务院特批，增补阿尔寨石窟为第五批全国重点文物保护单位，为阿尔寨石窟保护工作提供了政策保障。

二、精密组织，统筹安排，有计划，分步骤，科学有序地开展保护工作。阿尔寨石窟保护工作历史欠账太多，基础工作十分薄弱，缺乏保护工作所需的地形图、地质勘查报告等。虽然阿尔寨石窟保存形势极其严峻，保护工作十分迫切，但文物保护工作的谨慎性，确保文物安全、万无一失的原则要求，决定了阿尔寨石窟保护工作必须尊重科学、尊重文物尊严，必须按照文物保护工作基本规律开展。为此，由当时的中国文物研究所牵头，联合中国地质大学、北京建筑工程大学、建设部勘察设计研究院、辽宁有色 101 勘察研究院等单位组成联合工作组，开展了石窟保护所必需的调查、勘察等基础工作，完成了阿尔寨石窟 1：200、1：500、1：2000 地形图测绘，阿尔寨石窟工程地质条件及病害勘察，《阿尔寨石窟遗址保护规划》编制以及相应的材料试验等工作。在此基础上，编制完成了第一期抢救性加固保护工程设计。并根据第一期保护工程实施经验和发现的问题，逐步深化，相继实施了第二期、第三期保护工程。

三、严格按照文物保护工程的原则要求和设计要求进行施工，保护工程效果良好。

虽然阿尔寨石窟保护工作取得了比较显著的成绩，但仍面临一些问题，比如壁画开裂、剥蚀及颜料脱落问题，风沙淤积掩埋问题，裸露雕刻的风化问题，建筑遗迹的保护与展示问题，石窟考古工作不足及研究基础薄弱问题等。阿尔寨石窟仍有许多工作需要开展、需要深化。保护好中华民族优秀的文化遗产，是历史赋予我们文物工作者重大而神圣的责任，我们理应踏踏实实做好保护管理工作。

中国文化遗产研究院副总工程师 王金华

2013 年 12 月于北京

编者按

  阿尔寨石窟是中国内蒙古境内现存规模最大的草原石窟建筑遗址。因其规模宏大、历史悠久、壁画精美而被誉为"草原敦煌"。石窟中大量的佛教故事和世俗内容的壁画、塔雕以及梵、藏、回鹘式蒙古文榜题，不仅展现了我国北方民族近千年来的宗教文化与世俗景象，对于考古学、文化人类学、语言文字学、民俗学、美术史、建筑艺术史等诸多学科也具有很高的研究价值。

  阿尔寨石窟虽然内涵丰富无与伦比，但人们认识、了解它的时间却不是很长，其保护研究工作的开展更是只有短短十几年。1956 年，内蒙古自治区文物考古所的张郁先生来到阿尔寨考察，这可能是阿尔寨石窟第一次进入文物工作者的视野。此后的二十余年间，阿尔寨石窟的保护研究工作仍处于空白。直到 20 世纪 80 年代，一些学者的考察报告陆续出版，才使得这一千年古迹逐渐为人们所知。随着阿尔寨石窟知名度的逐渐提高，其保护工作愈加受到重视，保护规格也不断提升。1991 年，鄂托克旗人民政府将阿尔寨石窟列为旗级重点文物保护单位，划定了保护区范围，并树立了文物保护标志。1996 年，内蒙古自治区人民政府将阿尔寨石窟列为自治区第三批重点文物保护单位。2003 年 3 月，阿尔寨石窟经国务院特批成为第五批全国重点文物保护单位，并以此为契机，开启了真正意义上的保护修缮工作。从 2004 年到 2009 年，阿尔寨石窟相继开展了石窟保护所必需的调查、勘察等基础工作，完成了地形图测绘、工程地质条件及病害勘察、《阿尔寨石窟遗址保护规划》编制以及相应的材料试验等工作。在此基础上，于 2006 年起先后实施了三期危岩体抢险加固工程和顶窟基础托换、抗风蚀工程，壁画修复，廊道台阶甬道以及环境整治等一系列工程。这些工程项目的实施，使得石窟安全得到维护，也为实施下一步的保护维修工作奠定了基础。在学术研究方面，这期间鄂托克旗举办了两次大型学术研讨活动，取得了一批价值较高的研究成果，也为保护维修工作提供了新思路、新手段。

  此次编辑出版《阿尔寨石窟遗址保护资料汇编》，目的就是为了梳理和总结此前的保护研究工作，对工程资料进行汇总，为以后的保护工作、修复工程提供依据。此次编辑过程中，笔者查阅了大量资料，对过去各资料中数据和说法上有出入的地方进行了统一，对表述不准确和印刷错误进行了更正：如对各种资料中关于石窟的规模、高度、地理坐标、壁画面积等数据以《阿尔寨石窟遗址保护规划》为依据进行了统一。阿尔寨石窟的所在地，原资料中为鄂托克旗阿尔巴斯苏木，后经撤乡并镇更名为蒙西镇，对此在早前的资料中仍保留了阿尔巴斯这一地名。此外，遗憾的是因为时间已经较久远，设计施工中的一些图片资料未能收入书中。总之，这次编辑成书力争做到以准确、翔实的数据，客观、严谨的表述，科学阐述阿尔寨文化的内涵和精华，为今后的学术研究、科研考古、保护发掘提供参考。但由于手头资料及个人知识水平有限，对于书中出现的错漏之处还请读者予以批评指正。

编　者

2015 年于鄂托克旗

目　录

上　册

下 册

图版目录

阿尔寨石窟遗址研究概况

奇·斯钦

在内蒙古鄂尔多斯高原西部，有一片古老而神奇的土地，它就是具有悠久历史和丰厚文化底蕴的千户之旗——鄂托克。这里有世界上最大的恐龙脚印；有"草原之谜"之称的古井群百眼井；有被誉为"植物大熊猫"的四合木；有新石器时代的乌仁都西岩画；有四大胜乐金刚圣地之一的深山古刹迪延庙；还有享誉海内外的阿尔寨石窟。

从鄂托克旗旗府所在地乌兰镇出发，沿着乌兰镇至千里沟的柏油路行驶至 130公里处，映入眼帘的是一座马蹄形山丘，这就是阿尔寨石窟。它位于鄂托克旗原阿尔巴斯苏木其伦拜嘎查北部（现为蒙西镇苏亥图嘎查），地理坐标为北纬 39.7°，东经 107.3°。这是一座由红砂岩形成的高约 43、东西长约 300、南北宽约 90 米的台地，下段是斜坡，上段是陡峭的崖壁。石窟所在山顶较平坦，上面有三座寺庙遗址，四周的陡壁上凿有 65 座石窟，分为上、中、下三层。南面崖壁石窟数量最多，保存比较完整的有 43 座，其中存有近千幅、两千多平方米的佛教壁画和世俗壁画。在第 32 号洞窟中，保存有大量的回鹘式蒙古文榜题和部分藏文、梵文榜题，这些壁画和榜题是研究阿尔寨石窟最珍贵的实物资料。另外，在东面和南面的崖壁上还凿刻有 24 座覆钵式浮雕佛塔和 1 座密檐式佛塔。因此可以说，阿尔寨石窟是集寺庙、石窟、岩刻为一体的佛教石窟，也是我国北方草原乃至整个蒙古高原规模最大的石窟建筑群。距离阿尔寨石窟以东 0.5 公里和东北方向 3 公里处，也有两座形状相似的山丘，较近的叫"巴嘎阿尔寨"（baɣa ardʒai 小阿尔寨），较远的叫"伊克阿尔寨"（jexe ardʒai 大阿尔寨）。在蒙古语中，阿尔寨（ardʒai）一词是词根 ar-"纹"加词缀 -dʒai "表示形状"而组成的名词，泛指物体"参差不齐"，地形"参差错落"的样子。在阿尔巴斯山脉东部平缓开阔的戈壁草原上，突兀耸立的这三座大小不同的山丘，从远处看参差不齐、错落有致，所以当地蒙古族牧民统称这三座山丘为阿尔寨乌拉（ardʒaiʊʊl 阿尔寨山）。有石窟的阿尔寨，山顶上面曾有过寺庙，因此叫苏米图阿尔寨（sumet ardʒai），其意为"有庙的阿尔寨"。或许是以前生长过杨树或者前面有一条红色河流流过的缘故，人们也叫它阿尔寨乌里雅素（ardʒai ʊlijas）或阿尔寨乌兰乌苏（ardʒai ʊlaan ʊs）。而当地的汉族居民则根据汉语习惯称其为"百眼窑"。

阿尔寨石窟在历史文献中出现的时间较毗邻的百眼井（明代史料中百眼井是东起偏头关、东胜关、黄河西岸一棵树，西至宁夏黑山嘴的明代河套地区边防十三城堡之一，参见明万历年间成书的《殊域周咨录》[1]）要晚一些。在可查据的史料中，阿尔寨石窟最早出现在鄂尔多斯伦鲁布班智达所编《智慧之明灯注解》（1757年）中，以"阿拉朱—阿贵——ardʒʊ aɣʊi"的形式出现。其后在蒙文史书中多次出现，在《那鲁班禅呼图克图之管家格里各瓦其尔函》（1861年）中为"阿尔扎—因—阿贵——ardʒa-jin-aɣʊi"。在《古代贤者所编成吉思汗至今日各朝皇帝编年史》（1885年）中为"阿里朱阿贵——aridʒu aɣʊi"。在《上奏额尔克·绰尔吉转世本源之抄本》（清光绪年间）中为"阿尔察—因—阿贵——artʃa-jin-aɣʊi"。而在天主教神甫绘制的《1902年时期的西南蒙古代牧区》的地图上则标注为"arzsjai"。1939年绘制的《伊克昭盟全图》中标其为"阿尔塞——arsai"。在《阿拉腾甘德尔》杂志上，阿拉腾达来搜集的一则传说中称该窟为"阿尔迪尔—因—阿贵——ardir-jin-aɣʊi"（阿尔迪尔——传说中的阿尔寨寺活佛）[2]。在比利时传教士、著名蒙古学家田清波编纂的《鄂尔多斯蒙古语词典》中，标注为"ardzā"，与现在的读法最为接近。

阿尔寨石窟寺被学术界发现是在新中国成立后。1956年，内蒙古文物工作队的张郁先生曾考察过阿尔寨，但未见考察报告。1981年，内蒙古文物工作队的田广金先生考察了阿尔寨石窟，发表题为《百眼窑石窟》[3]的考察报告，具有很高的学术价值。阿尔寨石窟真正意义上的学术研究始于1989年，由内蒙古社会科学院、内蒙古师范大学和内蒙古大学等单位组成单独或联合考察队，以石窟中的回鹘式蒙古文榜题为重点，前后进行了数次考察，发表了关于阿尔寨石窟回鹘式蒙古文榜题和佛教文化遗址的一系列研究论文，引起了国内外学术界的广泛关注和浓厚兴趣，从而拉开了阿尔寨石窟学术研究的序幕。

---

[1]　〔明〕严从简：《殊域周咨录》，北京：中华书局，1993年。

[2]　《阿拉腾甘德尔》1987年第1期。

[3]　田广金：《百眼窑石窟》，伊克昭盟文物工作站编《鄂尔多斯考古文集》，内蒙古农牧场总局印刷厂印刷，1981年8月。

　　阿尔寨石窟研究的标志性成果当首推由哈斯额尔敦、丹森等 7 位学者合作完成的《阿尔寨石窟回鹘蒙古文榜题研究》[1]，这是阿尔寨石窟学术研究的第一部代表作。该书对阿尔寨石窟的所有回鹘式蒙古文榜题进行了拍照、抄录、标音、注释，是一项带有抢救性质的工作。该专著出版后，日本、蒙古国及我国的一些知名学者给予了很高评价。学术界普遍认为，这是阿尔寨石窟研究的第一部真正意义上的学术专著，具有里程碑式的重大意义。据统计，迄今为止国内外公开出版的关于阿尔寨石窟研究的学术专著和论文集共 7 部，学术论文 130 余篇，内容涵盖了石窟考古、石窟艺术、榜题研究、文献研究、历史考证、建筑风格、风物传说、佛教文化、民俗民风、维修保护和旅游开发等众多领域。应该说，随着阿尔寨石窟被世人所了解，阿尔寨石窟的研究也渐渐地成为石窟学界和蒙古学界关注的热点之一。2008 年 9 月，内蒙古社会科学院、鄂尔多斯市委市政府、鄂托克旗委旗政府共同主持召开了"阿尔寨石窟国际学术研讨会"。这次会议正如杨利民（时任交通部党组成员、纪检书记）同志所说，在阿尔寨石窟文化研究史上是一次具有里程碑意义的重要会议，取得了许多重要成果。为了便于大家了解阿尔寨石窟研究工作所走过的历程，激发有志于研究阿尔寨石窟仁人志士的研究兴趣，笔者欲从以下七个方面对阿尔寨石窟的研究作一概说。

一、历史考古研究

　　阿尔寨石窟最初开凿于什么年代？出自什么人之手？在我国的汉蒙史籍中似无从查考，也是困扰学者们的一个谜团。根据现存的石窟形制、壁画内容以及榜题推断，大概有以下几种说法。

　　1. 元代或更晚些的观点。田广金先生在考察报告中首先指出："从整体上，阿尔寨石窟的开凿年代可能为元代或稍晚些。"郭俊成先生在论文《浅谈阿尔寨石窟壁画艺术》[2] 中谈到，从绘画艺术和色彩运用的角度看，西夏壁画受北宋影响"重墨轻色"，元代壁画受藏密影响"注重色彩的表现力"，而阿尔寨石窟壁画反映了元代的特征，应该"开凿于 13 ～ 14 世纪"之间。

　　2. 西夏或更早些的观点。在丹森、布仁巴图、纳·巴图吉日嘎拉合著的《阿尔

[1]　哈斯额尔敦等：《阿尔寨石窟回鹘蒙古文榜题研究》，沈阳：辽宁民族出版社，1997 年。
[2]　郭俊成《浅谈阿尔寨石窟壁画艺术》，《鄂尔多斯文化》2004 年第 4 期。

寨石窟佛教文化遗址概述》[1] 中，从早期被废弃情况、建筑风格、榜题字形、建筑
材料等四个方面对阿尔寨石窟进行考证，认为"可能始于西夏时代或更早些"（最
晚的工程在北元阿台汗之前）。之后，汤晓芳女士的论文《阿尔寨石窟的开凿与藏
传佛教艺术传入的年代》[2]，从图像来源及表现手法上，对阿尔寨石窟进行了探讨。
同时，汤女士还与西夏壁画进行了比较，提出了"两者是属于同一时期的绘画作品"
的观点。在方云先生等三人合作撰写的论文《阿尔寨石窟环境地质病害调查及防治
对策研究》和罗明先生等三人合作撰写的论文《阿尔寨石窟的保护、维修、论证》
中，根据壁画的特点也提出开凿于宋和西夏的观点。总之，汤晓芳女士提出的藏传
佛教在西夏晚期传入西夏以及辖区内的阿尔寨地区的观点与王大方先生的观点是一
致的。

　　3. 始于北魏，经历了西夏、蒙元、明朝四个时期的观点。王大方、巴图吉日嘎
拉、张文芳合作撰写的《百眼窑石窟的营建年代及壁画主要内容初论》[3]，从石窟
的建造风格、壁画反映内容入手，提出了始于北魏时期，经历了西夏、蒙元、明朝
四个时期的观点。潘照东、杨海英等学者也支持这种观点。另外，滑辰龙、巴图吉
日嘎拉、滑德威合作撰写的论文《阿尔寨石窟的建筑风格与内涵》一文，以图文并
茂的形式对第 1 号窟到第 34 号窟的窟形、壁面绘画以及窟门等组成因素一一介绍，
给人一种非常具体而直观的印象。罗虹女士的论文《阿尔寨石窟遗址构成、内涵与
发展方向探讨》详细列出了阿尔寨石窟遗址的构成要素，并对其内涵类别以及它在
当地人民群众心目中的崇高位置做了细致入微的阐述。在 2006 年召开的"阿尔寨
石窟文化全国学术研讨会"上，布仁巴图先生提交的《阿尔寨石窟发现的刻有六字
真言字样的青砖研究》一文，介绍了青砖正面的回鹘式蒙古文六字真言，并指出它
的奇妙之处在于砌成后的组合方式和奇特效果。这些砖专门用前后换行的两种模子
（两种模子里，把回鹘式蒙古文六字真言刻成前后两行，但前后置换）制作，砌成
后从上往下、从左到右都可以念出"唵嘛呢叭咪吽"。2008 年 9 月在鄂托克旗棋
盘井镇召开的阿尔寨石窟国际学术研讨上，陕西省秦始皇兵马俑博物馆的张尚欣、

[1]　丹森等：《阿尔寨石窟佛教文化遗址概述》，《内蒙古社会科学》汉文版 1991 年第 3 期。

[2]　汤晓芳：《阿尔寨石窟的开凿与藏传佛教艺术传入的年代》，《阿尔寨石窟文化全国学术研讨会论文
　　　集》，2006 年。

[3]　王大方等：《百眼窑石窟的营建年代及壁画主要内容初论》，内蒙古文物考古研究所编《内蒙古文物
　　　考古文集》，北京：中国大百科全书出版社，1994 年。

付倩丽、夏寅、王伟锋等几名学者发表了题为《拉曼光谱在阿尔寨石窟壁画及其他考古遗址颜料鉴定中的应用》和《偏光粉末显微法在颜料分析中的应用》两篇论文，作者把壁画脱落的残片作为样品进行分析鉴定后认为，阿尔寨石窟壁画颜料为矿物颜料，不同颜色来自于不同矿物质。拉曼光谱和偏光粉末显微法的应用在国内彩绘文物研究中属于领先技术，是首次使用自然科学方法对阿尔寨石窟进行研究的范例。这些技术在阿尔寨石窟壁画研究中的应用，不但可以为探索古代蒙古族的采矿技术、颜料技术、施彩技术提供可靠的信息，还可以为阿尔寨石窟壁画的修复和保护方案提供科学依据。

　　与此同时，与阿尔寨石窟相关的历史人物和历史事件研究也不断深入，取得了可喜成果。阿尔寨石窟所在的山顶上有三座寺庙遗址，关于该寺庙的建造者和毁坏者，在蒙文史书中有记载。《上奏额尔克·绰尔吉转世本源之抄本》（清光绪年间）中说："二世丹巴道尔吉转生于藏地，来到鄂尔多斯阿尔寨石窟建造寺庙，并用金粉抄写《甘珠尔》，塑造完成了三身守护尊，为众生诵经。"那·胡日查毕力格根据有关资料推断，二世迪鲁瓦——丹巴道尔吉的在世年代为 1569～1649 年（明朝时期）。1990 年田野调查中发现的《甘珠尔》残片是用金粉和银粉抄写的，而阿尔寨石窟东南侧的小山岗上曾有过甘珠尔敖包，以此推断，二世丹巴道尔吉在此大兴宗教活动是很有可能的。此外，关于寺庙被毁这一事实，在《古代贤者所编成吉思汗至今日各朝皇帝编年史》（1885 年）中说："林丹汗甲辰年登基，他本是法王，但突然恶魔缠心，欲适西藏毁教，途中抢走博硕克图吉农夫人，那时破坏了宫帐神祇、寺庙和阿里朱阿贵。"虽然这些史料在一定程度上是可信的，但是，阿尔寨石窟寺的建造者是否是二世迪鲁瓦？破坏者是否是林丹汗？还需要做进一步的研究和考证。那·胡日查毕力格和仁庆道尔吉二位先生在论文《以历史史料来求证阿尔寨石窟研究中存在的疑难问题》和《阿尔寨石窟传说以及名称及被废弃年代考》中，分别根据上述文献资料和当地的地名传说，认为阿尔寨石窟寺于 1632 年或 1633 年毁于林丹汗之手。《阿尔寨石窟——成吉思汗的佛教纪念堂兴衰史》的作者杨海英和巴图吉日嘎拉则认为，林丹汗身为虔诚的佛教徒、护法王，并且在西行路上一直由鄂尔多斯的额林臣吉农、萨冈彻辰等当地贵族陪同，不可能破坏阿尔寨。色·斯琴毕力格认为，林丹汗路经鄂尔多斯途中抢走成吉思汗毡帐并破坏寺庙是有文献记载的，是大部分学者都认可的一个历史事实，如果林丹汗没有破坏阿尔寨石窟寺，那么当地就不可能产生那么多的传说和记载。不管怎样，从阿尔寨遗址的某些遗物看，毫无疑问，阿尔寨石窟曾有过香火不断的繁荣景象，也遭遇过至少一次包括火灾在内的大劫难。中国学者那·胡日查毕力格根据《迪鲁瓦的智慧》《上奏额尔克·绰尔吉转世本源之抄本》《迪鲁瓦传》等珍贵史料，日本学者杨海英根据曾旅居美国的七世迪鲁瓦扎木斯仁扎布的回忆录等资料，围绕阿尔寨与班禅召、班禅召与迪鲁瓦等课题展开了卓有成效的研究，基本理清了阿尔寨与班禅召、班禅召与迪鲁瓦、迪鲁瓦与那鲁、班禅召与那鲁班禅寺的关系。那·胡日查毕力格在论文《关于阿尔寨石窟主持迪鲁瓦呼图克图转世小考》中，初步论证了迪鲁瓦呼图克图这一封号的由来，以及历代迪鲁瓦呼图克图的姓名、出生地、出生年份和圆寂年份。此外，在民间有班冲那颜为了捍卫自己的家庙阿尔寨寺与林丹汗血战阿尔寨的传说。色·斯琴毕力格根据《蒙古源流》的记载，认为传说中的班冲那颜是鄂托克旗王爷的祖先伯桑豁尔的孙子，是大正·宰桑的儿子班冲·黄台吉，是与额林臣吉农同时代的历史人物。成吉思汗是否来过阿尔寨地区一直是人们关心的话题，有些学者试图从阿尔寨周边地区的地名中找出一些线索来证明成吉思汗与阿尔寨的关系，比如说把鄂托克旗的"阿尔巴斯"和"千里沟"说成是《蒙古秘史》《元史》中出现的"阿儿不合"和"起辇谷"等等。"阿尔巴斯"与"阿儿不合"、"千里沟"与"起辇谷"之间虽然部分谐音，但是语音对应是有规律的，要证明它们是一个词必须找出它们之间的对应关系和演变规律，仅从表面的部分谐音现象来考证还略显不足。尤其是从历史事件的发生地来看，很多学者无法接受鄂托克旗的"阿尔巴斯"是成吉思汗打猎受伤之地以及"千里沟"是成吉思汗长眠之所的说法。还有一部分学者把阿尔寨石窟 28 号窟的一幅壁画称为成吉思汗家族图。他们把中间位置的头戴瓦楞帽，盘腿而坐，右手举于胸前，左手放于腿上的，明显是高僧模样的人说成是成吉思汗的御容，以此来证明成吉思汗来过阿尔寨。众所周知，成吉思汗不信佛，因而不可能着僧侣装端坐于蒙古贵族中间。我们不排除存在着成吉思汗来过阿尔寨的可能性，但科学需要证据，做学问需要确实可信的资料基础。到目前为止，从阿尔寨遗址和史书中尚未找到成吉思汗在阿尔寨地区活动过的确凿证据。尽管如此，丝毫不会影响阿尔寨石窟本身的文化价值和对外的知名度，阿尔寨石窟的魅力在于它自身拥有的文化内涵和在草原文化中的地位。

二、壁画艺术研究

壁画是绘制在石窟或寺院等建筑物上的墙体艺术。中国古代佛教昌盛，为我们保存了大量的佛教壁画。这些绘制在石窟和寺院的佛教壁画不但是精美的绘画艺术，而且还是研究我国古代文化的第一手资料。阿尔寨石窟虽然地处荒漠，历经沧桑，曾遭受过自然和人为的严重破坏，但至今仍保存有两千多平方米、近千幅壁画，这样的规模在新疆和甘肃地区以外的石窟中是绝无仅有的。

阿尔寨石窟的壁画研究可以分为两大类：一类是壁画内容的解说性文章；另一类是对艺术风格的描述性文章。1994年出版的《内蒙古文物考古文集》上，王大方、巴图吉日嘎拉、张文芳等合作发表了论文《百眼窑石窟的营建年代及壁画主要内容初论》。文中对阿尔寨石窟部分壁画内容进行了初步考证。他们认为，第31号窟内右侧壁画、第28号窟主龛左侧壁画、第28号窟主龛右侧上方壁画、第31号窟内左侧壁画分别是供养菩萨像，各民族僧俗人等礼佛图，蒙古族丧葬图，成吉思汗及后妃、四子受祭图。收入《草原敦煌——阿尔寨石窟探秘》一书的潘照东先生的系列论文，除对上述壁画的命名作了一些改动之外（如把王大方命名的各民族僧俗人等礼佛图，蒙古族丧葬图，成吉思汗及后妃、四子受祭图等更名为元代礼佛图、成吉思汗安葬图、成吉思汗家族崇拜图等），就壁画内容而言，基本接受了王大方等人的观点。哈斯额尔敦、丹森等编著的《阿尔寨石窟回鹘蒙古文榜题研究》，根据佛像画和回鹘式蒙古文榜题，将32号窟中的壁画分别解说为三十五佛、二十一度母、十六罗汉、四大天王像。陈育宁、汤晓芳的论文《阿尔寨石窟男女双身佛像探析》，对阿尔寨石窟28号窟内的男女双身佛像的图像来源（出自瑜伽恒特罗及无上瑜伽恒特罗诸经典，藏传佛教独有，通过西夏传至阿尔寨）、寓意等做了简单的介绍，之后详细描述了阿尔寨石窟男女双身佛像的各种姿势以及艺术造型，同时他们认为"双身佛像进入阿尔寨石窟的最早年代可推测为西夏中、晚期"。巴图吉日嘎拉先生的论文《初释阿尔寨石窟第31号窟壁画》和《浅论阿尔寨石窟31号窟壁画所反映的有关八思巴重大活动的几幅图》，把王大方、潘照东所说的礼佛图解释为八思巴讲经图。巴图吉日嘎拉、杨海英合作完成的两部著作《阿尔寨石窟》和《阿尔寨石窟——成吉思汗的佛教纪念堂兴衰史》中，根据八思巴名著《彰所知论》里把成吉思汗比喻为"转轮王"的一段描述，将31号窟窟门东侧南壁上的一幅画解释为成吉思汗上升为多闻天王，称之为"成吉思汗镇守蒙元汗室图"。随着阿尔寨石窟研究的不断深入和研究队伍的不断扩大，壁画艺术的研究也随之成熟。如那·胡日查毕力格的论文《释读阿尔寨石窟31号窟丧葬图》，对所谓的丧葬图进行了全面反思，认为该图的内容并不是反映蒙古族丧葬仪式，而是反映佛教六字真言中"呢"

字所蕴含的人生所经历的"生""老""病""死"之苦，是一幅六字真言变相图。2008年9月在阿尔寨石窟国际学术研讨会上，对一些壁画的内容有了权威性的解释。如陈育宁、汤晓芳、刘永增等知名学者提交的论文《阿尔寨石窟31窟毗沙门天王变相图释读》《阿尔寨石窟31窟毗沙门天王与八大夜叉曼荼罗图像解说》中把所谓的"成吉思汗镇守蒙元汗室图"更正为"毗沙门天王像"，并对该图的流传年代、地域、相关文献和同一类作品做了详细的解说。巴图吉日嘎拉、杨海英在《阿尔寨石窟》一书中对31号窟主尊侧列的20幅方块画解说为"度母故事"。张宝玺、魏文斌在论文《阿尔寨石窟31号窟观音救难图》中认为图像与观音救八难有关。色·斯琴毕力格在论文《阿尔寨石窟研究中暴露出来的若干重要问题》中将佛教在蒙古地区广泛传播的历史年代，壁画中历史人物的年龄、体貌、服饰、表现形式及位置等多种因素加以考虑，把所谓的"成吉思汗家族崇拜图"的内容释读为"阿拉坦汗等蒙古贵族迎接三世达赖喇嘛"；把"八思巴讲经图"的内容释读为"以蒙古族为首的各族僧俗祈求四世达赖喇嘛早日转世"，更符合历史本来面目的观点。关于"六道轮回图"，以前也有人说是表现蒙古族的丧葬仪式，但现在的观点趋于一致。

　　除了壁画内容外，阿尔寨石窟的壁画艺术特点和风格也特别引人关注。如上所述，汤晓芳、郭俊成的论文是以考证阿尔寨壁画绘制年代为目的，与宋代、西夏和元代壁画相比较，对阿尔寨石窟壁画艺术特色进行了分析和概括。另外，那顺巴图的《阿尔寨石窟壁画部分作品赏析》、康·格桑益希的《试析阿尔寨石窟壁画的艺术特色》、乌力吉的《阿尔寨石窟壁画及其图像来源》都是这方面很有分量的文章。那顺巴图从艺术鉴赏的角度对阿尔寨石窟中的四幅壁画的艺术特点进行了剖析和评价，认为这些壁画"堪为中国壁画经典之作"，认为水陆画的绘制者"毫不亚于同时代的意大利画家"。康·格桑益希先生是资深佛教艺术专家，他的论文第一次对阿尔寨石窟壁画的题材内容、构成形式、人物造型、色彩运用、线描风格作了详细分类，并给予精辟的概括，对鉴赏和研究阿尔寨石窟壁画具有指导意义。乌力吉的论文主要阐述了阿尔寨石窟壁画的图像来源和艺术特色，他认为阿尔寨石窟壁画的题材和图像主要来自于西藏唐卡艺术和《造像量度经》，艺术特色除了具有西域文化、中原文化的印记外，还有鲜明的鄂尔多斯高原蒙古民族民间艺术特色，按照他的观点，阿尔寨石窟壁画是鄂尔多斯蒙古人创造的文化。值得欣喜的是，2008年9月的阿尔寨石窟国际会议上，除敦煌研究院、麦积山石窟艺术研究所的学者们带来了丰盈的学术成果外，国外壁画学界和美学界的专家学者们也带来了一些优秀论文。

如德国学者雷纳特·克里斯汀提交的论文《阿尔寨石窟壁画与乔托壁画的比较》中，第一次把阿尔寨壁画与意大利教堂壁画相比较，指出了二者之间在建筑物与风景相互交错等方面的共同点；德国学者艾德里安·哈瑞提基、罗伯特·富克斯提交的论文《关于对中国内蒙古阿尔寨石窟壁画和彩绘进行原地科学调查的建议》中强调当地政府编制一份保护、维修、研究和开发为一体的规划的重要性，指出研究这些壁画能够提供古代颜料技术方面的宝贵知识，原地修复工作和研究中应采用的技术手段有视频显微镜、色彩射谱法、可视红外线、紫外线反射复制法、手持式 X 射线荧光光谱分析等。

　　阿尔寨石窟壁画不仅属于佛教艺术，更属于蒙古民族艺术。阿尔寨石窟壁画不但是因为反映佛教文化内容而显得珍贵，更重要的是蕴含着古代蒙古族政治、宗教、军事、科技、艺术、民俗等多种信息因而弥足珍贵。众所周知，阿尔寨石窟壁画的绝大部分是佛教壁画，但这些佛教壁画深深地烙上了蒙古人的印记，可以说是蒙古化的佛教壁画。比如"六字真言变相图""六道轮回图"中人和物的外部特征（蒙古包、蒙古袍等）属于蒙古族，但反映的内容却是佛教故事；有些佛教内容壁画中骑马的蒙古人或以填补空白，或以装饰、点缀作用而出现，这些民族化了的人和物，给我们留下了无限的遐想空间和猜测余地。正因为如此，阿尔寨石窟壁画研究在起步阶段曾出现过一些推测的成分，这也是不足为奇的。随着研究工作的不断深入和研究队伍的不断扩大，今天阿尔寨石窟壁画研究出现了喜人的局面和突破性的进展。

三、榜题与文献研究

　　阿尔寨石窟是世界上保存回鹘式蒙古文榜题最多的一处遗址，它集中出现在第 32 号窟内。阿尔寨石窟壁画，有时采用深色线条将一个个完整而又不同的人物或情节，或横或竖以多列方形网格的形式分割成若干画面，它们之间既有内在联系，又有相对独立的内容。同时，网格形式视题材内容和场景的不同，又可分为横排多行、多行多列和满壁分格三种形式。第 32 号窟的壁画采用的形式是满壁分格式，窟内东、西、南三壁，被分成四排方格形的空间，每格内绘一尊佛像（大约有 88 个方格），而每尊佛像的两侧和上方各有竖和横的长方形榜题栏。我们知道蒙文诗一般是四行诗，所以画工们用较宽的白、绿、红、灰四色相间的彩色条线作为榜题界栏，方格上面的四色榜题栏里书写梵文、藏文榜题，方格两旁的四色榜题栏里书写蒙文榜题。壁画的内容分别是三十五佛像、二十一度母、十六罗汉像、优婆塞达摩多罗和四大天王像等，榜题的内容是与这些佛像相对应的赞美诗，即忏悔三十五佛之赞歌、二十一度母礼赞、十六罗汉颂、优婆塞达摩多罗颂和四大天王赞歌等。梵文、藏文榜题破损严重，几乎没有留下完整的句子，但可以看出其内容与蒙文榜题相同。蒙文榜题虽然也遭受破坏，但较之其他文字保存状态较好，由于它的字体是回鹘式的，所以有着较高的学术价值。

　　阿尔寨石窟回鹘式蒙古文榜题的研究成果比较多，其中哈斯额尔敦、丹森等7名学者合著的《阿尔寨石窟回鹘蒙古文榜题研究》一书是当之无愧的代表作，该书在阿尔寨石窟榜题研究和文物保护方面做出了以下三点贡献：第一，成功释读了第32号窟中所有回鹘式蒙古文榜题字；第二，对阿尔寨石窟第32号窟中以榜题形式存在的蒙文赞诗，不管是完整的或残缺不全的，甚至是剩下一两个字的诗句，无一遗漏地进行拍照、抄录、标音，并附以参考文献以及复原说明和注释，这项工作在保护条件尚属欠缺的今天，具有抢救文物的意义；第三，从语言文字、佛教文化以及文献学的角度详尽地介绍了这些榜题文献的来源，可供参考的各种蒙文版本，第32号窟壁画和榜题的特点（像容表现、身色、持物、布局、保存情况等），另对某些佛教词语等给予了比较权威的解释，为进一步深入研究回鹘式蒙古文榜题奠定了良好的基础。此外，2006年在鄂托克旗举行的阿尔寨石窟文化全国学术研讨会上，色·斯琴毕力格和莫·巴特尔两位先生从这些文献的创作年代，鄂尔多斯地区佛教传播的年代，阿尔寨石窟回鹘式蒙古文榜题的字体字形、标点符号和某些虚词的词义演变等多方面进行考证后提出，阿尔寨石窟回鹘式蒙古文榜题的书写年代应该在16世纪末至17世纪初之间，具有较强的说服力。2008年在鄂托克旗棋盘井镇举行的阿尔寨石窟国际学术研讨会上，乌·呼日勒巴特尔先生发表了题为《阿尔寨石窟回鹘式蒙古文榜题中出现的语法形式》的专题论文，标志着阿尔寨石窟回鹘式蒙古文榜题的研究从释读阶段进入语言成分分析阶段。

　　榜题是与画像密切相关的文字，内容分为解释性和赞颂性两类。阿尔寨石窟回鹘式蒙古文榜题是一些佛教赞美诗，所以这些榜题本身就是写在墙壁上的珍贵的文献资料。研究这些文献资料对于了解佛教在蒙古地区的传播、蒙古族佛教文学、蒙古族藏蒙翻译史等具有重要的学术价值。关于这方面的研究，除了哈斯额尔敦、丹森等的《阿尔寨石窟回鹘蒙古文榜题研究》外，还有巴图吉日嘎拉、杨海英合著的《阿尔寨石窟——成吉思汗佛教纪念堂兴衰史》、嘎日迪的《关于〈二十一度母礼赞〉

不同译文的若干问题》、张双福的《阿尔寨石窟壁画榜题〈二十一度母礼赞〉研究》等。巴图吉日嘎拉、杨海英和嘎日迪的研究，主要介绍了国内外新近发现的各种版本的《二十一度母礼赞》。张双福的研究重点是，通过对多种版本《二十一度母礼赞》的比较研究，力图复原阿尔寨石窟第 32 号窟壁画榜题《二十一度母礼赞》的残缺部分。他在论文中利用的蒙古文、藏文、汉文三种文字版本的《二十一度母礼赞》达二十多种，使得还原阿尔寨石窟第 32 号窟壁画榜题《二十一度母礼赞》本来面目的工作成为可能。张双福的这篇论文是继《阿尔寨石窟回鹘蒙古文榜题研究》之后，在阿尔寨石窟回鹘式蒙古文榜题和文献比较研究方面的又一力作。日本学者在阿尔寨石窟出土文献研究方面贡献很大，如杨海英先生分别于 2005 和 2008 年出版的《阿尔寨石窟 1 号窟出土蒙古文古文献》和《蒙古的阿尔寨石窟——其兴衰的历史与出土文献》，前者将阿尔寨石窟出土的蒙古文木刻本残片 59 页以影印的形式发表，并认为这是继吐鲁番、黑城、奥伦苏木古城和蒙古国哈日布赫地区出土古文献之后的又一次重大发现；后者发表了阿尔寨石窟出土的《格萨尔传》断片，并在与俄罗斯发现的同类抄本进行比较研究的同时，用影印形式发表了北京图书馆藏元代木刻本《二十一度母礼赞》，在与阿尔寨石窟第 32 号窟《二十一度母礼赞》相比较后认为，阿尔寨石窟第 32 号窟《二十一度母礼赞》直接传承了元代木刻本《二十一度母礼赞》。杨海英先生作为旅居海外的蒙古族学者，十几年如一日地致力于阿尔寨研究，并给国内学者提供许多珍贵的文献资料，确实难能可贵。除此之外，日本学者佐藤直实在 2007 年 3 月 27 日于日本静冈大学举行的"丝绸之路草原之途上的阿尔寨石窟的历史与文化国际学术研讨会"上发表了题为《关于阿尔寨石窟出土藏文文献》的论文，初步整理发现了《八千颂般若经》《诸品积咒经》《护国仁王经》等藏文文献的断片。日本大阪大学青年教师山口周子在 2008 年"阿尔寨石窟国际学术研讨会"上发表了《关于阿尔寨石窟壁画文字的报告》，文中第一次成功释读了阿尔寨石窟第 32 号窟中的梵文、藏文《二十一度母礼赞》，并用拉丁音标予以标注。由此可见，在阿尔寨石窟研究中，到目前为止榜题和文献研究始终是主流和突破口，取得的成绩也最大。

四、民间传说研究

传说虽是加工过的文学作品，但传说大都有着某种历史背景，所以传说也是一个民族的"口承历史"或"口头记忆"。研究一个地方的传说往往有助于揭开当地的历史之谜，阿尔寨石窟传说也是如此。阿尔寨石窟传说给阿尔寨石窟研究提供了很多有用的线索，如阿尔寨石窟寺的建造者和破坏者以及大致的开凿年代，都可以在这些传说中得到印证。有关阿尔寨石窟和周边地区的民间传说很多，散见于《乌仁都西》《努塔噶·乌苏》《鄂托克旗文史资料》《阿拉腾甘德尔》《鄂尔多斯地名传说》《鄂尔多斯寺庙》和 2006 年《阿尔寨石窟文化全国学术研讨会论文集》等书刊，不过此前的研究大都停留在整理出版的层面上。可喜的是，近几年那·胡日查毕力格和格日勒扎布发表的两篇论文，可以说把阿尔寨石窟传说研究提升到了科学研究的高度。对原始资料进行筛选和鉴别是从事科学研究最基本也是最基础的工作，其目的就是去伪存真、去粗取精，只有这样，科学研究才能在可靠资料的基础上取得满意的成果。那·胡日查毕力格的论文《研究历史地名传说的重要性——以阿尔寨石窟历史传说为例》，列举了与阿尔寨石窟相关的几则民间传说，即《阿尔迪尔活佛与哈喇章汗》《道布钦·迪鲁瓦与哈喇章汗》《察哈尔河》等，并指出这些传说是有历史依据的，研究这些传说有助于揭开阿尔寨之谜。但是迎合市场经济需要而临时编造的传说无助于阿尔寨石窟研究，它们因为误导消费者而最终也无益于当地的旅游开发事业。2008 年 9 月在鄂托克旗举行的阿尔寨石窟国际学术研讨会上，格日勒扎布先生发表的题为《阿尔寨石窟传说简析》的论文，在对阿尔寨石窟传说资料进行了必要的梳理、分析和鉴别的基础上做出了科学的界定，他把阿尔寨石窟传说分为"风物传说"和"史事传说"两大类，认为阿尔寨石窟传说中的风物传说即地名传说是有事实依据的，所以有一定历史文化内涵和科学研究价值；而所谓的杨六郎军队屯驻百眼窑和百眼井地区的传说以及当地牧民嘎拉仓敖斯尔发表的有关阿尔寨石窟寺的四则传说属于史事传说范围，是次生态文化的产物，经后人加工或杜撰的可能性很大，所以不具备科学研究的价值。总而言之，上述两位学者的论文，是阿尔寨石窟传说研究走向成熟、走向科学的标志。

五、保护与开发研究

阿尔寨石窟由于历史原因，长期受到自然和人为因素的破坏，面临的保护任务非常紧迫而繁重。阿尔寨石窟在 2003 年被国务院批准为国家级重点文物保护单位后，国家和地方政府采取了一系列抢救性保护措施。2003 年，中国地质大学对阿尔寨石窟进行了地形地貌、地质构造、水文地质条件等工程地质勘查，并在取样分析后提出了阿尔寨石窟的病害防治对策。同年中国文物研究所编制了《内蒙古自治区鄂托克旗阿尔寨石窟第一期保护工程——危岩体抢险加固工程设计方案》。2005年，受鄂托克旗人民政府委托，中国文物研究所和北京建筑工程学院城市研究所编制了《阿尔寨石窟遗址保护规划》。与此同时专家学者纷纷发表文章，提出保护工作的必要性和对策方法。如方云、王金华、巴图吉日嘎拉合作撰写的论文《阿尔寨石窟环境地质病害调查及防治对策研究》，罗明、李西民、巴图吉日嘎拉合作撰写的论文《阿尔寨石窟的保护、维修、论证》等，均从保护角度论述了阿尔寨石窟的病变情况和病害种类，并提出了防治病害的具体意见和方法，具有较强的可操作性。在 2008 年的阿尔寨石窟国际学术研讨会上，罗明提交的论文《论阿尔寨石窟文物保护中存在的几个问题》，对现行的壁画修复工作提出了五点意见，并指出有必要调整修复方案，进行重新修复。阿尔寨石窟是一处珍贵的文化资源，也是富有神秘色彩的人文景区。处理好保护与开发的关系，对于阿尔寨这样破坏严重的文物单位尤为重要，在这方面学者们也进行了一些有益的探讨。纳·苏雅拉在论文《阿尔寨石窟的保护与对外开放对鄂托克旗旅游业的推动作用》中强调，应在有效保护的前提下合理开发，并提出了推动阿尔寨旅游事业发展的几点意见和措施。牧仁在论文《关于开发阿尔寨石窟文化旅游业的几点思考》中主张打破鄂尔多斯市固有的旅游格局，将成吉思汗陵旅游景区和阿尔寨石窟景区对接起来，提出了开辟一条以成吉思汗为主题的蒙元文化精品线路的设想。奇·朝鲁在论文《对开发利用阿尔寨发展旅游业之我见》中强调处理好政府、开发企业和当地牧民之间的利益关系，以及顺利启动旅游业的重要性，同时还认为只有这样才可以达到保护与开发双赢的目的、文化与经济互促联动的局面。如果说阿尔寨石窟的考古、艺术、榜题等研究是对历史科学的探求的话，那么有关保护与开发的研究，是给当地政府全面保护研究和有效开发利用提供决策依据。

六、综合性研究

近几年除了专题研究外，《中国蒙古学》等刊物上还刊登了一些综述性的文章，有张双福的《阿尔寨石窟文化全国学术研讨会概略》、纳·巴图吉日嘎拉的《阿尔寨石窟佛教文化研究概述》和满达的《阿尔寨石窟研究概况》等等。张双福的文章是 2006 年阿尔寨石窟文化全国学术研讨会综述，作为此次会议的成果，重点介绍了会上提交的十几篇较有分量的论文。纳·巴图吉日嘎拉的文章着重介绍了在阿尔寨石窟研究方面具有影响力的 9 位学者的论文和著作以及这些成果被媒体报道或书刊引用的情况。满达的文章主要介绍了用蒙文发表的有关回鹘式蒙古文榜题的研究成果。另外，苏罕·格日乐图的书评《评〈阿尔寨石窟〉一书》对书中的某些新观点、新资料做了充分肯定，同时又对某些资料的可靠性和某些观点的正确性提出了质疑。

七、学术交流活动

科学扎根于交流，起源于讨论。随着阿尔寨石窟学术研究的深入，相关学术活动也活跃起来，应该说这也是阿尔寨石窟研究中一个耀眼的成果。学术交流是相互了解、互通有无、共同提高的有效方式，阿尔寨石窟学术研究的不断深入和影响力的不断扩大也得益于这些学术交流活动。迄今为止，这方面的重要活动有：

1990 年 10 月，内蒙古师范大学举行"阿尔寨石窟、敦煌石窟回鹘蒙古文题记考察研究全国学术报告会"。

2006 年 7 月，鄂托克旗乌兰镇举行"阿尔寨石窟文化全国学术研讨会"。

2006 年 10 月，德国雷根斯堡自然博物馆举行"阿尔寨石窟壁画临摹展"。

2007 年 3 月，日本静冈大学举行"丝绸之路草原之途上的阿尔寨石窟的历史与文化国际学术研讨会"。

2008 年 9 月，鄂托克旗棋盘井镇举行"阿尔寨石窟国际学术研讨会"。

2010 年 8 月，鄂托克旗乌兰镇举行"首届鄂托克·阿尔寨文化高层论坛"。

2012 年 8 月，鄂托克旗乌兰镇举行"第二届鄂托克·阿尔寨文化高层论坛"。

阿尔寨石窟研究，从无到有、从小到大，今天已经取得骄人成绩。阿尔寨石窟研究，早已突破了单一的语言文字学和文献学的范畴，正向着佛教文化学、文物考古学、美学、文化人类学、史地学、民俗学、建筑学等研究领域纵深发展，已成为我国石窟考古学、蒙古学、草原文化学的重要组成部分和一个亮点。但是，阿尔寨石窟研究中的很多难点问题还没有得到解决，摆在我们面前的任务依然很重，需要我们继续努力。诸如阿尔寨石窟的开凿年代，壁画的绘制年代、内容、风格以及相关历史人物等等……尤其是涉及最精华的部分——世俗壁画的内容方面还没有一个统一权威的说法，这些都需要我们进行深入细致的研究。我们只要本着科学、严谨、客观、求实的态度，不断地去探索努力，最终展现在世人眼前的将是一个奇妙而不虚夸、神秘而不缥缈的阿尔寨，相信揭开阿尔寨石窟古老文化神秘面纱的那一天已经离我们不远了。

第一部分
阿尔寨石窟遗址保护规划

项目名称：内蒙古自治区阿尔寨石窟遗址保护规划

委托单位：内蒙古自治区鄂尔多斯市鄂托克旗文化局

编制单位：中国文物研究所

北京建筑工程学院城市研究所

编制时间：2004 年 10 月、2005 年 4 月、2005 年 12 月

项目审定人：傅清远　中国文物研究所

项目负责人：姜中光　北京建筑工程学院城市研究所

参编人员：王金华　中国文物研究所

曾雪华　北京建筑工程学院城市研究所

郑东阳　北京建筑工程学院城市研究所

刘小飞　北京建筑工程学院城市研究所

张小林　北京建筑工程学院城市研究所

姜　芃　北京建筑工程学院城市研究所

阿尔寨石窟遗址保护规划规划文本

第一章　总　则

第一条　规划目的

为推进阿尔寨石窟遗址的保护工作，将遗址的保护和展示纳入法制轨道，有效控制遗址区的周边草原环境，使遗址得以可持续地传承后世，特制定本规划。

第二条　规划性质

本规划为历史遗存保护专业性总体规划，凡涉及阿尔寨石窟遗存保护、利用、管理等有关问题均以本规划为依据。

本规划须与鄂托克旗的城乡总体规划相衔接，与本地区环保、旅游、土地等相关行业规划协调一致，互为补充，以共同实现对石窟遗存的保护。其他规划与本规划冲突时，以本规划为准。

第三条　规划编制依据

《中华人民共和国文物保护法》

《中华人民共和国文物保护法实施细则》

《中国文物古迹保护准则》

《中华人民共和国环境保护法》

《中华人民共和国土地法》

《中华人民共和国村镇建设管理条例》

《国务院关于加强和改善文物工作的通知》

《全国重点文物保护单位保护规划编制审批办法》

《全国重点文物保护单位保护规划编制要求》

第四条　规划范围

以阿尔寨石窟为中心的周围地区，规划范围涉及的行政区划主要是鄂尔多斯市鄂托克旗境内的阿尔巴斯苏木（现为蒙西镇）东北部苏亥图以南地区。

第五条　规划期限

近期：2005～2010年

中期：2011～2015年

远期：2016～2025年

第六条　遗址概况

阿尔寨石窟又名百眼窟，是内蒙古地区现存规模最大的佛教石窟群。位于内蒙古自治区鄂尔多斯市鄂托克旗阿尔巴斯苏木的北部大草原中，地理坐标为东经107°10′，北纬39°43′。距鄂托克旗人民政府所在地乌兰镇约130公里。

石窟在鄂托克旗境内北部草原低缓丘陵地中，是一座孤立突起的红色砂岩小山岗。山顶海拔高度1460米，与周围高差约40米。东西长约300米，南北宽70～90米。

阿尔寨石窟开凿于西夏时期，盛于元代。明末清初停止开凿且不再举行佛事活动。洞窟分布在崖顶以下高约30米范围内的峭壁上，在其山顶上还有6座建筑基址。据统计，编号洞窟65个，另有少量洞窟被沙石掩埋。崖壁上浮雕有覆钵式佛塔和方形密檐式佛塔22个。由于砂岩山体的岩石不适于雕刻，洞窟采用泥塑佛像和绘制壁画的方式表现佛教的相关内容。现存石窟中的塑像等虽已无存，但许多石窟内保存有精美的壁画，石窟现存壁画的内容与艺术特征，绝大部分属于藏传佛教系统。西夏和元代的藏传佛教绘画作品在我国北方草原地区具有特殊的意义。其中元代壁画达600余平方米。壁画除宗教内容外，还有许多珍贵的世俗壁画。在宗教内容中，保存有密宗早期的本教画，以及萨迦派、宁玛派、格鲁派的代表之作。世俗壁画中，保存大量反映当时社会生活的场景，尤以"蒙古帝王受祭图""各族僧众礼佛图"等最为珍贵。洞窟壁画上附有绘画内容的文字包括藏文、回鹘式蒙古文和梵文，反映了我国古代不同民族文化交流的历史状况。特别是早期回鹘式蒙古文榜题，其内容涉及佛经及世俗生活，是目前世界上发现回鹘式蒙古文榜题最多的一处遗址。

阿尔寨石窟是中国长城以北草原地区唯一的晚期佛教石窟遗存，其内涵丰富，是我国古代不同民族文化交流的实物见证。

1996年被定为内蒙古自治区重点文物保护单位。

2003年3月经国务院特批，增补为第五批全国重点文物保护单位。编码为15140001。

第二章　专项评估

阿尔寨石窟遗存是内蒙古自治区内规模最大的石窟寺建筑，它不仅在历史、宗教、文化、艺术等方面有很高的价值，同时也是研究蒙古历史、文化等的珍贵遗址地。

第七条　遗存价值评估

1. 历史价值

过去认为中国北方石窟是始于十六国而终于元代。阿尔寨石窟开凿于西夏时期，盛于元朝。阿尔寨石窟的发现及时代的确认延伸了对中国北方石窟开凿史的界定。据考古试掘证明和历史记载，蒙古军队曾在阿尔寨石窟、百眼井遗址区域屯兵，筹谋灭取西夏的战略方案以及开展一些生活活动，并留下与之相关的敖包等遗址，阿尔寨石窟附近的百眼井遗址是研究这一段历史的重要遗存。

2. 学术价值

阿尔寨石窟是中国长城以北草原地区仅存的晚期佛教石窟遗迹。其洞窟形制有多种式样，其中以佛殿窟为主，兼有中心柱窟和僧房，佛龛样式有藏式和汉式，对研究中国北方石窟具有十分重要的价值。特别是在元代石窟方面，更具有不可替代的学术地位。

3. 艺术价值

尽管该石窟的壁画曾遭受损毁，但仍然保存有两千余平方米的壁画，在新疆和甘肃地区以外的石窟中是绝无仅有的。特别是内蒙古额济纳旗黑城早年发现的大批西夏和元代的佛教绘画作品，已于 20 世纪初流失海外。因而阿尔寨石窟保存的这批西夏、元代的藏传佛教壁画就显得更为珍贵。壁画题材方面以藏传佛教为主，同时兼有汉地佛教流行的题材和内容。壁画的表现艺术技法以藏式为主，亦兼有鲜明的汉式风格，具有宝贵的汉藏壁画融合的艺术价值。

4. 宗教价值

就石窟现存壁画的内容与艺术特征判断，绝大部分壁画属于藏传佛教系统。西夏和元代的藏传佛教绘画作品，即使在西藏地区也是极为珍贵的佛教文物，而在北方草原地区遗存的这些藏传佛教绘画作品反映了不同民族宗教活动在此地交汇与融合的历史状况，具有更为特殊的意义和价值。

5. 文化价值

阿尔寨石窟所在的鄂托克旗与陕西北部、宁夏北部、甘肃河西地区邻近，西夏、蒙元时期佛教文化艺术的交流活动十分活跃。保存在阿尔寨石窟的西夏、元时期的佛教壁画，成为这种交流活动的有力物证。若干洞窟壁画上附有说明绘画内容的墨书文字榜题，文字种类包括藏文、回鹘式蒙古文和梵文。这种不同民族文字并存的现象，反映了古代不同民族文化交流的状况。

第八条　遗址现状评估

1. 遗址远离城镇，具有良好的环境优势

遗址位于鄂托克旗西北阿尔巴斯苏木北部的草原上，周围只有少量的牧民居住、放牧，没有现代大规模生活、生产活动的干扰。遗址周边环境基本保持自然状态，没有明显的人工污染源。

2. 遗址所处草原环境衰退

受自然与人为因素影响，遗址周边地区明显呈现草场退化现象，局部地区出现沙化。草原动物种类减少，草原生态环境和景观特色呈衰退状况。

3. 石窟岩体稳定性病害日趋严重

长期的风化剥蚀作用使山体四周的岩体破碎，结构疏松，成片状剥落。构造裂隙、卸荷裂隙及层面裂隙交错切割，使石窟依存的山体呈巨块状脱离，已发生多处崩塌。现存山体继续出现多处危岩体，严重影响洞窟的整体稳定性。石窟岩体稳定性病害是石窟面临的最大问题，如遇地震等异常自然灾害，则有可能出现岩体和石窟大规模崩毁，造成无可挽回的损失。

4. 山体崖壁与部分洞窟被风沙掩埋、淤塞

遗址所处地点是西北冷空气的必经之路，加以气候干燥，周边植被遭受破坏，随风而至的沙暴对遗址有极强的破坏作用，洞窟受来自西、北向风沙的侵害，山体周边有不同程度的砂石堆积，中下层洞窟已被掩埋，近期又有10座洞窟被沙填塞。

5. 石窟壁画遭受严重病变及损伤

长期以来石窟遭到人为破坏：人为刻划损伤、烟熏破坏等，其中烟熏破坏使壁

画表面形成一层油渍污垢层，破坏了壁画的清晰度和完美感。

自然应力是造成壁画病变的主要因素，强力的风沙冲刷洞窟内的壁画，造成壁画表面道道刻划的痕迹，使画面清晰度减低。

自然环境的影响，使洞内壁画表面发生起甲、酥碱、霉变、空鼓、地仗层脱落等严重病变现象，影响着壁画的保存。

第九条　遗址保护管理现状评估

1. 保护管理概况

1978 年，内蒙古鄂托克旗革命委员会公布该石窟为文物保护单位。

1991 年 11 月 13 日，内蒙古鄂托克旗人民政府公布该石窟为重点文物保护单位，责成鄂托克旗文物保护管理所全权负责保护管理事宜。

1993 年，鄂托克旗人民政府公布阿尔寨石窟的保护范围。

1996 年 5 月 28 日，内蒙古自治区人民政府公布该石窟为自治区第三批重点文物保护单位。

1997 年，成立阿尔寨石窟文化保护所，与鄂托克旗文物保护管理所合署办公，两套机构，一套人员，在阿尔寨石窟设专人看管。

1998 年，对阿尔寨石窟所在地采取征地保护，征收土地 1196 亩，以保护遗址的自然景观和生态环境。

2000 年 5 月，鄂托克旗人民政府公布了阿尔寨石窟保护区建设控制范围和保护、控制范围内的用地、建设等要求，以及贯彻执行《中华人民共和国文物保护法》和《内蒙古自治区文物保护条例》的有关规定。

2002 年，鄂托克旗人民政府积极向国家申报争取国家支持对石窟的重点保护。

2003 年 3 月，国务院公布增补阿尔寨石窟为第五批全国重点文物保护单位。

2. 保护管理现状评估

（1）阿尔寨石窟自"文化大革命"后即引起了当地政府的重视。此后，逐步采取了一定的行政管理措施，加强了保护工作，也在组织机构上进行落实。同时积极向国家争取保护支持，被补列为第五批全国重点文物保护单位。

（2）旗政府和自治区政府及时划定保护范围，并于 1993 年划定并征用了石窟遗存保护范围的土地。自 1993 年至 2002 年国家及地方政府先后投资、拨款 80 万元进行石窟勘察及实施与保护相关的初步措施。

（3）内蒙古自治区、鄂尔多斯市与鄂托克旗政府重视遗址的保护，建立了相应的保护管理机构，但因受地方政府经费所限，保护力度远跟不上遗址保护的需要，使遗址岩体受到损害，不能得到及时妥善的修复维护。

第十条　遗址展示与利用评估

虽然阿尔寨石窟是内蒙古自治区内最大的石窟寺遗存，时代延续长、内涵丰富，已被公布为自治区和国家重点文物保护单位，但对石窟遗址的考古研究工作相对薄弱，对石窟的许多重大问题的研究处于初始阶段，对石窟本体和壁画相关的许多内容有待深入研究。

由于宣传力度不够，其文化艺术价值不为外界了解，国内闻名度不如其他石窟，在学术界知名度不高。特别是由于阿尔寨石窟处于四周空旷的荒原，交通不便，所以至今处于闲置状态，展示利用处于初始的被动阶段，没有进行有效的展示和利用。

第三章　规划框架

第十一条　规划目标

贯彻《中华人民共和国文物保护法》等有关法令与方针，通过划定保护区和采取相应的保护措施，使石窟遗址得到有效保护；通过划定建设控制地带及其相应控制措施的制定，保护、改善遗址区的生态环境，并对遗址展示和利用提出限定和安排，从而提高石窟遗址保护、利用、管理的法制化、规范化与科学化水平，使这一古文化遗址发挥其应有的作用并得以绵延传承于后世。

第十二条　规划原则

1.全面贯彻"保护为主，抢救第一，合理利用，加强管理"的文物保护方针，以遗址保护为主线，正确处理保护与利用的关系。

2.坚持全面保护的原则，即历史遗存本体保护与环境保护、科学研究保护相结合。

3.坚持可持续保护的原则，即保护理念、保护技术、保护材料都应具有可持续性和无干扰性。

4.根据历史文化资源与社会经济发展相协调的原则，遵循历史文化遗产与人文环境资源保护的规律与要求，最大限度地保护好石窟遗址总体状态的完整性、真实性。

5.遵循遗存本体保护与科学研究密切配合的原则，科学研究是遗存保护的基础与依据，遗存保护为科学研究提供了条件。

第十三条　基本对策

1.本着把石窟遗址"纳入当地经济和社会发展计划，纳入城乡建设规划，纳入财政预算，纳入体制改革，纳入各级领导责任制"的精神，健全阿尔寨石窟遗址保护的政府部门保障体制。

2.按照石窟遗存具体情况，客观、合理地确定保护区范围，尽量保护石窟遗存整体的真实性和遗存区总体环境的完整性。

3.根据遗存保护区的实际情况，制定必要、切实的保护措施，对危及石窟遗存安全和环境条件的因素采取必要的措施，防止对遗存的进一步危害。

4.通过对遗址保护范围内自然环境的治理，使阿尔寨石窟遗存环境得到有效保护，为今后遗址本体保护与研究提供保证与条件。

5.在保护遗址的前提下，合理利用已有石窟研究成果，建设阿尔寨石窟和百眼井民族文化遗址展示旅游区，既弘扬源远流长的多民族文化，又可取得一定的经济效益和环境效益，创建文化遗址保护与地方经济发展之间的协调机制。

第十四条　保护对象与保护重点

1.阿尔寨石窟本体是本次保护规划的重点保护对象，包括石窟所在的山体整体状态及本体石窟。

2.石窟内遗存的壁画具有重大的历史、学术、艺术与宗教价值，应得到重点保护。

3.阿尔寨石窟本体周边地区相关历史事件遗迹、遗存的保护。包括其北部附近岩体、其西南部的古塔基址、庙宇遗址、成吉思汗军事活动相关的遗迹，乃至周边地区的古水井等。

4. 阿尔寨石窟周边环境的保护。其特有的大草原环境状况和景观特点是遗址存在的条件之一，是遗址整体性保护的重要组成部分。

第十五条　总体布局

总体布局应充分表现出北方草原石窟遗址的特有形态、环境风貌，反映出蒙古族文化独特内涵。在保护遗址本体和环境特色的前提下，同时结合遗存的展示利用，在遗址保护区之外安排展示管理区、民族特色休闲与草原风情游览区、服务设施区等，使遗址区成为集遗址保护与展示、参与体验、知识与休闲为一体的遗址文化旅游地。

第四章　保护区划与分级保护

第十六条　保护区划

为保护阿尔寨石窟遗址及其生态环境，保护区划分为三级保护：保护区、建设控制地带和环境影响区。

第十七条　遗址保护区

1. 遗址保护区范围

依据石窟本体及其周边古水井、古塔遗址及历史遗址状况而确定的保护区范围，其面积为47平方公里。

2. 保护范围界定

北部以石窟区南北向大车路上玛力图的1409高程点为起点，与东南方向1388/5号淡水井相连，然后沿路折向西南，至新修公路北侧1402高程点，为东部保护范围边界。

西侧以北部玛力图1409高程点为起始点，与石窟西南向呼巴岱的1436/2.0号淡水井相连，然后折向东南，经1434高程点至1439高程点，并延至新公路北侧。

南部边界东端自1402高程点，向西南沿土路经1409高程点至公路北侧的乌兰素后，沿公路北侧路基边线向西行经 1437 高程点至西部边界南端点。

3.保护区范围边界控制点坐标见《阿尔寨石窟遗址保护规划规划说明》表 4。

第十八条 保护范围分级

1.重点保护区

（1）范围

为使石窟本体得到强化保护，在所划定的保护区范围内，确定出以石窟山岗为中心的一定范围为重点保护区，其面积为 14 平方公里。

（2）范围界定

北部以石窟北侧路上的 1454 高程点为起点，向东南以石窟东侧大车路为边界，行至乌兰素水利队 1405/2.0 号水井处后折向西南方，沿大车路经 1418 高程点，至乌兰素新修公路北侧。

自北部 1454 高程点向西南，与石窟西侧的 1434 高程点相连，再折向东南方向，经 1439 高程点后，至新修公路北侧。此段边界部分与保护区西边界重合。

南部边界为东西两侧南端点之间、新修公路北侧路基边线。此段边界为保护区南边界一部分。

（3）重点保护区边界控制点坐标见《阿尔寨石窟遗址保护规划规划说明》表 5。

2.一般保护区

遗址保护范围内除去重点保护区的四周范围，其面积为 33 平方公里。

第十九条 建设控制地带

1.范围

为控制遗址保护范围外周边地区的建设活动，特别是周边 4 个古代庙宇遗址不受现代建设的破坏，而划定较大范围的建设控制地带，其面积为方圆 397 平方公里，除去保护区范围面积，实为 350 平方公里。

2.四至边界

东部边界线：自北部其劳图东南的 1359/3 号淡水井为端点，过遗址北部的时令河向南，沿大车土路南行，到拉巴井 1355/3 号淡水井，后沿大东路向东南，至 1362 高程点东侧交叉点，再与南部的 1368、1369 高程点相连，由此折向西南，沿土路经 1373、1385 高程点，至红疙瘩以东的 1397 高程点。

南部边界线：南部边界东部起自东边界南端点红疙瘩以东的 1397 高程点，沿土路向西经 1419 高程点、巴音田格，再向东南经 1455 高程点后，沿土路进入察哈尔沟，经 1493 高程点至西端龙其拜沟西部的乌兰陶勒盖后，向西北至呼格吉勒图大队（红井）的 1547/2.0 号淡水井。

西部边界线：西部边界自北边界西端点木花什拉的 1467/6 号淡水井为起点，向南经 1464 高程点与乌兰埃里盖相连，再沿土路向南行，穿过公路后至苏亥图大队道路交叉点，再沿土路南行至塔各图，经 1519/1.0 号淡水井，向南沿大车路经 1535/3 号淡水井，直至呼格吉勒图大队（红井）的 1547/2.0 号淡水井。

北部边界线：西端自木花什拉 1467/6 号淡水井为起点，向东沿路经 1429 高程点、1418 高程点、1408 高程点、乌兰活少、侯家村、其劳图后直至其东侧的 1359/3 号淡水井。

3. 建设控制地带边界控制点坐标见《阿尔寨石窟遗址保护规划规划说明》表 6。

第二十条　环境影响区

1. 范围

根据本遗址位于大草原上的环境特点，特别是与西部桌子山区视觉关系，而划定更大范围的环境影响区。即以石窟山为中心，向四周约 1440 平方公里的范围，扣除建设控制地带内面积后约为 1043 平方公里。

2. 四至边界

东部边界线：自北端的卡汉阿马沿路向南经 1309、1316、1314、1307 高程点至色凯后，沿路向南，至其劳图的 1327/30 号淡水井再折向东南，经百头亥井行至阿玛什拉，再沿路向南经 1344、1347 高程点，在 1346 高程点与十七眼井相连后沿路至德日斯。

南部边界线：自东端的德日斯，沿路西行，经 1410 高程点、1416/30 号淡水井沿路向南，经 1494、1502、1533 高程点及乌胡图的 1543 高程点，再向西经 1586、1605、1621 高程点及哈布其格井，至其西北的 1643/2.0 号淡水井后，沿唉肯乌苏沟转向南，至苏拜沟的敖勒格胡。

西部边界线：南端自苏拜沟的敖勒格胡北上进入千里沟，沿千里沟北上直至拉巴格沟北部吉拉坑兔的 1483/4 号淡水井，之后经其北部哈沙图沟的 1509/2.0 号淡水井、阿玛乌苏的 1545/2.0 号淡水井、玛盖图的 1545/1.5 号淡水井直至阿拉格套勒海音沟南端的格托林乌苏的 1481/2.5 号淡水井。

北部边界线：东端以卡汉阿马的 1309 高程点沿路西行经 1312 高程点至纳林高井，沿路西南行经 1328、1338 高程点及木花渠的 1353、1371、1382 高程点至土墨乌苏，沿路向北在 1399 高程点沿路向西至 1477/1.5 号淡水井，再沿路折向西南，经 1491、1507、1536、1563、1567 高程点，向西北行，经绍弄的 1514/1.0 号淡水井后，至格托林乌苏。

环境影响区边界控制点坐标见《阿尔寨石窟遗址保护规划规划说明》表 7。

第二十一条　分级保护管理要求

1. 重点保护区保护管理要求

（1）重点保护区的土地使用权划归文物保护部门，依法核发《国有土地使用证》。

（2）严格保护洞窟山体的现状，任何保护性和展示性人工措施都须提出方案，经专家论证、市文物管理部门审核，报自治区与国家文物保护行政机构批准。

（3）禁止保护区内取土、挖沟等改变现有地形、地貌的活动。

（4）禁止修筑房屋、架电杆等新建一切现代人工设施。

（5）遗址附近的牧民近期内迁出，其住房与草场另行安排。

（6）严禁占据洞窟遗址作其他用途。

2. 一般保护区保护管理要求

（1）保护范围内不得建造现代建筑物和工程构筑物。

（2）保护范围内禁止进行农业生产活动，保持草原的原生自然植被。

（3）保护范围内可以进行人工绿化，以草地为主，兼有灌木。

（4）禁止从事改变现有地形和地貌的建设活动，保护原有地形地貌。

（5）保护区内道路路面禁止使用混凝土、沥青等现代建筑材料。采用当地石材铺筑成"生态路"面。

（6）保护区内的牧民住房全部迁至规划新建牧民住房内，现有草场置换至新住房附近的草场。

（7）服务性设施应采用可移动式，并具有蒙古民族风貌。

（8）在保护区内的有关设施建设，必须按《中华人民共和国文物保护法》有关规定进行上报审批。

3. 建设控制地带管理要求

（1）该地带内应保持其草原土地性质，不再进行现代农业耕种。

（2）控制区内的牧民全部迁至规划的移民地内。

（3）为遗址展示和旅游而建的建筑，高度不得超过 4 米，外形应具有蒙古族传统风貌。

（4）不得安排工业生产项目和一切有污染性的生产项目。

（5）禁止在建设控制地带内放牧，现有牧场逐步置换至新草场。

（6）如需进行建设项目应报呈文物保护部门与建设主管部门批准。

4. 环境影响区管理要求

（1）环境影响区内牧民住房为单层，尽量保持草原牧民特色。

（2）禁止种植粮食作物，保持草原风貌。

（3）禁止修建工业企业项目。

（4）西北山区禁止开山采石、开矿和建设生产设施。

第五章　遗址保护措施

第二十二条　石窟区整体保护措施

1. 将国家重点文物保护单位碑体建在遗址保护区主要入口处，根据确定的遗址保护范围，在边界设立永久性界桩。建立表明遗址内容的标牌，其上应有文字、简明示意图，指明保护边界走向、距离和要求，使之易于识别、了解。

2. 加强对遗址地区环境监测。建立专人负责制度，对风速、风力、频率情况、沙尘强度等进行测定，并观察其对遗址岩体的影响，为保护遗址积累科学数据。

3. 建立对石窟区地质病害的经常性监测，注意岩体病害的产生、变化情况并做出文字记载和图示等档案资料，作为及时防治的技术依据。

4. 近期对风沙等自然破坏力尚无完满对策的情况下，已被风沙堆积埋没部分暂不清理，保持现有状态以保护遗址不受二次破坏。

5. 遗存山岩顶部不再恢复、修建任何建筑物与设施，减少人为活动对岩体的外力影响和可能造成的对岩体的破坏。

6. 在没有完善的保护遗存岩体安全措施的情况下，严格控制游人登攀岩体顶部，以减少人为活动对岩体的损害，并保证游客的人身安全。

7. 旅游部门应慎重研究，确定游人参观石窟山的路线、部位、方式和安全的展示方案，并经论证在对石窟无不利影响的前提下，上报文物保护行政管理部门批准。

8. 原已坍塌、散落在山体周围的岩体，应保护现状，禁攀登、移动、刻划等。

9. 清除岩体缝隙中的植物，防止根系破坏岩体。

第二十三条　石窟本体工程性保护措施

1. 根据石窟实际情况及时组织专家召开专题研讨论证会，研究石窟区因地质病害所造成的岩体结构疏松、裂隙扩展、岩石崩塌等危及石窟安全的问题，以及对危岩体加固、抢险方案进行论证，并报国家文物局批准后尽快实施。

2. 建立危岩体观测、监控制度，做好观测记录，定期进行分析，根据数据变化，及时上报市文物保护管理部门，并委托专业单位进行岩体安全性技术鉴定。

3. 针对岩体受自然应力作用产生裂隙，出现崩塌的可能性，建立应急性技术预案，以应对可能发生的遗存本体破坏。

4. 对已查明的危岩体，应及时采取加固措施。危岩体加固时，应考虑各危岩体的不同破坏类型选取适当的工程加固方法。

5. 对已处于极限平衡状态的危岩体，应及时采取必要的临时性预防措施。

6. 危岩体加固时应考虑文物遗址的历史风貌，小面积的加固面可进行"作旧"处理，尽量保持石窟区岩体的风貌；若加固面较大则应明显区别于原物，使之明确区分遗址本体和加固部分的不同特点。

7. 石窟岩体所有泥岩软弱夹层的风化凹槽均需进行充填，以防其进一步被剥蚀，形成新的危岩体。

8. 重视石窟岩体裂隙构成岩体的渗水渠道，造成石窟内的渗水病害。应对岩洞的裂缝进行调查、监测并记录在案，分清已有裂隙、新生裂隙的部位、状况及扩展趋势，制定应对技术方案。

9. 对出现因裂隙切割渗水的洞窟应及时采取工程技术措施。可采用注浆法对裂隙进行充填，注浆材料应结合岩体的岩性、裂缝风化程度和当地气候特点等综合因素选用，使用之前应进行试验，取得可靠数据后再正式采用。

10. 为防止雨水渗入岩体应对岩体顶部采取地表防渗铺盖措施，并可与裂隙防渗注浆结合进行。地表防渗铺盖应选用环保型材料，并注意材料色泽与地貌的协调一致。使用前应小面积试用，进行效果鉴定后，方可大面积使用。

11. 对石窟岩体中形成的风化凹槽，可采用岩体增强剂进行岩石表面加固；对风化起壳区可以采用注射黏结剂进行加固。所选材料使用前应进行试用、鉴定。

第二十四条　石窟本体科技性保护措施

1. 利用高科技的物探勘测手段探查山体下半部已被风沙掩埋部分的洞窟数量、位置、深度等遗存情况，为今后考察和保护提供相应资料，避免因情况不清造成对遗址的损害。

2. 采用数字技术对石窟遗存情况进行现状控制，并可进行文物复原、壁画现状调查、洞窟病害跟踪和保护档案管理。

3. 制定保护性研究工作计划。在解决风沙危害后，有计划地清除已被掩埋洞窟积沙，对窟体、内存壁画进行考古学研究。但必须对可能出现的意外情况制定应急技术预案，防止考古性破坏。

第二十五条　石窟区的生物性保护措施

1. 石窟区属于草原化荒漠植被亚带，必须严格保护自然植被，改善保护区的生态环境，防止风沙对遗址的破坏。

2. 选择适于当地土壤特点的植物群落，在保护范围边界种植适于生长的沙冬青、沙棘等灌木，形成生物性保护边界。

3. 结合"三北"防护林体系建设，在石窟西侧、北侧建立防风固沙林带，可采用"乔、灌、草相结合，以灌木为主"的防风固沙建设。

第二十六条　防止人为损害的保护措施

1. 山岗上建造的一切设施都需提出方案，经专家论证、国家文物局批准。

2. 开展遗址参观旅游活动前，旅游、文物保护等相关部门应制定方案，并经专家论证，主管部门批准后严格按要求实施。

3. 慎重选择可对外开放参观的石窟，并做出参观方式、安全管理的预案后，经专家论证在对洞窟无危害的前提下实施。

4. 必须严格控制遗址本体游客的瞬时最大数量，不得超量失控。

5. 不得占用洞窟遗存，现已占用遗址洞窟的管理人员应撤出，在附近另安排相关用房，采取蒙古民族传统形式，并应专题上报文物保护主管部门。

第六章 遗址环境保护规划

第二十七条 石窟区牧民搬迁措施

1. 保护范围内的牧民搬迁至保护范围外当地政府已经指定的居住地点。

2. 建设控制地带内不再增加新住户的数量，五年内全部迁至新住地。逐步实现无人区管理。

3. 现有居民可在原址按原规模翻建住房，如需增加住房应在政府指定的新居住地建房。

4. 现有居民子女新分户，应按移民政策，迁到指定的移民区。

第二十八条 遗址区道路交通限制措施

1. 遗址附近修建的公路不能进入遗址保护范围内，可在南部建设控制地带内通过，与遗址本体距离应不少于 3 公里。

2. 规划修建一条进入遗址区的机动车支路，其宽度为 6 米，路面材料采用可逆性 4 级砂石路面，以保护遗址区景观。

3. 停车场修建在遗址保护范围外，其规模按 30 辆车计，面积约 1200 平方米。停车场面层不得采用混凝土或黑色油面层，只能采用生态型面层。

4. 遗址保护区内游览观光道路宽 2 ～ 3 米，采用碾压路基后，保持自然路面，不得使用人工材料。

5. 机动车不得进入遗址保护区，为展示遗址和开展游客草原休闲活动，在保护区可采用无污染专用电动游览车。

第二十九条 石窟区防风固沙保护措施

1. 针对石窟岩体破坏情况和自然植被退化现状，防风固沙是遏制遗址进一步破坏的重要保护措施，必须立即进行防风固沙工作。

2. 防风固沙植物主要种植在石窟山岗的西、北方向，近、中期营造面积约 1 万亩。

3. 草树种应从本地原生植物中选择适应干旱区条件的品种，采取乔、灌、草相结合方式，乔木如沙枣、刺槐等，灌木如柠条、沙冬青、花棒、紫穗槐等。

4. 为确保防风固沙植物的成活率，应采取有力的管理措施和技术措施，如聘请专门技术人员和承包单位相结合，打井取水和滴灌浇水技术相结合等。

第三十条　生态环境保护措施

1. 对保护范围内的草地植被状况进行评估，根据不同情况确定恢复、保持草原环境的方案。

2. 为保护遗址周边的草原植被，遗址保护范围内采取禁牧、休牧措施，为此应对相关的现有牧民草场进行置换。

3. 为恢复建设控制地带内的草场植被，应减少羊与草地的占有比例，由现行的 1（头羊）：20（亩草场），增加至 1：35，以保证草原恢复的速度。

4. 在保护范围内游人较集中区域设置必要的废弃物收集箱，并有专人定期巡视、收集、处置。在适当地点设置可移动式卫生间，以保护良好的草原环境。

第三十一条　视觉景观保护措施

1. 石窟位于内蒙古草原，应保持周围辽阔无际的草原视线通畅，保持石窟与其西部山区，特别是与西南部桌子山的视线通畅。

2. 石窟山岗虽是独立的形态，但总体上与其北部附近山岩属同一低丘体系，应保持它们之间的视线通畅。

3. 石窟以南新修的公路是重要的东西交通要道，进入遗址保护区的主要人流方向，展现石窟整体景观的主要方位，应保持其景观面的完整性。

4. 遗址区视线范围内尽量减少现代化人工建造物，如需建造必要的建筑物，应采用蒙古民族形式和风貌，以保持蒙古族特色的大草原景观。

5. 新建设施的规模、体量应严格控制，其周边应环绕绿化，减弱现代设施对草原景观的影响。

第七章　考古科研规划

第三十二条　石窟本体研究

1. 研究与石窟遗址相关的社会背景、开凿历史、年代与分期。

2. 进行阿尔寨石窟的形制、技术、特点及同其他石窟的比较研究。

3. 开展石窟山岗沙石堆积掩埋的状态、对被掩埋洞窟的影响与对策研究。

4. 采用当代物理探测等手段确定被掩埋洞窟的分布位置、数量及考古方式的研究。

5. 对自然应力作用下石窟岩体产生裂隙、石质疏松粉化、岩石崩塌等破坏现象的对策研究。

6. 开展对岩体防风化、防地质病害、抢险加固等问题的研究。

第三十三条　壁画与历史遗迹研究

1. 开展壁画遗存年代、背景、内容、技法与艺术风格的研究。

2. 对破损、污渍损伤的修补、复原技术的研究。

3. 在保证壁画完好的前提下，采用现代数字技术进行模拟、仿真展示的研究。

4. 成吉思汗军事活动与石窟关系研究。

5. 石窟所在地区相关历史遗迹、遗存的研究。

第三十四条　科研保证措施

1. 研究课题应列入自治区的文物保护科学研究计划。

2. 自治区、市、旗各级研究机构应分工合作，将相关课题纳入各自的研究计划。

3. 确定专职研究人员编制，以保证研究工作的持续性。

4. 落实研究专项经费，除向国家申请专题费用外，可采取多种渠道取得社会资助。

第八章　遗址管理规划

第三十五条　管理原则

1. 贯彻"加强管理"的精神，保护好石窟文化遗址，为"文化传承"和今后进一步考古研究创造条件。

2. 必须杜绝不利于遗址保护的开发项目和因开发利用遗址而使遗址遭受破坏的项目。

3. 遗址保护区内不设固定商业服务设施，防止旅游公害和环境污染。

4. 明确管理人员岗位责任制，包括保护区内环境卫生保持、绿化植被日常养护、游人管理、日常小型维修、安全防卫等各项工作，都应落实到人，并建立日常的检查和奖惩制度。

第三十六条　管理设施

1. 遗址区处于辽阔的大草原上，为便于管理，可配备适量便捷的交通工具。

2. 为保护环境和服务旅游参观者，在方便而又较隐蔽处设置一定数量的环保型垃圾箱和移动式厕所。

3. 为管理人员配备通信工具。

4. 为值班岗位人员提供相应工作条件。

5. 在建设控制地带修建停车场地。

6. 在一般保护区内设置服务性活动式商亭。

第三十七条　管理机构

1. 鄂托克旗文化广播电视局为旗内有关遗址保护的最高领导协调和决策机构。

2. 由有关领导并聘请自治区、鄂尔多斯市考古专家学者组成专门咨询班子，对实施规划中的重大事项进行决策论证、协调各方、争取经费。工作方式为不定期会议议事制。

3. 鄂托克旗文物管理所负责全旗的文物保护管理工作，检查督促遗址保护工作。

4.阿尔寨石窟保护研究所为遗址保护专门管理机构，拥有对遗址的全部管理权，包括征用土地的使用权，应有专门的事业编制，并注意相对稳定，以利于保护工作长期进行和专业水平的提高。

第三十八条 管理法规

严格执行国家及内蒙古自治区的相关法规。

1.国家公布的《中华人民共和国文物保护法》《实施〈中华人民共和国文物保护法〉办法》等国家法规、法令。

2.《内蒙古自治区文物保护条例》。

3.内蒙古自治区人民政府《关于进一步加强遗址保护的通告》（1997.4.17）。

4.内蒙古自治区人民政府《关于做好第四批全国重点文物保护单位保护管理工作的通知》（1997）。

5.经国家文物局批准后的《阿尔寨石窟遗址保护规划》。

6.针对石窟遗址的具体情况制定切实可行的《阿尔寨石窟遗址保护管理办法》，并组织落实。

第三十九条 培训、教育和宣传

1.文物保护领导小组成员应加强文物保护方面的专业学习，合理安排各级工作人员参加上级组织的培训班，提高专业水平和工作技能。

2.采用多种方式宣传遗址的历史、文化价值，扩大其在国内外的影响。

3.在遗址区主要人流处，宣传遗址的重要价值和保护知识与要求，内容应通俗、易懂、便于理解。

4.不定期举行遗址研究成果交流、研讨会，提高遗址研究的学术地位。

第九章 展示规划

第四十条 展示目的

通过适当的方式展示文化遗址是促进人们"了解现代社会的源泉和发展的重要

方法。同时，它也是促进了解对古遗址进行保护的重要方法"（《考古遗产保护与管理宪章》第七条）。在保护遗址的前提下，通过展示遗址，弘扬蒙古民族文化的丰富底蕴，促进旅游事业发展与人民生活质量的提高，有利于社会主义物质文明与精神文明建设。

第四十一条　展示原则

1. 遗址是不可再生的文化资源，其展示利用不能造成对遗址的破坏。

2. 展示遗存现状的整体构成。

3. 遗址展示不能违背文物保护的原则。

4. 遗址展示的内容、设施、管理工作均应以考古成果与内容为依据。

5. 必须保证今后考古研究工作的环境与条件。

6. 遗址保护区内不得随意开设娱乐性项目和破坏环境的设施。

第四十二条　展示内容、分区与方式

1. 展示内容

（1）石窟遗存整体环境特色

（2）石窟洞体布局与开凿特点

（3）壁画

（4）传说历史遗迹点

（5）古水井遗存

（6）民族、民俗风情

2. 展示分区与方式

（1）现场实物展示区

① 石窟山体整体构成

② 洞窟开凿特点及典型石窟

③ 山崖壁面浮雕与部分壁画遗存

④ 北侧山崖及敖包

⑤ 古代草原水井遗存

⑥ 与古代军事活动、宗教活动相关传说遗迹

⑦ 草原民族、民俗风情及活动

（2）展示馆室内模拟展示区

① 鄂托克地区与成吉思汗征西夏相关历史

② 石窟及相关壁画内容

③ 民族生活、特色风俗模拟展

④ 元代军事体制与兵器知识

（3）蒙古古代军事、生活场景模拟展示区

① 古代骑兵演示

② 草原骑马活动

③ 射箭竞技活动

④ 蒙古包生活体验

（4）展示设施要求

① 石窟及历史遗迹等现场展示应设安全保护措施。

② 展示馆应建在保护区外的建设控制地带中，规模不超过500平方米，建筑为单层，可利用地下空间，体量可为分散组合式，建筑形式应具有蒙古民族风貌，与草原环境相协调。

③ 蒙古古代军事、生活场景模拟展示区不应建固定性建筑设施，可根据需要设临时性、可移动式服务设施，体量小而分散。

④ 遗址区不设集中的旅游服务设施，应由地区景点游览体系一考虑，集中设置，以提高使用效益，避免影响草原景观与环境。

第四十三条　游客容量控制

1. 阿尔寨石窟依附的山体规模不大，可供展示的范围有限，特别是山体岩石风化严重，岩体开裂危及文物与游客安全，故石窟山岗本体瞬时最大游客量应控制在50人，按每天开放6小时、停留半小时计，则山岗每天最大游客量控制在600人之内。

2. 山岗周边地区开阔，可容纳大量游客，在遗址本体游人集中时可起控制、调节游人的作用，减轻石窟本体的压力。

第四十四条　遗址区纳入地区景点体系

将阿尔寨石窟与遗址周边地区的百眼井、成吉思汗敖包、棋盘井南珍稀植物园、乌仁都西迪延阿贵庙、桌子山岩画、伊克布拉格珍稀植物园、黄河风光区等景区相结合，综合为统一文化旅游体系，建构成鄂托克旗北部风景文化旅游区。

第十章　规划分期实施目标

第四十五条　实施分期

近期　2005～2010年

中期　2011～2015年

远期　2016～2025年

第四十六条　近期目标

1. 完成《阿尔寨石窟遗址保护规划》的编制、论证、报批和颁布，使石窟保护纳入政府管理与法制轨道。

2. 完成遗址保护范围、各级保护区的边界标定与设立界桩工作。

3. 完成对石窟本体地质病害原因研究和危岩体抢险加固技术措施的专家论证并实施。

4. 完成石窟防风植物带建设方案与设计。

5. 在保证石窟壁画完好的前提下，完成展示方案并论证、实施。

6. 完成石窟危岩体的抢险加固工程，确保石窟岩体不进一步崩塌损坏。

7. 完成保护区周边灌木绿色保护边界建设。

8. 完成通往遗址的道路交通设施与遗址区内停车场、步行路系统。

9. 建设遗址区内必要的、符合遗址景观风貌要求的展示服务设施。

第四十七条　中期目标

1. 完成石窟西北部防风沙植物带建设。

2. 完成保护区的草原植被建设，使生态环境得到恢复。

3. 清理部分被风沙掩埋的洞窟，并实施相应的保护措施。

4. 实施遗址展示利用中石窟本体和岩体的保护措施。

第四十八条　远期目标

1. 完成石窟周边地区防风沙植物带建设。

2. 清除石窟山体西、北部积沙，并清理被风沙掩埋的洞窟。

3. 建成石窟区良好的草原生态和灌、草相结合的绿化隔离体系。

4. 建成阿尔寨石窟遗存与周围历史遗址的展示、游览体系，实现遗址保护与地方文化、经济建设的良性发展。

第十一章　费用估算与资金来源

第四十九条　费用估算

阿尔寨石窟保护费用为 5390 万元，展示费用为 840 万元。

两项合计共为 6230 万元。

具体内容见《阿尔寨石窟遗址保护规划规划说明》第七章。

第五十条　资金来源

1. 采取多渠道筹措资金的体制，在取得遗址保护经费主渠道的同时，拓宽思路，争取多方面资金支持。

2. 向国家文物部门申请保护专项资金。

3. 内蒙古自治区、鄂尔多斯市和鄂托克旗政府每年财政年度预算的专项保护经费，国家专项计划资金。

4. 向国外争取联合研究和遗址保护资金支持。

5. 向国内外个人、企业和社会团体等社会各界募捐、集资等公益性资金。

6. 利用遗址展示收取一定补充保护经费。

7. 遗址保护范围内的经营项目争取"特许经营"，将有偿出让的收入用于遗址保护。

附　则

1. 本规划适用于鄂托克旗阿尔寨石窟遗址各构成要素及其周围划定区域内的地形、地貌，已发现的和尚未发现的一切地面与地下相关遗存。

2. 本规划为行业专业性规划，凡涉及遗址保护、利用、管理问题，均以本规划为依据。

3. 本规划须与鄂托克旗的地域规划相衔接；须与本地区旅游、环保、土地等相关行业规划协调一致，互为补充，以共同实现对遗址的保护。

4. 本规划需纳入鄂托克旗经济发展规划及县域总体规划，并与中华人民共和国和内蒙古自治区的法律、法规、条例及规划文件等协调一致，进行统一实施和管理。

5. 本规划执行中的具体问题，由内蒙古自治区文物局负责解释。

6. 本规划的实施执行者是鄂托克旗政府。

7. 本规划经国家文物局同意，内蒙古自治区人民政府批准公布后开始执行。

阿尔寨石窟遗址保护规划规划说明

第一章 遗址的位置与环境

一、地理位置

阿尔寨石窟（旧称百眼窑），又称阿尔寨乌兰素，位于内蒙古自治区鄂尔多斯市鄂托克旗阿尔巴斯苏木（现为蒙西镇）东北部。距旗政府所在地乌兰镇约 130 公里，地理坐标为东经 107°10′，北纬 39°43′。石窟寺所在地为鄂托克旗境内北部低缓丘陵，高程在 1616～1640 米之间，石窟集中在一座孤立突起的平顶红色砂岩小山上。

二、遗址所在地历史沿革

远在原始社会时期，鄂托克旗阿尔寨地区是著名的"河套人"生息、繁衍的主要区域之一。夏商时期，这一带有土方、鬼方、羌方、熏育等古代游牧民族活动。西周时期，生活在鄂托克旗地区的游牧民族统称为戎狄。到了春秋时期，胊衍戎狄逐渐分化为赤狄、白狄、众狄等游牧部落。至战国时期，阿尔寨地区一直是林胡、楼烦的主要活动区域。后来，秦国在此设立北地郡管辖此地，成为秦国与匈奴争夺的主要地区。

秦始皇统一六国后，阿尔寨地区仍属北地郡管辖，到了汉代，此地为朔方州下的上郡管辖，后来南匈奴南下占据此地，以后又成为铁佛匈奴的主要活动范围。魏晋南北朝时期，阿尔寨地区隶属夏州管辖，隋唐时期，仍归属于夏州。宋代为西夏政权的宥州、灵州与盐州的辖区。

元代，阿尔寨地区为元世祖忽必烈之子忙哥剌之子的封地，属于甘肃行省兀剌海路管辖。

明代初期归于宁夏府管理，后成为蒙古翁牛特部首领毛里孩的领地。答言罕统一蒙古各部后，阿尔寨地区为袄儿都司万户赛纳剌济农的封地，后来被赛纳剌长子衮必里克土墨尔根济农及其后裔所袭。

"鄂托克"一词系蒙古语，汉译"营"或"部"，是元、明两朝蒙古"万户"下设行政建制名，即"千户"。

清顺治六年（1649 年）以后，阿尔寨地区演变为衮必里克土墨尔根济农之子拜桑固尔玄孙善丹札萨克多罗贝勒所辖八十四佐领之一，与克扣特、锡巴固沁、乌拉特、唐古特等部落构成鄂尔多斯右翼中旗的主要部分。

民国时期阿尔寨地区仍属鄂尔多斯右翼中旗。

中华人民共和国成立后，将鄂尔多斯右翼中旗改为伊克昭盟鄂托克旗。

2002年伊克昭盟改为鄂尔多斯市，阿尔寨地区隶属于鄂尔多斯市管辖。

三、地质条件

鄂托克旗在地质构造体系上处于鄂尔多斯盆地的中西部，是新华夏构造体系和祁连山、吕梁山、贺兰山山字形构造体系中形迹相对微弱的地带。除石窟东南部桌子山地区外，总体构造变动微弱，大部地区的岩层褶皱、断层、节理、劈理等地质构造想象很不发育。岩层近乎水平，地形切割不显著。虽略向西倾，但平均倾角不足一度。从整体看，可见五套岩系：即前震旦亚界变质岩系，震旦亚界碎屑岩——碳酸盐岩系，古生界碳酸盐岩系和碎屑岩系，中、新生界的红色陆相碎屑岩系和下白垩系灰绿色碎屑岩系，第四纪松散堆积层。前三套岩系主要分布在桌子山地区，构成桌子山地区的基本轮廓。后两套岩系广布全旗，构成鄂尔多斯盆地和黄河地堑的一部分。在本旗西部边缘，由于靠近祁吕贺山字形构造的脊柱——桌子山、贺兰山，各种断裂比较发育。主要断层有桌子山东麓逆断层、桌子山北麓呼拉斯太逆断层和查布正西的双敖色正断层。本旗受地壳运动影响比较平稳，岩浆活动少，仅见于西部桌子山一带有侵入的岩脉。境内未见火成岩活动。

四、地形地貌

鄂托克旗地处鄂尔多斯高原西部。北部除桌子山一带属山区丘陵外，其余大部分为缓慢起伏的波状高原和一部分比较平缓的桌状高原，南部为连绵起伏的毛乌素沙地，整个地形以东北向西南延伸逐渐平缓，呈东北高、西南低趋势。海拔从2000米下降到1000米。

阿尔寨石窟地处鄂托克旗的北部，属于山地丘陵地区，是鄂托克旗最大的天然牧场，是典型的梁地荒漠草原。西南部有鄂尔多斯第一高峰桌子山。地貌属构造剥蚀低缓丘陵地。石窟区的南部有一条季节性河流——乌兰乌苏河，河床平坦，以卵砾石为主，河岸高度0.5～1.3米不等，雨季时有水，其余时间干枯无水。

五、气候状况

1. 四季特征

冬季漫长而寒冷，降雪稀少，气候干燥。每当高空面风槽东移时，常形成大风降温寒潮天气。极端温度达 -31.5℃（1971 年 1 月 22 日）。

春季是冷暖气团交接的相持阶段，天气多变。初春常出现大风降温天气，四月中旬气温回升，此时风大而多，是一年中风日最多、风速最大的季节。历年平均风速大于等于 6 级大风日数 46.6 天，其中春季 19 天，占 40.8%，最大风速 32 米/秒。

夏季短促而温热，平均气温 21℃～23℃。日最高气温大于等于 30℃的日数为 20～30 天，降雨集中，历年平均降水量 272 毫米，其中夏季 174 毫米，占全年降水量的 64%。

秋季短促，天气稳定晴好，降雨量为 55 毫米，占全年降水量的 20%，仅次于夏季。

2. 气温

鄂托克旗地区，年平均气温最高 8.1℃（1987 年），最低 5.3℃（1956 年、1963 年），常年最热月为 7 月，平均最高气温 29℃，极端最高温度 36.7℃。常年最冷月是 1 月，平均最低气温 -17℃，极端最低气温 -31.5℃。气温由西南向东北逐次递减。

3. 降水

降水年际变化大，降水最多的 1975 年为 611.6 毫米，最少的 1965 年为 125.3 毫米。1955～1989 年平均降水量为 272 毫米。其中春季为 38 毫米，占年降水量的 14%；夏季为 174 毫米，占年降水量的 64%；秋季为 55 毫米，占年降水量的 20%；冬季为 5 毫米，占年降水量的 2%。

4. 蒸发

遗址地处内陆，属中温带大陆性季风气候。光照充足，积温有效率高，降水量少、干旱风多、水分蒸发量大。以 1955～1958 年为例，平均年蒸发量为 2470.4 毫米，是年降水量的 9.1 倍。5、6 两月的蒸发量占全年蒸发量的 32.1%。

5. 风

主导风向为西、西北风。历年平均风速为 3.2 米/秒。北部、西部的风力大于东南部，平原大于山地。历年瞬间最大风速为 32 米/秒（1983 年）。历年平均大于等于 6 级大风日数为 46.6 天，大于等于 7 级大风日数为 36.2 天，最多年达到 97 天（1963 年），大风多集中在冬春两季。

6. 沙暴

鄂托克旗是西北冷空气路经的门户，加之气候干燥，植被稀疏低矮，风力强，随大风而起的沙暴危害性很大，全旗历年平均沙暴日为 17 天，最多年份 77 天，沙暴出现以 3～5 月最多，占全年的 55.9%，其次是冬季，占 20.2%。

六、水文

鄂托克旗大部属于鄂尔多斯高原水文地质区。水文地质条件具有明显的干旱区水文地质特征。富水程度基本与降水量的分布一致，由东南向西北递减。本遗址阿尔寨石窟和百眼井一带属于碎屑岩类裂隙潜水及承压水，潜水和承压水的分布极不均匀。本遗址保护区属于水位深埋区。

本旗地表水资源缺乏，多年平均径流深 1.5～3 毫米，属于干涸地区。地表水主要靠大气降水补给。历年平均降水量只有 272.3 毫米，河流水系极少。阿尔寨石窟附近有一条季节性河道乌兰乌苏河自西南经过。河床平坦，宽 15～45 米，每年 7～8 月雨季时有河水流淌，其余时间多为干枯河。河床以卵砾石为主，河岸高度 70～130 厘米。

七、地震

鄂托克旗是鄂尔多斯 4 个沿黄河处于地震烈度七、八度区中最西的一个旗。阿尔寨石窟所在的西北部属于多地震危险区，区内从 1962 年到 1987 年共发生地震 98 次。其中，发生在阿尔巴斯苏木境内 63 次，公其日嘎乡境内 12 次。这些地震虽然绝大多数震级不高，不为人们所察觉，没有造成危害，但反映了地壳运动及其构造的现今活动性。

根据《中国地震烈度区划图》（1990 年），确定遗址所在地区的地震烈度为Ⅵ度地震区。但考虑到石窟是国家级重点文物保护单位，又存在多处危岩体，应按设防烈度Ⅶ度考虑。

八、土壤与植被

土壤：鄂托克旗土壤分为 7 个土类，其中有 3 个地带性土类，即栗钙土、棕钙土、灰漠土；有 4 个非地带性土类，即风沙土、草甸土、盐土、沼泽土。阿尔寨石窟所在的阿尔巴斯苏木境内的山地以西的坡地、冲洪积平原地及碱柜地区的梁地上属于灰漠土土类。灰漠土剖面，表土较强，有片状层、紧实层和集盐层或钙积层。百眼井遗存所在的公其日嘎乡属于棕钙土土类。棕钙土剖面由表土开始就有碳酸钙反映。钙积层出现部位平均31.2厘米，多呈粒状和斑块状。腐殖质较薄且色较淡，以淡棕、淡黄为主。成土母质以砂岩、沙砾岩和泥质泥岩风化物的残积物和风积物为主。

植被：鄂托克旗植被的生物学组成以喜温、耐旱、多年生、呈丛状的植物占优势，根据生态环境，全旗从东南到西北依次可分为三个植被带，即典型草原亚带、荒漠草原亚带、草原化荒漠亚带。阿尔寨石窟和百眼井遗址所在的公其日嘎乡和阿尔巴斯苏木属于草原化荒漠亚带。其气温干燥，年降水量150～200毫米，土壤以灰漠土和棕钙土为主。植被多为旱生小灌木荒漠型。主要植物群落有红沙、猫头刺、油柴、沙冬青、狭叶锦鸡儿、多根葱、藏锦鸡儿、松叶猪毛、戈壁针茅等。覆盖度20%～25%，人工植被主要是农作物和人工林。

第二章　阿尔寨石窟遗址概况

一、遗址调查工作

20世纪20年代和50年代，我国学者就先后考察过阿尔寨石窟寺。

20世纪70年代后期，内蒙古自治区文物考古研究所（原内蒙古自治区文物工作队）的田广金先生对阿尔寨石窟寺进行了考察，并提出了该石窟寺的年代"可能为元代或稍晚"的见解，这是内蒙古文物工作队成立后，对阿尔寨石窟寺的首次报道，从此揭开了对该石窟寺进行科学考察、研究的帷幕。

1989年由内蒙古自治区社会科学院、内蒙古大学、内蒙古师范大学等单位组成的考察队相继前往阿尔寨石窟寺，重点对石窟寺的回鹘式蒙古文、藏文榜题进行了考察和研究，该石窟寺的重要性引起人们的普遍关注。有学者认为石窟开凿的年代"可能始于西夏或者更早"。

1990年11月，内蒙古师范大学和伊克昭盟民委在呼和浩特联合举办了《阿尔寨石窟回鹘蒙古文研究专题讨论会》，公布了近年来的研究成果，有力地推动了这一研究课题的深入发展。

1991年10月，由中央民族学院、内蒙古社会科学院、内蒙古大学、内蒙古师范大学等单位联合组成的阿尔寨石窟课题组对阿尔寨石窟进行了综合考察，除回鹘式蒙文的研究外，还发现了佛学、建筑、艺术等方面的新资料。

1993 年秋，内蒙古自治区文化厅、伊克昭盟文物工作站、鄂托克旗文管所组成联合课题组对阿尔寨石窟寺进行了综合考察和勘探测绘，根据国家文物局关于"要把保护与维修百眼窑石窟的工作办好"的要求，对石窟现存裂隙、风化等病害加以考察提出维修施工方案，并向国家文物局文物处汇报。这次考察还对石窟的年代、壁画的年代及内容进行了综合研究，在专家的指导下不仅对西夏、蒙元、明代三个阶段进行了划分，重要的是发现了元代绘制的"成吉思汗及夫人、四子（或蒙古帝王）受祭图""丧葬图""各族僧侣、官员人等礼佛图"等珍贵画面，引起中外学术界的高度重视。

1994 年，国家文物局古建研究所高级工程师姜怀英、敦煌研究院保护研究所工程师罗敏、麦积山石窟艺术研究所研究员李西民等相继来到阿尔寨石窟寺进行考察，并对石窟寺的保护工作提出了意见。

1997 年 5 月，宁夏社会科学院名誉院长、宁夏大学及西北大学兼职教授李范文研究员到阿尔寨石窟寺进行考察。

2002 年 9 月，内蒙古新经济研究会、鄂尔多斯市委宣传部、鄂托克旗人民政府、鄂尔多斯研究会联合举办"阿尔寨石窟专题研讨会"，邀请北京大学考古文博学院、中央民族大学、北京市古建筑研究所、山西省古建筑研究保护所、内蒙古社会科学院、内蒙古大学、内蒙古师范大学等单位的历史、宗教、蒙古文字、石窟寺保护等有关方面的专家对阿尔寨石窟进行了考察，并就石窟寺的价值、地位以及保护、开发、利用等进行了较为广泛、深入的探讨。

2002 年 10 月，根据国务院李岚清副总理的批示，国家文物局副局长张柏，国家文物局文物保护司地上文物保护处处长柴晓明，著名石窟寺专家、北京大学文博学院马世长教授，中国文物研究所石质文物保护专家王金华高级工程师等专程对阿尔寨石窟进行了调研和考察，就石窟寺的时代、地位、价值以及整体保护规划、方案和具体保护措施等提出了指导性意见。

2003 年 3 月，经国务院特批，增补阿尔寨石窟为第五批全国重点文物保护单位。

二、阿尔寨石窟概况

阿尔寨石窟的地理坐标为东经 107°10'，北纬 39°43'，位于鄂尔多斯高原与黄河河套地带的交界处。它所开凿的苏默图阿尔寨山，是一座高约 80 米、东西长约 200 米的平顶桌形山，四周为陡壁。南北宽 70～80 米，西端向北延伸出一条长约 70 米的狭长山嘴。

阿尔寨石窟寺的石窟均依山开凿，分布于高程 1448～1458 米的砂岩山的四壁，大体呈上、中、下三层分布。位于南壁的石窟数量最多，分布也最密集，位于西壁的石窟数量次之，位于东、北壁的石窟数量略少，特别是 56 号与 57 号窟之间，在 53 米长的范围内未开凿石窟。已发现的 65 座石窟中，保存较完好的有 43 座；另外 18 座或已塌陷或被流沙掩埋大部，情况不详；开凿半途停工的有 4 座。

经勘探石窟规模大体可分为大、中、小三种，面积分别为 30、20 和 10 平方米左右，以中、小型石窟为主，大型的只发现 1 座（19 号窟）。据观测，19 号洞窟为长方形，面积约 30 平方米，位于南壁中部，门向南，门外有凿刻痕迹和台阶，估计曾在外部建有窟檐。该洞窟为南壁之主窟，其余洞窟则分布在它的两侧。

中型洞窟的数量较多，面积约为 20 平方米，高约 2.5～3 米，方形。前壁正中凿拱形门或长方形门，后壁正中凿出主佛龛，主龛两侧分布上下两排佛龛，左右两侧墙壁也对称凿出排龛。窟顶正中雕出方形莲花藻井，面积约 0.5 平方米，为典型的西夏风格。有的藻井为叠涩方形。在第 10 窟和第 28 窟中央，雕凿出方形窟柱（中心柱），方形中心柱后部的石壁上是主佛龛，这是我国北魏时期石窟的典型风格。中型石窟大多绘有壁画，绘画的时代为西夏、元、明。

小型石窟面积约 10 平方米，高约 1.5～2 米，从洞口至主室进深约 4～5 米，呈前后室状，洞内无佛龛，壁画较多。除密宗佛教内容外，有回鹘式蒙文和藏文榜题及多幅元代和明代的壁画。

石窟的形制主要有中心柱式窟、平面呈方形和长方形单间石窟等几种。石窟均直壁、平顶，拱形或方形门。有的窟壁凿有壁龛及须弥座，有的顶部凿有网状方格，亦有的顶部中心凿出莲花或叠涩藻井。有的石窟门前曾建有窟檐。

上述三类石窟中，佛雕像均已不存，只采集到部分泥塑残件。但令人欣慰的是，中、小型石窟中保留有近千幅壁画。其绘制方法是先用泥将洞窟壁面抹平，然后用白垩粉刷白再施以彩绘。所采用的色彩多为绿、黑、白、红等色，均为矿物颜料，经久不褪色。壁画的题材以反映佛教方面的内容为主，如佛像、佛教诸神像、佛经故事图、供养图及讲经图等。另外还有大量反映当时现实生活的世俗壁画。最为珍贵的是多幅描绘世俗人物供养、祭祀、舞蹈、礼佛的壁画。在元代壁画中，以方形网络将壁画分成若干方格，每格之间留一宽栏，上面整齐地书写着回鹘式蒙古文和藏文榜题，内容有赞礼佛的颂诗，也有回鹘式蒙古文"红""绿""蓝"等字，是画师上色彩前标注的颜色记号字。据石窟的形制等分析，该石窟寺的开凿年代可能早到北魏中晚期。据壁画的绘制风格、内容及回鹘式蒙古文保留的古老特征等综合分析，壁画的绘制年代主要为西夏、蒙元和明代。

位于山体四周石窟间的 22 座浮雕石塔，除 1 座为密檐式塔外，其余均为覆钵式塔。多数石塔在岩壁上直接浮雕而成，少数石塔雕凿在长方形或长椭圆形佛龛内。浮雕石塔大的高约 6 米，小的高仅数十厘米，多数高约 1.5～3 米，个别塔腹的笼内存放有骨灰和绢纸残片或在塔腹凿刻密宗早期派别黑教的驱魔标志。据浮雕石塔的造型、特征等分析，除少数塔建于西夏外，多数塔均建于蒙元及明代。

在阿尔寨山顶平坦之处，发现有大型庙宇建筑遗址，有火焚迹象。建筑遗址残墙高 1 米许，为长方形石条垒砌。庙宇遗址共由 3 部分构成，依次排列，呈正南北方向，总面积约 1200 平方米。在地表采集到的遗物有黄色和绿色的琉璃瓦、兽头瓦当、青花瓷片，还发现半块模印回鹘式蒙古文的青砖。该庙宇应为蒙元、明代的建筑。

据文献记载结合石窟寺内发现的各类遗迹、遗物所揭示的时代特征以及阿尔寨石窟寺有火焚迹象等推测，该石窟寺可能毁于明朝后期的战火。

三、阿尔寨石窟开凿历史

阿尔寨石窟开凿的年代可划分为 4 个阶段。

1. 北魏时期

由拓跋鲜卑建立的北魏政权，在今内蒙古中西部和北部地区有着强大的势力和影响，开凿于公元 460～523 年的云冈石窟，由于受到皇帝和上层权贵的支持，其建筑规模和艺术形式达到了极高的水平，其建筑风格和规范被称为"云冈模式"，影响波及北方及西域地区。在与鄂托克旗相邻的宁夏地区，发现有受到云冈石窟风格影响的石窟。

综合历史及考古资料，可以认为阿尔寨早期石窟的营造，与北魏时全国范围的崇佛及云冈石窟的影响有关，阿尔寨石窟第 10 窟和第 28 窟，平面为方形，窟中央雕出方形塔柱，后壁开凿佛龛。这种形制，与云冈第 1、2 窟（北魏中期）、宁夏须弥山第 14 窟（北魏中晚期）相似，其开凿时代可定为北魏中晚期。

2. 西夏时期

10世纪崛起的西夏王朝,使佛教得到空前传播。西夏于1036年占领敦煌地区后,大力重修莫高窟和榆林窟。同时,在前人开凿洞窟的基础上绘制壁画。西夏早、中期佛教壁画占统治地位的一直是汉传佛教题材,其内容和形式以沿袭北宋为主。西夏晚期,由于统治者的倡导,积极引进藏传佛教,因此在佛窟中密宗题材的壁画较多。这种所谓"藏密"题材和风格的壁画,对西夏佛教画坛影响甚大。

由于西夏统治者长期崇佛,在其统辖境内广建庙宇、开凿石窟,推动了西夏时期佛教艺术的繁荣和传播。阿尔寨石窟所在的鄂托克旗,在西夏时期属夏州和宥州地区,为拱卫河西地区之军事要地。因此,西夏人完全可能在此开凿石窟。百眼窑西夏石窟均为中型洞窟,其特点是:

(1)布局为正面墙和两面墙开凿半椭圆形佛龛,墙底部设坛,有台阶,与甘肃马蹄山西夏石窟正墙凿三龛、龛前设坛的布局相同。

(2)外壁刻有覆钵式塔和楼阁式塔,时代越早者,塔腹越扁而粗。

(3)壁画按内容可分为两个阶段。第一阶段为西夏早中期,以大量的石绿色打底,即学术界称西夏之"壁画绿",用焦墨薄彩绘出佛和菩萨,以及山水和人物。佛教壁画为显宗题材,佛本尊为药师佛,与敦煌莫高窟西夏壁画的风格相同。其山水画风格,也受汉族画风影响,为青绿山水。经变图有"舍身饲虎""收复外道",此外还有天王像和罗汉像;反映世俗生活的壁画有舞蹈图;反映僧侣生活的有"出行礼佛图"。此期壁画内容丰富,数量较多,面积较大,反映了当时西夏人崇拜佛教显宗的历史风貌。第二阶段为西夏晚期的作品,内容由显宗变为密宗,出现了十一面观音像、双身明王像、密宗大师说法及礼佛图。

(4)洞窟中的藻井有两类。第一类为石刻正方形莲花藻井;第二类为绘制的莲花平棋图案,增强了石窟门的装饰效果。这种风格也与同期莫高窟、榆林窟藻井风格相同。

3. 蒙元时期

蒙元时期,中国逐步由战乱归于和平。成吉思汗征西夏时,曾在阿尔寨地区活动过。虽然当时军务紧急,不可能在此建筑石窟,但西夏被灭之后,蒙古人占领此地,为了崇拜藏传佛教,同时也为纪念成吉思汗,仍然在这里继续修凿石窟。此期的阿尔寨石窟,是具有礼佛与祭祀双重功能的,其特点如下:

(1)在山顶上兴建了藏传佛教寺院,用于佛事和祭祀。因其使用黄、绿色琉璃瓦铺顶，以巨石条和模印回鹘式蒙古文经咒的砖建墙，可证明庙宇等级的高贵。庙宇呈正南北方向，大庙居中、小庙居两侧的排列布局，体现了三座庙宇可能有不同的功能。

（2）此期的石窟，规模小于西夏时期，有的窟中绘满壁画，而有的窟中仅涂白色，所有的小型窟均无佛龛。这些窟多为套间结构，有的窟内有僧坑，说明由于山顶建有大庙，礼佛的重点已转移到山顶的庙宇了。

（3）此期壁画内容出现萨迦派的图案，即以白、绿、红、黑诸色彩绘于佛像的四周，在中型石窟中，有些元代壁画是覆盖前代壁画重新绘制的。元代壁画多划分为若干方格，绘制佛像及佛教故事。在宗教壁画的下方，绘有世俗人物祭祀、礼佛的场面。

（4）出现用竹笔墨书的回鹘式蒙古文榜题和少量梵文及藏文榜题。经考释为礼佛颂诗，每四行为一首。其内容有四天王颂、十六罗汉颂、优婆塞达摩罗颂、圣救度佛母二十一种赞经及诸佛赞等。梵文、藏文的内容与蒙文内容相同，但保存状况不佳，没有一首是完整的。

（5）出现安放高僧骨灰的覆钵式塔，即浮雕佛塔的腹部凿一椭圆形洞，内放高僧骨灰。

4. 明朝时期

1368 年，元朝被明朝取代，但藏传佛教仍在蒙古族聚居地区存有影响，今伊盟地区从元朝被推翻到明朝天顺年间，一直是明与蒙古拉锯争夺之地。明天顺年间，鄂尔多斯部进驻今伊盟地区。其后，逐步与青海地区的藏传佛教上层恢复联系。

明万历六年（1578 年）五月，俺答汗与藏传佛教格鲁派大师索南嘉措，在青海湖边的仰华寺举行了历史性会见。据索南嘉措宣称，他与俺答汗分别是八思巴和忽必烈的转世者。为此，俺答汗奉索南嘉措为"圣识一切瓦齐尔达赖喇嘛"（即达赖三世），索南嘉措也回赠俺答汗尊号"咱克喇瓦尔第彻辰汗"。从此，蒙古上层开始信奉格鲁派（即黄教）。至明万历十三年（1585 年），达赖三世从青海抵鄂尔多斯地区传播黄教，藏传佛教的黄教很快风靡全蒙古。

在这种崇佛的情况下，阿尔寨石窟在鄂尔多斯蒙古部的经营下，再度兴旺起来。此期石窟均为小型窟，有的洞窟是在前代基础上加以改造扩建而成。山顶的庙宇仍然继续使用，这可从山顶庙宇遗址中发现有明代建筑构件和青花瓷片得到证明。

明朝时期的壁画，一般面积较大，往往绘满一面墙，不在画面上划方格，壁画中出现黄教祖师宗喀巴的形象。此期壁画还有毗沙门天王像，蒙古人奉之为财神，像下绘蒙古贵族家庭与高僧，绘画风格与包头市美岱召明代壁画相似。此期仍有回鹘式蒙古文榜题，经考证，约为 15 世纪的作品。明朝时期的壁画具有明显的蒙古民族特色，富有装饰性，色彩以红、白、绿、黄为主。

阿尔寨石窟的终结，有可能是明朝后期的战火造成的。清朝文献中没有关于阿尔寨石窟及该地区礼佛活动的记载。在考察中发现阿尔寨石窟的庙宇遗址有火梵迹象。依据《蒙古源流》和《大清太祖高皇帝实录》考证，后金与林丹汗两大军事集团在长期的战争中，曾数次经过鄂尔多斯地区。林丹汗曾信奉格鲁派，后来又改信萨迦派，在与后金战败、退守归化城时，曾大规模破坏过此地的格鲁派召庙。再退至鄂尔多斯地区后，因鄂尔多斯部对其支持不力而生怨，曾有武力镇压的举措。估计供奉格鲁派的阿尔寨石窟及庙宇，就是在此阶段被焚的。

四、阿尔寨石窟的壁画遗存

阿尔寨石窟中的近千幅壁画，历史悠久，内容丰富，瑰丽多彩，是该石窟最有价值的文化艺术遗产。

在同一石窟群中创造了内容如此丰富绚丽的早期本教藏传各流派佛教壁画，世所罕见。它不仅再现了藏传佛教在内蒙古地区传播的历史画卷，表明阿尔寨石窟曾是密宗各大流派的汇聚地，也是研究北魏经西夏、蒙元乃至明代藏传佛教各主要派别的宗教仪规、信仰内容及其在内蒙古地区的发生、发展史的极其宝贵的实证。

阿尔寨石窟中大量具有蒙古民族特色的世俗壁画，是举世罕见的。这些壁画内容丰富，举凡黄金家族、臣属平民，法王罗汉、活佛僧侣，宫殿帐房、服饰梳妆，起居歌舞、丧葬祭祀，山川平原、飞禽走兽等等，几乎包罗万象，是研究近千年蒙古草原北方民族政治、经济、文化、艺术、地理以及宗教信仰、民风民俗等的无价之宝。

阿尔寨石窟的壁画，多为彩色的，以绿、红、黑、蓝、白、黄为主，为矿物质颜料，经历了数百年仍斑斓如新，实属弥足珍贵。也有仅以黑色线条白描的，似未来得及上颜色的未完成之作，但也可看出线条流畅，技法纯熟，十分难能可贵。

元代的壁画，多以方形网格划分画面，使画面内容既有联系，又能区别，具有鲜明的历史特色。现简述几幅具有极其重要文化艺术价值的代表性壁画。

1. 供养菩萨像（西夏）

绘于第 31 窟内右侧，共两尊，像高约 40 厘米，侍立于佛龛左右两侧，佛龛内绘一座覆钵式白塔。佛塔左侧绘一尊供养菩萨，束高髻，眉眼细长，上唇绘小八字胡须，袒胸，身穿绿色紧身衣裙，腰束带，裙下摆呈喇叭状，为浅红色。菩萨身段优美，赤足站立在圆台上，头后绘圆形光环。佛塔右侧也绘一尊供养菩萨，因色彩发生化学变化，肌肤呈黑色。这尊菩萨袒上身，绿色飘带搭在胸前和两臂间，下身穿浅红色紧身裙，赤足站于圆台上，头后绘圆状光环，体态优雅。这两尊西夏早、中期的菩萨像，为阿尔寨石窟显宗艺术的作品，与莫高窟西夏供养菩萨像的风格相似，在内蒙古属首次发现。

2. 各民族僧俗人等礼佛图（元代）

绘于第 28 窟主龛左侧。壁画长约 1 米，高 45 厘米。画中绘有 50 余人，分 4 队排列在山谷间。第一排 5 人，身穿红色、黄色袈裟，头戴平顶、尖顶、方形僧帽，为藏族密宗大师。第二排 17 人，光头，披红、黄袈裟，为蒙、藏两族高僧。第三排 9 人，前 3 人为僧侣，第 1 人披红袈裟，戴方帽；第 2 人披黄袈裟，戴方帽；第 3 人蓄短须，披黄袈裟，戴尖顶帽。在僧侣之后，绘一汉族官吏，头戴幞头，身穿绯色官服，上有碎花团，其穿戴合乎元代六、七品官的制度。《元史·卷七十八·舆服志》载："百官公服……六品七品绯罗，小杂花，径一寸……幞头漆纱为之，展其角。"在官吏身后，绘有 6 人，前两人头扎白色软巾，第 3～5 人头束汉族男子发髻，第 6 人光头。此 6 人均为汉人，为官吏的随从或近亲。第四排绘年轻僧侣 21 人，应为蒙古人，均肃立向前。这幅各族僧俗人等礼佛图人物众多，民族各异，服饰和发式各有不同，既反映了元代社会各族各界崇佛的实际，又记录了元代各族人民相互交融与友好相处的历史情况，从壁画考察，图中的人物有藏族、蒙古族、汉族，其身份有高僧、官员、一般僧人和侍从。这是内蒙古自治区首次发现的元代不同民族和不同身份的人们共同礼佛的壁画。

3. 蒙古族丧葬图（元代）

绘于第 28 窟主龛右侧的上方。长 50 厘米，宽 35 厘米，画面右角绘白色蒙古包 2 座，尖顶高耸。蒙古包左侧绘寺庙 1 间，宫殿 1 间。宫中绘 1 妇人，垂头作痛哭状。在壁画中部，绘 3 人立 1 棺后。左侧男子着盛装束袖袍服，头戴盔形圆帽，在其右侧立两位僧人。木棺头粗尾细，由一圆木中分而成，棺头年轮清晰，木棺中间有 3 道长方形箍。3 人身后，绘有方形墓圹，其中伏卧一尸，有 4 只白鹤用嘴将尸体衔起，墓圹右角绘跪僧 1 人为死者念经超度。这幅丧葬图涉及蒙古丧俗等内容。木棺之制，与明人叶子奇所著《草木子》记载的元代蒙古人送终之礼相和。即"用木完二片，凿空其中，类人形大小，合为棺，置遗体其中，加髹漆毕，则以黄金为圈，三圈乃定……"蒙古包与庙宇宫殿同绘于一图，说明元代在草原上有多种居住方式。白鹤衔尸升天的画面，构图十分奇妙，反映了蒙古人对灵魂升天的崇拜和向往。此外，在石窟中还发现由秃鹫（密宗中的神鸟）啄尸的天葬图，也反映了元代蒙古人对灵魂升天的向往。

4. 成吉思汗及后妃、四子受祭图（元代）

绘于第 31 窟内左侧。长 120 厘米，宽 50 厘米。该壁画场面浩繁，计有大小人物百余个，共分为四组，壁画上方绘密宗黑教的财神像。

壁画中，第一组人物为被祭祀的一个大家庭，共有八人。男主人身穿盛装蒙古礼服，形体魁伟，头戴四方瓦楞帽，盘腿坐于正中，左手放于腿上，右手举于胸前。在他的左侧，绘一蒙古贵妇，着礼服，戴固姑冠，坐姿与男主人同，头侧向男主人。贵妇左侧，绘四名蒙古男子，年少而无冠，身穿礼服，均只盘右腿，左腿收回半立，双手合十于胸前。在男主人右侧，侍坐有两名盛装贵妇，均戴固姑冠，双手合十于胸前，盘左腿、收右腿。这八人同坐于白色高台上。在高台之下，呈品字形摆放丰盛的祭品。中间为主供，上罩红色伞盖，其下置高案承托。祭品状若三座山峰，耐人寻味。主供两侧的副供，均置于红色托案上，为全牲之祭品。

第二组人物绘于高台右侧偏下，约 20 人，均穿蒙古礼服，有一头戴固姑冠的贵妇带领，跪坐于白色高台下。

第三组人物也绘于高台右侧，由一座小山将其与第二组人隔开。他们约 20 人，均穿蒙古礼服，由一男子带领，站立在高台下，向台上八人行弯腰礼。这些男子中有人牵马，共三匹，一白色，二红色。在人群后部绘有山谷，人群站在山谷间，形成只见头不见尾的浩大队列。

第四组人物约 20 人，绘于高台左侧，均穿礼服，跪拜或盘坐，双手合十，向台上行礼。

这幅壁画是阿尔寨石窟中所绘人物最多的一幅，场面浩大，内容繁复。正中坐于白色高台之上的八人，为同一家庭成员，他们受到了蒙古贵族和广大民众的崇拜与祭祀，享有至高无上的地位。初步认定他们应当是成吉思汗及其三位夫人和四个儿子。在画面上排列的序列应为：左起第三人为成吉思汗，其左侧为正夫人孛儿帖·兀真皇后；其右侧第一人为也速干皇后；右侧第二人为忽兰皇后。成吉思汗四个儿子的排列从左至右依次是：术赤、察合台、窝阔台、拖雷。

在白色高台下，位于突出位置，头戴固姑冠的贵妇，应为主祭人，她与成吉思汗之妃也遂皇后有关。祭祀成吉思汗及其家庭成员的壁画在阿尔寨石窟出现，与成吉思汗第六次征伐西夏时，在鄂尔多斯及阿尔寨石窟地区的军事活动有关。

五、阿尔寨地区的重要史迹

公元 1226 年，成吉思汗已是 64 岁的老人，他不顾连续 7 年西征的疲劳，偕夫人也遂亲率大军第六次进攻西夏。此时的西夏虽经蒙古军队多次打击，但实力尚存。为保其国家不被灭亡，西夏与金国订立盟约，互称兄弟之国。企图联合对抗蒙古。为此，成吉思汗决定征伐西夏，以拆散夏、金联盟，先灭西夏，然后再居高临下攻灭金国。此次西征，成吉思汗率军从漠北蒙古本部南下，经过鄂尔多斯进兵西夏。同时，他命令从俄罗斯归来的速不台率军从西北方向包抄西夏，以形成东、西两路夹击之势。《蒙古秘史》第 264～265 节记载："太祖征回回七年……第七年鸡儿年秋（1225 年），回秃剌河黑林的旧营内……成吉思汗即住过冬，欲征唐兀（西夏），重新整点军马，至狗儿年秋（1226 年），去征唐兀，以夫人也遂从行。"就在这一年秋冬之际，成吉思汗率大军进入鄂尔多斯，在今鄂托克旗与西夏军队隔黄河对峙。军旅之中，成吉思汗在阿尔巴斯山围猎野马，不幸坠马受伤，在阿尔寨一带养伤。对此，《蒙古秘史》有详细的记载："冬，间于阿儿不合地面围猎，成吉思汗骑一匹红沙马为野马所惊，成吉思汗坠马跌伤，就于搠斡儿合惕地面下营。"

据考证，《秘史》中所记"阿儿不合"，指的是今阿尔巴斯山，西夏时称"省嵬山"，清人张穆在《蒙古游牧记》中，称之为"阿布山"。《蒙古游牧记》云："《水道提纲》：黄河北经阿布山，塞尔旺喀剌山西麓至白塔之东，东北稍曲折，北流，歧为二派。"清嘉庆二十五年（1820 年）所绘制的地图，也记载了鄂尔多斯右翼中旗（今鄂托克旗）西境有塞尔旺喀剌山，与阿尔巴斯山从北向南透迤相连。"搠斡儿合惕"为蒙古语"多窟汇聚之处"，学者已有考证文章，认为即阿尔寨石窟。阿尔巴斯山的地理坐标约为北纬 39.6°，东经 107.1°，主峰海拔 2149 米，距银川（西夏都城中兴府遗址在此）东北 110 公里，实为成吉思汗西征西夏所经之要地。

成吉思汗在阿儿不合坠马受伤后，即在搠斡儿合惕扎营养伤，由夫人也遂在身边服侍。《蒙古秘史》第 265 节对成吉思汗养伤和其后的情况也有详细的记载。众将军见成吉思汗受伤又发烧，均劝其暂且退兵，但成吉思汗坚持不同意，并派遣使者到西夏首都，向西夏君臣转达了成吉思汗对他们的质问，西夏君臣仍态度强硬，错过了与蒙古议和的机会，蒙古大军在成吉思汗率领下，从阿尔寨石窟地区拔营直趋阿刺筛山。

1226年11月，成吉思汗挥师南下，计划再渡黄河进攻灵州（今宁夏灵武西南），以切断西夏与金国的联系。据波斯人拉施特《史集》所记载，蒙古军从东面渡过黄河，大败西夏援军，并攻下灵州，然后又攻克盐州，于12月包围了中兴府。经过几个月的激战，西夏的主要州城及南联金国、西退凉州的道路均被蒙古军占领，西夏国王困守中兴府，已失去了反抗的力量。1227年，成吉思汗留下部分军队包围中兴府，自率主力南下进攻金国，并先攻下临洮等地，然后去六盘山驻夏。1227年6月，成吉思汗进兵至清水县（今属甘肃），又派使者到中兴府喻降。西夏主表示愿降。

1227年8月25日（七月乙丑），一代天骄成吉思汗在清水县病逝，终年66岁。异密们按照他的命令，密不发丧，直到（唐兀惕）人民从城里出来，被全部杀死。西夏国至此终于被蒙古军队灭亡。

综上所述，成吉思汗在1226年第六次征伐西夏时，以今鄂托克旗阿尔巴斯苏木阿尔寨石窟地区为大军总指挥部，并在这一地区养伤疗疾，策划军事大计。此事在《蒙古秘史》中有颇为详细的记载，只是因地名在《秘史》中没有准确的位置，而一直没有被学术界发现。通过对阿尔寨石窟中，元代祭祀成吉思汗及其家人壁画的辨识，特别是对《秘史》中"阿尔不合""搠斡儿合惕"两个蒙古语地名的考释和查找，初步确认了上述事实经过。因此，阿尔寨石窟是一代天骄成吉思汗戎马一生、转战万里的生涯中，遗留的一处至今既有地名可考、又有准确地点可寻的故址，其意义十分重大。

此外，在鄂托克旗公其日嘎乡境内，还有一处名为"百眼井"的遗址，它可能是成吉思汗所率骑兵集中取水和饮马之处。百眼井遗址位于阿尔寨石窟东南30公里处，在不足一平方公里的范围，分布有一百余口深井。每口井的间距不等，近者仅为10多米，深者几十米，浅者十余米，均开掘于一处古老河床上。为了防止泥沙淤积，井口处均以石块垒起高约1米的圆形护墙。这些古井今已大多废弃，当地牧民称其为"敖伦其日嘎"，汉译为"众狗之井"，汉族群众称之为"百眼井"。据被调查的老牧民讲，这些井已有几百年历史，原来共有多少眼水井尚未查明。传说，成吉思汗围猎时，他的众多猎狗长途追猎，口渴体疲。于是，成吉思汗命令众工匠在河床上挖出水井，因而得名为"众狗之井"。从这个古老的传说中可以隐约发现，成吉思汗大军曾在此集结，为了解决大部队人马饮水问题，成吉思汗命众工匠快速挖掘了众多水井，以供军需。

　　据实地调查了解，这些水井不是近代所挖，他们距阿尔寨石窟较近，地势平坦，水位较高，应为蒙古大军聚集时所挖掘的军用水井。此外，查阅史料时，发现在拉施特《史集》第231、258节中，有两次提到"翁浑—答兰—忽都黑"这处地名，汉译为"翁浑的70眼水井"。这处重要的地名，在《多桑蒙古史》《蒙兀儿史记》《元史译文补正》等书中，也有引述，但拼音方法略有差异。在上述诸史书中，都记载了成吉思汗在"翁浑—答兰—忽都黑"做了噩梦，知道自己死期将至。这与成吉思汗晚年征西夏的时间相符，因此，可以推断百眼井应是上述蒙古史文献中所记的"翁浑—答兰—忽都黑"（即翁浑的70眼井）。

　　基于以上对成吉思汗时期的阿尔寨石窟和百眼井遗址的考证辨识，特别是成吉思汗在阿尔巴斯及阿尔寨石窟地区围猎、坠马受伤、养伤并策划进攻西夏战略大计，以及西夏被灭后其百姓大多分与也遂夫人的记载，可以推断成吉思汗及也遂夫人之后代传人，是元代营建第31窟并绘制祭祀成吉思汗及其家庭成员壁画的主持人。

第三章　阿尔寨石窟遗址现状评估

一、遗址现状

　　石窟遗存的平顶山四周岩体破碎，结构疏松，成片状剥落。构造裂隙、卸荷裂隙及层面裂隙交错切割，使石窟区岩体成巨块状脱离，易发生多处崩塌，出现多处危岩体，严重地影响附近洞窟的整体稳定性。

　　山体下部的洞窟，特别是西、北侧崖壁中下层的洞窟被风沙掩埋，而且有日渐增大的趋势。

　　洞窟内的壁画受风沙冲刷，在壁画表面造成一道道刻划痕迹，使壁画表面模糊不清，造成壁画难以挽回的"硬伤"。有的壁画附着面层脱落。

　　由于缺乏有效保护，洞窟内壁画表面已发生起甲、酥碱、霉变、空鼓、地仗层脱落等严重病变，有的因烟熏破坏，在壁画表面形成一层油渍污垢，破坏了画面的清晰度和完美感。

　　遗址周边环境由于多种原因，草原衰退，局部出现沙化，生态环境日渐恶化，加剧风沙对遗址的侵蚀。

遗址地处内蒙古大草原，有良好的景观视线，与西部及西南部桌子山等有通畅的视线，突兀而立的石窟遗址也是广袤草原的一景。

二、遗址破坏原因

1. 遭受历史上战争及其他人为因素的破坏。山顶部据说原有六座建筑，从建筑材料遗物判断，应为蒙元、明代的庙宇建筑。据文献记载及从石窟遗迹、遗物推知，石窟寺可能毁于明思宗崇祯元年（1628年）的战火。之后，长期受到人为的随意践踏、刻划、涂抹等。

2. 长期自然应力作用对石窟所在山体和窟体造成破坏。遗址所在地属大陆性草原气候，冬季严寒，夏季酷热，昼夜温差大。虽干旱少雨，但瞬间降雨量大，特别是强烈的疾风沙蚀，使山体及洞窟产生严重的破坏。

3. 由于人类工程活动引起自然环境、生态状况的改变而导致地质病害加剧。从阿尔寨地区雨水水样分析，雨水呈偏酸性，环境污染对石窟岩体产生有害影响。

三、石窟本体病变的原因

1. 石窟区岩体特点

石窟区属构造剥蚀低缓丘陵地，洞窟位于一座孤立突起的褐红色含砾砂岩的小山陡壁上，砂岩陡壁底部的泥岩夹层因差异性风化作用形成一条风化凹槽。砂岩平顶山顶面的覆盖层多为含砂砾石土或风化残积土，局部基岩出露。山顶西北端的窄长山嘴受两组近直立的卸荷裂隙切割，岩体呈巨块状分离，整体上形成一个危岩区。阿尔寨石窟区广泛露出白垩统褐红色含砾砂岩（K_{2S}）中间夹暗绿色的砂岩条带，灰黄色的泥岩（K_{2n}），晚更新世的残坡积土（Q_3^{el+pl}），崩塌堆积物（Q_{col}）及风积物（Q^f）。白垩统褐红色含砾砂岩主要分布于石窟区平顶山的山顶及陡壁上。含砾砂岩呈厚层或巨厚层状，内具交错层理，陡壁底部砾石有很高的磨圆度。在砂岩陡壁底部广泛夹有暗绿色的砂岩条带，石窟即开凿于该砂岩层中。

2. 地质构造的特点

石窟区内岩体整体性好，未发现断裂构造，主要以构造裂隙为主。平顶山顶面裂隙走向玫瑰花节理，构造裂隙间距较大，裂隙延伸较长。此外区内还有层面裂隙和平行于崖壁的卸荷裂隙。层面裂隙在砂岩陡壁上受风化剥蚀，易形成风化槽。卸荷裂隙一般平行陡壁发育。因此构造裂隙、层面裂隙和卸荷裂隙交错切割，将石窟所在的砂岩切成块体分离，是石窟区岩体崩塌和形成危岩体的关键因素。

3. 动力地质原因

经调查，阿尔寨石窟的主要动力地质现象为崩塌。阿尔寨石窟雕凿在砂岩陡壁上，陡壁高 10 米，陡壁下部的泥岩软弱夹层因差异性风化被剥蚀掏空，陡壁顶部岩体受三种裂隙交错切割，岩体成块状分离。分离体在重力作用下向临空面发生崩塌。目前山体四周共有 11 处崩塌堆积区，最大崩塌区在平顶山体的南侧，崩塌堆积区面积达 140 米 × 20 米，最大崩塌块体达 3.0 米 × 2.0 米 × 1.5 米，属倾倒式崩塌，而且由于已形成了多处危岩体，如不及时加固治理，有进一步发生崩塌的可能。

4. 含酸雨水的侵蚀

由于石窟区周边工矿企业对大气污染，使雨水偏酸性（PH=6.24 ～ 6.30）。含酸雨水具有较高的岩石溶蚀能力，深入裂隙中，对石窟岩石有显著的侵蚀性。

5. 疾风沙蚀对石窟造成破坏

鄂托克旗是西北冷空气路径的门户，加之气候干燥，沙漠多，下垫面疏松，植被稀疏低矮，促使大风出现频率高，风力强，风沙大。

阿尔寨石窟独立于四无遮拦的大草原上，疾风夹带沙石对山体岩石造成严重的侵蚀并淹没、填塞洞窟。石窟东南地区的大风频率、持续时间及沙暴次数见表1～表3。

表 1　附近地区大风频率表

季	春季			夏季			秋季			冬季			年
月	3	4	5	6	7	8	9	10	11	12	1	2	
平均日数	4.8	6.8	5.2	4.7	3.4	2.3	1.7	1.7	2.9	2.7	2.2	2.5	40.9
小计	16.8			10.4			6.3			7.4			
占百分比（%）	11.6	16.5	12.6	11.4	8.2	5.6	4.1	4.1	7.0	6.5	5.3	6.1	100
	40.7			25.2			15.3			17.9			

表 2　附近地区大风持续时间表

持续天数	1	2	3	4	5	6	7	总次数
出现次数	773	212	46	11	5	2	2	1051
占百分比(％)	73.5	20.2	4.4	1.0	0.5	0.2	0.2	

表 3　附近地区沙暴次数与频率表

季	春季			夏季			秋季			冬季		
月	3	4	5	6	7	8	9	10	11	12	1	2
次数	90	142	103	56	36	7	8	9	27	43	33	45
	335			99			44			121		
占百分比（％）	15.0	23.7	17.2	9.3	6.0	1.2	1.3	1.5	4.5	7.2	5.5	7.5
	55.9			16.5			7.3			20.2		

第四章　阿尔寨石窟保护范围与区划

一、遗址保护分级

由于阿尔寨石窟自身特点与所处位置，其保护分为三级，即保护范围之外有较大面积的建设控制地带，此外为了保护草原地区的生态环境和特有的景观，又增划了环境影响区。而在保护区内又划分为重点保护区与一般保护区两级。

二、保护范围界定依据

1. 1993 年鄂托克旗人民政府鄂政发〔1993〕71 号文《关于旗文体局要求明确阿尔寨石窟文物保护点地域范围的请示的批复》中，提出的"保护点地域范围，即南北长 1000 米，东西宽 800 米"。

2.1996 年阿尔寨石窟被内蒙古自治区政府公布为自治区第三批重点文物保护单位后，2000 年 5 月鄂托克旗人民政府鄂政发〔2000〕34 号文《鄂托克旗人民政府关于明确阿尔寨石窟文物保护点建设控制范围的批复》中，同意"建设控制区范围为方圆三平方公里"。

3.2003 年 3 月鄂尔多斯市人民政府鄂政函〔2003〕92 号文公布："阿尔寨石窟寺文物保护范围为南北长度为 1500 米，东西宽度为 1100 米。"共 2474 亩。

4.据考证，成吉思汗进攻西夏时坠马负伤后养伤的地点即是在阿尔寨石窟。石窟寺周围地区还保存着许多与当时的战争及成吉思汗祭祀、养伤的传说和遗迹，因此有必要保护好石窟周边地区一定的空间范围。

5.根据遗址周边古代水井、古塔遗址等历史遗存、相关岩体情况、环境特色、景观面及视线通道保护的要求。

6.2005 年本规划上报国家文物局后，批复："原则同意所报规划"，并提出"将重点保护范围予以适当扩大"等修改意见（文物保函〔2005〕1168 号）后，鄂托克旗人民政府提出调整扩大石窟保护范围为 36 平方公里（鄂政发〔2005〕85 号）。

三、保护区范围界定

1.为使保护范围界定时有一定基准，本规划中首先选取石窟山岗顶部 1 号建筑遗址的东墙延长线与 2 号建筑遗址西墙延长线交点以北 20 米处为基准点 Z，其坐标为 X=39.8016（北纬），Y=107.2752（东经）。

2.保护范围边界的确定，考虑到内蒙古草原辽阔的地貌，可参照地物较少的特点，为便于限定，利于实施，尽量依据现有地面道路、水井、居民点等为参照物。保护范围的四至边界为：

北部以石窟区南北向大车路上的 1409 高程点为起点，与东南方向 1388/5 号淡水井相连，然后沿路折向西南，至新修公路北侧 1402 高程点，为东部保护范围边界。

西侧以北部玛力图的 1409 高程点为起始点，与石窟西南向呼巴岱的 1436/2.0 号淡水井相连，然后折向东南，经 1434 高程点至 1439 高程点，并延至新公路北侧。

南部边界东端自 1402 高程点，向西南沿土路至公路北侧的乌兰素后，沿公路北侧路基边线向西行，经 1437 高程点至西部边界南端点。

3.该保护范围与鄂托克旗人民政府 2005 年 11 月 22 日公布的保护范围相比，南、北两个方向的宽度都有所增加，东西边界有所调整，目的是将石窟东侧几百米处的岩体也纳入保护范围内。所以保护范围面积扩大至 47 平方公里。

4. 保护范围边界控制点坐标见表 4。

表 4

坐标 ＼ 边界点号	I	II	III	IV	V	VI
X	39.8641	39.8041	39.7891	39.7779	39.7887	39.8379
Y	107.2783	107.3273	107.3192	107.2931	107.2587	107.2229

（按 1971 年版图式 1：5 万，1954 年北京坐标系）

四、重点保护区范围

1. 鄂托克旗人民政府 2005 年 11 月 22 日文件中还在保护范围内划出重点保护范围，包括石窟山岗、其东部存有洞窟与浮雕的部分岩石及周边一定范围的地貌，面积为 15 平方公里。

2. 本规划修改中根据石窟本体及周边水井、古塔遗址及其箭靶遗址等位置，将重点保护范围进行适当调整，确定重点保护范围面积为 14 平方公里。

3. 重点保护范围四至边界

北部以石窟北侧路上的 1454 高程点为起点，向东南以石窟东侧大车路为边界，行至乌兰素水利队 1405/2.0 号水井处后折向西南方，沿大车路经 1418 高程点，至乌兰素新修公路北侧。

自北部 1454 高程点向西南，与石窟西侧的 1434 高程点相连，再折向东南方向，经 1439 高程点后，至新修公路北侧。此段边界部分与保护区西边界重合。

南部边界为东西两侧南端点之间、新修公路北侧路基边线。此段边界为保护区南边界一部分。

4. 重点保护范围边界控制点坐标见表 5。

表 5

坐标＼边界点号	1	2	3	4	5
X	39.8238	39.7989	39.7779	39.7887	39.8049
Y	107.2833	107.2991	107.2931	107.2587	107.2492

（按 1971 年版图式 1：5 万，1954 年北京坐标系）

五、建设控制地带

1. 在 2003 年 3 月鄂尔多斯市人民政府确定石窟保护范围时，将保护范围与建设控制地带结合为一体，没有划出建设控制地带，不符合《中华人民共和国文物保护法》的要求，所以本规划在遗址保护区外另行划出建设控制地带。

根据阿尔寨石窟的区位特点，应有辽阔的大草原环境风貌，因此必须在较大范围内控制建设活动的数量与性质。因此本规划增加了遗址区的建设控制地带，其范围确定为以石窟山岗为中心的方圆 248.63 平方公里。

2. 2005 年 11 月 22 日鄂托克旗人民政府在鄂政发〔2005〕85 号文中，提出"建设控制区为 400 平方公里"。

3. 本规划修改中，根据将遗址周边的其劳图庙、道劳庙、楚鲁恩拜庙、乌力吉图庙等遗址包括在建设控制区内的意见，将原建设控制地带范围加大为 397 平方公里。扣除保护范围，实为 350 平方公里。

4. 由于建设控制地带范围较大，又处于广阔的大草原上，地形地貌特征不易掌握，为便于实施管理，其边界线尽量沿现有道路而行，另以重要的淡水井位和重要高程点为标志。并确定一些控制点，以便定位。

建设控制地带四至边界为：

东部边界线：自北部其劳图东南的 1359/3 号淡水井为端点，过遗址北部的时令河向南，沿大车土路南行，到拉巴井的 1355/3 号淡水井，后沿大车路向东南，至 1362 高程点东部交叉点，再与南部的 1368、1369 高程点相连，由此折向西南，沿土路经 1373、1385 高程点，至红疙瘩以东的 1397 高程点。

南部边界线：南部边界东部起自东边界南端点红疙瘩以东的 1397 高程点，沿土路向西行经 1419 高程点、巴音田格，再向东南经 1455 高程点后，沿土路进入察哈尔沟，经 1493 高程点至西端龙其拜沟西部的乌兰陶勒盖后，向西北至呼格吉勒图大队（红井）的 1547/2.0 号淡水井。

西部边界线：西部边界自北边界西端点木花什拉的 1467/6 号淡水井为起点，向南经 1464 高程点与乌兰埃里盖相连，再沿土路向南行，穿过公路后至苏亥图大队道路交叉点，再沿土路南行，至塔各图经 1519/1.0 号淡水井，向南沿大车路经 1535/3 号淡水井，直至呼格吉勒图大队（红井）的 1547/2.0 号淡水井。

北部边界线：西端自木花什拉 1467/6 号淡水井起，向东沿路经 1429 高程点、1418 高程点、1408 高程点、乌兰活少、侯家村、其劳图后直至其东侧的 1359/3 号淡水井。

5. 建设控制地带边界控制点坐标见表 6。

表 6

坐标＼边界点号	A	B	C	D	E
X	39.8921	39.8008	39.7291	39.6930	39.6801
Y	107.3719	107.4341	107.4458	107.4109	107.3439

续表 6

坐标＼边界点号	F	G	H	J	K
X	39.6421	39.6523	39.9131	39.7688	39.8777
Y	107.3033	107.1978	107.2319	107.2208	107.2469

（按 1971 年版图式 1：5 万，1954 年北京坐标系）

六、环境影响区

1. 由于石窟遗址位于广袤的大草原上，视野开阔，景观壮丽，其东、南、北三面为一望无际的草原，西部 20 公里处的乌仁都西山轮廓清晰，是重要的景观特色。北起蒙西镇（碱柜），南至棋盘井镇一带山区为煤矿区，应严格控制在山区东部修建厂矿企业，以免破坏景观，故划定以阿尔寨石窟顶部基准点为中心，四周约18～20公里范围内为环境影响区，其范围约为1440平方公里，扣除建设控制地带以内部分，实为1043平方公里。

2. 环境影响区的四至边界

东部边界线：自北端的卡汉阿马沿路向南经1309、1316、1314、1307高程点至色凯后，沿路向西南，至其劳图的1327/30号淡水井再折向东南，经百亥头井，行至阿玛什拉，再沿路向南，经1344、1347高程点，在1346高程点与十七眼井相连后沿路至德日斯。

南部边界线：自东端的德日斯沿路西行，经1410高程点、1416/30号淡水井沿路向西南，经1494、1502、1533高程点及乌胡图的1543高程点，再向西经1586、1605、1621高程点及哈不其格井，至其西北的1643/2.0号淡水井后，沿埃肯乌苏沟转向西南，至苏拜沟的敖勒格胡。

西部边界线：南端自苏拜沟的敖勒格胡北上进入千里沟，沿千里沟北上直至拉巴格沟北部吉拉坑兔的1483/4号淡水井，之后经其北部哈沙图沟的1509/2.0号淡水井、阿玛乌苏的1545/2.0号淡水井、玛盖图的1545/1.5号淡水井直至阿拉格套勒海音沟南端的格托林乌苏的1481/2.5号淡水井。

北部边界线：东端以卡汉阿马的1309高程点沿路西行经1312高程点至纳林高井，沿路西南行经1328、1338高程点及木花渠的1353、1371、1382高程点至土墨乌苏，沿路向北在1399高程点沿路向西至1477/1.5号淡水井，再沿路折向西南，经1491、1507、1536、1563、1567高程点向西北行，经绍弄的1514/1.0号淡水井后，至格托林乌苏。

3. 环境影响区边界控制点坐标见表7。

第五章　阿尔寨石窟遗址保护措施

一、遗址防风沙措施

阿尔寨石窟遗址当前保护的难题是防止风沙对岩体的进一步侵蚀，因此种植防风沙植物成为保护石窟遗存的首要措施。本规划确定在石窟山岗西部和北部种植防

表 7

坐标 \ 边界点号	A	B	C	D	E
X	39.9899	39.9095	39.8777	39.7912	39.6546
Y	107.4898	107.4918	107.4423	107.4834	107.4923

续表 7

坐标 \ 边界点号	F	G	H	I	J
X	39.6012	39.6111	39.5906	39.7891	39.8611
Y	107.2886	107.1978	107.1165	107.0748	107.1025

续表 7

坐标 \ 边界点号	K	L	M	N	O
X	39.9015	39.9488	39.9918	42.8703	39.9801
Y	107.1221	107.1364	107.1302	107.2159	107.3278

续表 7

坐标 \ 边界点号	P	Q			
X	40.0008	40.2685			
Y	107.3685	107.4075			

（按 1971 年版图式 1:5 万，1954 年北京坐标系）

风沙植物带，不仅应有一定的迎风面长度，而且应有一定的纵深距离，以保证防风沙效果，其规模近期应不少于1万亩。

阿尔巴斯苏木（现蒙西镇）北部阿尔寨石窟地区属于灰漠土土类，其植被属于草原化荒漠亚带，气候干燥，年降水量较少。在干旱地区如何营造人工种植的防风沙植物带应专题解决。应合理选择营造模式，即乔、灌、草相结合的模式，而不能种植单一的乔木林。植物品种应选择当地原生植物，乔木应选沙枣、刺槐等；灌木可选择柠条、沙冬青、花棒、紫穗槐等。

为保证防风沙植物的种植速度，应采用大型拖拉机带植树机进行种植。保证及时浇水是确保成活率的关键。其技术措施是在防风沙植物带地区探查水源，规划在该地区打六至八眼深水井，以解决灌溉水源问题。为节省用水和保证灌溉效益应安装滴水管道，采用滴灌和机动车拉运浇水相结合的形式。

为保证遗址区防风沙植物措施的实施，必须立即有资金投入。

二、生态环境保护措施

阿尔寨石窟遗址周边生态环境的恶化除天旱少雨等自然影响因素外，多年来不合理地改草种粮，不合理放牧等人为因素也是重要原因。因此在遗址周边保护范围和建设控制地带内迁出牧民、禁止放牧成为重要的保护措施之一。

为此鄂托克旗人民政府已做了相应的准备。具体措施为分三期迁出现有31户牧民：

1.《阿尔寨石窟遗址保护规划》批准后立即将重点保护区内的7户牧民迁至指定的新牧民住房，并将草场置换至新住址附近。

2. 近期将保护区内其余6户牧民迁出，并在指定的新建住房附近安排草场，具体地点在桃司兔（都思图）和棋盘井地区，由牧民自选住地。

3. 三至五年内将建设控制地带内的18户牧民迁出至指定的新住处，草场进行置换。其中45岁以下牧民全部迁出，45岁以上的老年牧民暂时保留其原有草场，并根据其草场位置在相邻近的建设控制地带外边缘地区安排。

4. 在保护区和建设控制地带置换草场后，实施禁牧措施，逐步养育、恢复草原生态环境。

三、遗址展示利用中的保护措施

1. 遗址山岗岩体为质地并不坚硬的砂岩，且边缘地带被风沙严重侵蚀，已产生岩体裂隙，甚至崩塌。因此，山岗顶部的历史建筑遗址只能妥为保存，决不能再恢复建造任何建筑物，以免造成山体岩石的进一步破坏。除岩体抢险加固外，山岗上的任何新的人工建造物都需提出方案，经专家论证后报国家文物局批准。

2. 现有管理人员生活居住、物资贮藏、管理等用房占用石窟遗存的，应全部迁出，经整理后恢复其原始状态。石窟管理用房可在山岗下构筑可拆卸的传统的帐篷（蒙古包）形式。

3. 应立即组织旅游、文物管理等相关部门制定遗址展示、旅游参观的设计方案，包括游人参观内容、地点、可直接展示的实物与模拟式展示内容乃至游客休闲、游乐性项目安排等。其中应特别提出游客在参观遗址本体时不损及遗址和保证游客人身安全的具体措施。

4. 阿尔寨石窟规模有限，现只有山岗南侧的一条坡道通至半山腰处的一段不宽的平台，可容游客停留的场所有限。因此必须进行遗址本体瞬时最大游客量的控制，本规划提出应控制在 50 人之内，若按停留半小时计，则每天石窟山岗最大游客量控制在 600 人之内，瞬时游客控制可与周边其他游乐休闲项目相调节以减轻石窟本体的压力。

5. 石窟山岗应根据可展示参观的石窟形成环山岗路线，但应采取措施限制游客随意攀登山顶，以防止山岩的破坏和保证游人的安全。

6. 山岗顶部不宜对游人开放。如可开放应慎重研究解决：游人登顶的位置、方法（现无通路，为自由攀登）；山顶游人可停留范围；山崖边缘防护措施；游客人身安全保障措施；山顶建筑遗址的保护问题等等。在诸多问题没有解决前，不应向游人开放。

7. 展示利用遗址作为旅游资源应以保护遗址为前提，不能危及遗址的完整性、真实性。不能为吸引游人而自行改建、加建非遗址内容的设施。

8. 为展示蒙古民族传统军事与生活场景的活动，应专辟区域，不设固定性设施，其服务性设施只能采用临时性、可移动式设施，并具有民族特点。

9. 遗址区不设固定的游客集中性服务设施，应结合周边各旅游景点的情况，统一集中设置，避免影响环境并可提高其设施使用率与效益。

四、被掩埋洞窟的砂石清理措施

由于西北风长年携带飞沙，阿尔寨石窟现有 18 座洞窟被流沙掩埋。这些堆沙和碎石从一定意义上，也起到了保护洞窟壁画不遭受人为活动破坏和保护山岗底部岩体的作用。但是在降水以后，渗入沙石内部的水分积聚，会产生湿潮气，若被沙石掩盖的洞窟内有壁画，则会造成对壁画的伤害。所以虽然在近期不宜轻易清理这些流沙，但应研究制定今后逐步清除部分积沙和对清沙后外露的洞窟和壁画的保护方案，经专家论证后报国家文物局批准，避免造成考古性破坏。

五、阿尔寨石窟岩体抢险加固措施

1. 建立危岩体观测、监控制度是十分重要的。做好观测记录，定期分析数据变化，及时提出岩体变化报告，是科学、有效保护的基础。

2. 组织专家进行专题研讨论证会，研究石窟区因地质病害所造成岩体结构疏松、裂隙扩展、岩石崩塌等危及石窟安全的问题，以及危岩体加固、抢险方案和风沙防治方案，并报国家文物局批准后尽快实施。

3. 近期应对已查明阿尔寨石窟区的几处危岩体：1 号窟东侧的 1# 危岩体、1 号窟正下方的 2# 危岩体、4 号窟上方的 3# 危岩体、22 号窟上方的 4# 危岩体、30 号窟下方的 5# 危岩体、31 号窟下方的 6# 危岩体、32 号窟斜上方的 7# 危岩体采取保护措施。这 7 处危岩体的稳定系数均在 1.02～1.16 之间，随着危岩体底部泥岩软弱夹层的进一步风化剥蚀，及其后缘裂隙的进一步扩大，这几处危岩体都将发生破坏。即使在目前状况下，遇到飓风或雨水沿裂隙面下渗降低危岩体后缘交接面的强度，这几处岩体也可能发生破坏。因此，对这些已处于极限平衡状态的危岩体，应尽快采取必要的临时性预防保护措施。

4. 危岩体加固时，应考虑其不同破坏类型选取适当的工程加固措施。

1#、2#、5#、6#、7# 危岩体最可能的破坏模式为单面滑动破坏，可采用锚杆锚固的方法加以治理。考虑到阿尔寨地区岩石风化程度高，岩体破碎，在锚杆加固的同时应结合水泥挂网或槽钢配合使用。

3# 危岩体最可能的破坏模式是底部泥岩软弱夹层被拉断，发生倾倒破坏，加固时可选取在 3# 危岩体下方悬空处进行混凝土墙支撑的方法。

4# 危岩体最可能的破坏方式是危岩体前缘临空面在重力作用下发生拉断破坏，加固时也可选取在 4# 危岩体下方悬空处进行混凝土支撑的方法。该危岩体单面滑动破坏的稳定性系数为 1.15，加固时不仅危岩体底部需要支撑，同时也需采用锚杆对危岩体进行锚固结合水泥挂网或槽钢加固。

5. 危岩体加固时应考虑文物遗址的历史风貌。小面积的加固面可进行"作旧"处理，尽量保持石窟区岩体的风貌，若加固面较大则应明显区别于原物，使人明确区分文物本体和加固保护的不同特点。

6. 石窟岩体所有泥岩软弱夹层的风化凹槽均需进行充填，以防其进一步被剥蚀，形成新的危岩体。

7. 石窟岩体裂隙构成岩体的渗水渠道，造成石窟内的渗水病害。应对岩洞的裂缝进行细致调查、监测并记录在案，分清已有裂隙、新生裂隙的部位、状况及扩展趋势，制定应对技术方案。

8. 对现已出现因裂隙切割渗水的洞窟应及时采取工程技术措施，可采用注浆法对裂隙进行充填，注浆材料的选用应考虑岩体的岩性、裂缝风化程度和当地气候特点等综合因素，使用之前应进行试验，取得可靠数据后再正式采用。

9. 为防止雨水入渗岩体，应采取地表防渗铺盖措施，并可与裂隙防渗注浆结合进行，应选用环保型材料进行地表防渗铺盖，并注意材料色泽与地貌的协调一致。

10. 石窟岩体风化严重，已在岩体中沿泥岩软弱夹层形成一个个风化凹槽，为加强岩石表面的抗拉强度，可以采用岩体增强剂进行岩石表面加固，对风化起壳区可以采用注射黏结剂进行加固。

第六章　规划分期实施目标

一、近期目标

由于规划近期是重要的工作阶段，除进行一些基础性的工作外，应抓紧进行一些实质性保护工作。首先应完成《阿尔寨石窟遗址保护规划》的编制、报批和颁布，使石窟保护纳入政府管理与法制轨道。《规划》批准后，应立即实施并完成遗址保护范围、各级保护区的边界标定与设立界桩工作。

由于石窟本体安全存在很大的潜在危险，所以完成对石窟本体地质病害原因和危岩体抢险加固技术措施的专家论证并实施是近期的重要工作目标。在此基础上完成石窟危岩体的抢险加固工程，确保石窟岩体不进一步崩塌损坏。

完成石窟防风植物带建设方案与设计。

提出石窟展示方案，并进行专家论证。

应完成保护区周边灌木绿色保护边界建设。

完成通往遗址的道路交通设施和遗址区内停车场与步行路系统。

二、中期目标

中期是阿尔寨石窟保护的重要阶段：

基本完成石窟西北部防风沙植物带建设，减低风沙对石窟的危害。

完成遗址展示利用中石窟本体和岩体的保护措施。

通过牧场置换和禁牧措施，完成保护区的草原植被建设，使生态环境进一步改善。

清理部分被风沙掩埋的洞窟，开展相应的研究，并实施相应的保护措施。

建设遗址区内必要的、符合遗址景观风貌要求的展示服务设施。

在保护石窟壁画完好的前提下，完成展示方案并实施。

完成石窟艺术展示馆的设计与建设。

三、远期目标

完成石窟周边地区防风沙植物带建设，建成石窟区良好的草原形态和灌、草相结合的绿化隔离体系。

根据当时的科技条件和保护措施是否能确保壁画完好无损的实际情况，确定清除石窟山体西、北部积沙的范围和清理被风沙掩埋的洞窟。

建成阿尔寨石窟遗存与周围历史遗址的展示、游览体系，实现遗址保护与地方文化、经济建设的良性发展。

第七章　费用估算

一、遗址保护部分

1. 保护范围内草场建设

50 元／亩 ×（2400 亩 +5400 亩）＝ 39 万元

2. 遗址区道路

四级砂石路 35 万／公里 ×3 公里＝105 万元

3. 遗址区南河道北岸河堤加固

600 元／米 ×1000 米＝60 万元

4. 遗址保护所需交通工具、通信设施：120 万元

5. 防风防沙植物带建设（10000 亩）：240 万元

6. 遗址保护区绿化隔离及景观性绿化：20 万元

7. 遗址山体积沙清除：150 万元

8. 石窟挖掘后保护费：60 万元

9. 遗址岩体保护及抢险加固共分四期。其中

第一期：312 万

第二期：300 万

第三期：330 万

第四期：总体加固总面积 13000 平方米

13000 平方米 ×1500 元／平方米＝1950 万元

以上四期共 2892 万元

10. 石窟壁画保护、修复、抢救：400 万元

11. 安全防范系统

每个点配置安防设备一套，共两个点：25 万 ×2 ＝50 万元

12. 防火减灾设施

（1）设置网围栏，共计 600 万元

（2）山顶防洪导水设施，防止雨水对石窟冲蚀，共计 200 万元

13. 搬迁保护范围内和建设控制地带内 31 户（约 151 口人）牧民：按 3 万元／人计，约需搬迁安置费 453 万元。

合计 5389 万元。

二、遗址展示利用部分

1. 遗址区道路、停车场：80 万元

2. 石窟游客参观栈道及安全措施：200 万元

3. 围封边界

9 万米 ×30 元 / 米＝ 270 万元

4. 石窟艺术展示馆

500 平方米 ×4000 元 / 平方米＝ 200 万元

5. 展示配套服务设施

1000 平方米 ×1200 元 / 平方米＝ 120 万元

6. 资料整理出版：150 万元

合计 1020 万元。

三、遗址保护与展示投资估算

5389 万 +1020 万＝ 6409 万元

参考文献

1. 田广金：《百眼窑石窟》，伊克昭盟文物工作站编《鄂尔多斯文物考古文集》，1981 年。

2. 丹森、布仁巴图、那·巴图吉日嘎拉：《阿尔寨石窟佛教文化遗址考察报告》，《蒙古语言文字》1990 年第 2 期。

3. 嘎尔迪：《阿尔寨石窟回鹘蒙文榜题综述》，《蒙古语文》1990 年第 3 期。

4. 哈斯额尔敦：《鄂尔多斯阿尔寨石窟和敦煌石窟回鹘蒙文榜题研究概况》，《内蒙古师大学报》1991 年第 1 期。

5. 丹森、布仁巴图、那·巴图吉日嘎拉：《阿尔寨石窟佛教文化遗址概述》，《内蒙古社会科学》1991 年第 3 期。

6. 那·胡日查：《阿尔寨石窟主教蒂洛巴活佛小考》，《内蒙古社会科学》 1992 年第 2 期。

7. 仁钦道尔吉：《阿尔寨石窟被毁年代考》，《内蒙古社会科学》1994 年第 2 期。

8. 王大方、巴图吉日嘎拉、张文芳：《百眼窑石窟的营建年代及壁画主要内容初论——兼述成吉思汗在百眼窑地区之活动》，《内蒙古文物考古文集》第一辑，北京：中国大百科全书出版社，1994 年。

9. 那·胡日查：《用史料依据阐明阿尔寨石窟部分难题》，《内蒙古师大学报》
　（蒙文版）1995 年第 4 期。

10. 哈斯额尔敦、丹森等：《阿尔寨石窟回鹘蒙文榜题研究》，沈阳：辽宁出版社，
　1997 年。

11. 潘照东主编《草原敦煌——阿尔寨石窟探秘》，内蒙古新经济研究会、鄂尔多
　斯市鄂尔多斯学研究会，2002 年。

12. 中国文物研究所：《内蒙古自治区鄂托克旗阿尔寨石窟第一期保护工程——危
　岩体抢险加固工程设计方案》，2003 年 12 月。

第二部分

阿尔寨石窟遗址危岩体加固

与壁画保护工程设计方案

内蒙古自治区鄂托克旗阿尔寨石窟第一期保护工程

——危岩体抢险加固工程设计方案

工程名称： 内蒙古自治区鄂托克旗阿尔寨石窟第一期保护工程

——危岩体抢险加固工程

委托单位： 内蒙古自治区鄂托克旗文化局

设计单位： 中国文物研究所

单位法人： 吴加安（所长 研究员）

项目审定： 傅清远（总工程师）

项目审核： 张之平（高级工程师）

技术顾问： 黄克忠（高级工程师）

项目负责： 王金华（高级工程师）

勘察设计： 王金华

参加单位： 中国地质大学工程学院 方云（教授）

第一章 前言

阿尔寨石窟位于内蒙古河套平原鄂托克旗阿尔巴斯苏木（现蒙西镇）中西部草原上，石窟开凿在一座高约 43 米，宽约 90 米，长约 300 米的褐红色砂岩平顶山的崖壁上。石窟始凿于北魏中晚期，历经西夏、蒙元、明，前后达 1200 余年。现残存洞窟 65 个，分三层不规则地分布在平顶山四周的崖壁上，在平顶山的东侧、南侧崖壁上雕刻有十余座典型的覆钵式元代浮雕佛塔。在平顶山顶部南侧现残存有多处古寺院建筑的遗址。洞窟内现存壁画 2000 多平方米，因内容丰富、画面精美，素有"草原敦煌"之美誉。这些壁画为研究少数民族佛教历史和古代的绘画艺术提供了重要的实物资料，是促进民族大团结，加强边疆安定的重要教育基地，具有重大的历史、科学、艺术价值和深远的政治意义。

由于阿尔寨石窟地理位置偏僻，人烟稀少，虽然曾进行过考察调查工作，但缺乏深入、全面、系统的勘察、研究，其价值需要进一步的工作做出评估。同时由于管理难度大，基本未做保护工作，阿尔寨石窟面临垮塌毁灭的危险。阿尔寨石窟的重大意义和存在的严重问题引起了国务院及国家领导人的重视，时任国务院副总理李岚清同志对阿尔寨石窟的保护工作做出了专门批示。为落实中央、国务院领导的批示，做好阿尔寨石窟的保护工作，保护珍贵的历史文化遗产，2002 年 10 月，由国家文物局副局长张柏带队，国家文物局文物保护处处长柴晓明，内蒙古自治区、鄂尔多斯市、鄂托克旗领导及文物保护专家组成联合工作组，赴阿尔寨石窟调研，对阿尔寨石窟保护工作做出了安排部署。2003 年 3 月，经国务院特批，增补阿尔寨石窟为第五批全国重点文物保护单位。

受内蒙古自治区鄂托克旗文化局的委托，中国文物研究所承担了阿尔寨石窟前期勘察和抢险加固保护方案设计任务。2003 年 6 月，中国文物研究所组织有关方面对阿尔寨石窟进行了地形测绘、近景摄影、工程地质勘查和石窟现状调查。

阿尔寨石窟多年未做有效的保护工作，存在许多问题——裂隙切割形成的危岩体；洞窟内壁画表面发生起甲、酥碱、霉变、空鼓、地仗层脱落、烟熏油渍污染等破坏；风沙对洞窟壁画的风蚀破坏；风沙侵蚀使崖壁中下层的洞窟被风沙掩埋等，其中裂隙切割形成的危岩体危害最严重，危岩体的抢险加固工作最迫切。根据阿尔寨石窟现状、危害性的严重程度，应做好保护规划，按规划有步骤分期实施。当前最紧迫的保护工作是解决危岩体对石窟毁灭性破坏的威胁。因此，本次项目为第一期保护工程，工程设计的主要内容是危岩体抢险加固设计。

第二章　阿尔寨石窟环境地质条件

一、地形地貌条件

阿尔寨石窟保护区范围以石窟群所在地为中心，东西南北各向外延伸 3 公里，总面积为 36 平方公里。阿尔寨石窟区属构造剥蚀低缓丘陵地貌，高程在 1616 ～ 1640 米之间。石窟区总体上为一座孤立突起的褐红色含砾砂岩小山，平面形制不很规整，东西长约 200 米，南北平均宽约 70 ～ 90 米，靠西端向北延伸出一条长约 70 米的窄长山嘴（图 1-1）。洞窟均雕凿在高程 1448 ～ 1458 米的砂岩陡壁上。在砂岩陡壁底部的泥岩夹层中，因差异性风化作用，形成一条进深 30 ～ 150 厘米的风化凹槽。

砂岩平顶山顶面低凹处，覆盖层小于 10 厘米，覆盖层多为含砂砾石土或风化残积土，粒径 1 ～ 2 厘米，局部基岩出露，植被茂盛。山顶北部基岩出露较好，南部古遗址处堆积层较厚，总体上山顶东西两端高中间低，地势较平缓。山顶西北端的窄长山嘴受两组近直立的卸荷裂隙切割，一组走向 345º，另一组走向 65º，岩体成巨块状分离，裂隙宽 5 ～ 20 厘米，整体上形成一个危岩区。平顶山顶面南侧残存有 6 处古寺院建筑遗址，残存的古建筑遗址墙体高度约 1 米；山顶东南角有一座用碎石块和卵石垒起的敖包，敖包直径 2.6 米，高 2 米。石窟区从陡壁以下以倾角 20º ～ 30º 的斜坡向四周延伸，斜坡表面多为风沙、山体崩塌的碎块石及植被所覆盖，局部基岩出露。

在阿尔寨石窟区的东南有一条季节性河流——乌兰乌苏，河床平坦，河床以卵砾石为主，砾石呈浑圆状，粒径 3 ～ 7 厘米，最大达 10 厘米，河岸高度 70 ～ 130 厘米，河岸具有二元结构，上部为厚约 15 厘米的浅褐色砂质粉土，下部为褐红色的粉砂质泥岩夹绿灰色的泥质条带，河床宽 15 ～ 45 米，每年 7 ～ 8 月雨季时，有河水流淌，其余大多时间干涸无水。

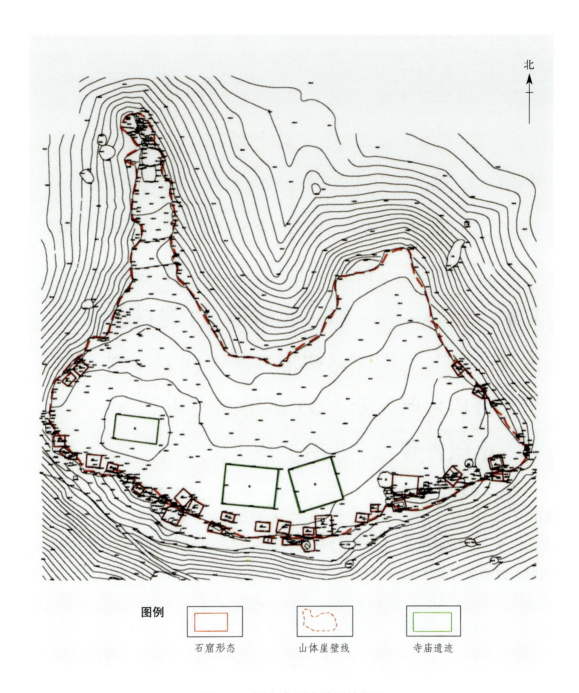

北

图例

石窟形态　　　　山体崖壁线　　　　寺庙遗迹

图 1-1　阿尔寨石窟地形特征图

二、地层岩性

阿尔寨石窟区广泛出露白垩纪褐红色含砾砂岩（K_{2s}）中间夹暗绿色的砂岩条带，灰黄色的泥岩（K_{2n}），晚更新世的残坡积土（Q_3^{el+pl}），崩塌堆积物（Q_{col}）及风积物（Q^f）。白垩纪褐红色含砾砂岩主要分布于石窟区平顶山的山顶及陡壁上，含砾砂岩呈厚层—巨厚层状，内具交错层理，在陡壁底部砾石有很高的磨圆度，砾石直径为 15～20 厘米，最大达 25 厘米，砾石基质为石英、长石，在砂岩陡壁底部广泛夹有暗绿色的砂岩条带。阿尔寨石窟均雕凿在该砂岩层中。在砂岩陡壁下方的缓坡地带广泛出露白垩纪的灰黄色泥岩（K_{2n}）。

崩塌堆积物（Q_{col}）主要分布在平顶山四周的斜坡上。崩塌堆积物主要为砂岩块体及其风化残积物，粒径不等，从崩塌堆积区的底侧边缘向山顶，崩塌堆积物块体粒径呈由大到小渐进性变化，最大块体达 3.0 米 ×2.0 米 ×1.5 米。风积物（Q^f）受当地风向和地形限制，主要分布于平顶山西北端窄长山嘴的两侧，岩性为土黄色细沙土，颗粒细小，粒径均匀。平顶山山顶广泛分布有人工堆积物（Q_4^{m1}），主要为古建筑拆迁后留下的碎块石、砖块、瓦片及其风化后的杂色砂质粉土，以及一些建筑垃圾和生活废料，结构疏松，工程性质较差。在平顶山四周广泛出露晚更新世的残坡积土（Q_3^{el+pl}），厚度约 0.5 米，岩性为褐黄色含卵石的沙土，卵石粒径 5～15 厘米。

阿尔寨石窟区出露的灰黄色的泥岩，根据岩石薄片鉴定，为变质砂质泥岩，主要由黏土矿物、氧化铁、石英、斜长石组成，具细微粒引晶质致结构。根据扫描电镜分析结果，泥岩主要由云母、石英、长石、方沸石、方解石和绿泥石组成，为孔隙式充填式胶结，粒间由方沸石、云母和绿泥石充填，结构相对致密，孔隙较小，粒间孔一般 2～15 微米，长石多已蚀变为云母或绿泥石，云母呈片状，绿泥石呈绒球状。根据 X 衍射分析结果，其造岩矿物成分为：云母 30%，石英 25%，方沸石 15%，长石 15%，绿泥石 15%。泥岩的力学强度较低，具有弱膨胀性，室内试验在水中浸泡 12 小时后，泥岩样品崩塌达 50% 以上。

在阿尔寨石窟区陡壁上，选取 1# 危岩体东侧、2# 危岩体西侧、3# 危岩体上、4# 危岩体上、5# 危岩体上、6# 危岩体上、7# 危岩体北侧和 8# 危岩区窄长山嘴的西侧 8 处位置进行强度回弹试验，回弹试验测试结果：砂岩的抗压强度在 24.2～35.9Mpa，泥岩的抗压强度在 16.4～22.3Mpa，而新鲜砂岩的抗压强度为 47～180Mpa，新鲜泥岩的抗压强度为 20～40Mpa。由此可见，石窟区岩体，尤其砂岩风化严重，结构松散，强度较低。对石窟区的砂岩进行声波波速测试（表 1），砂岩的平均波速为 1644m/s，新鲜砂岩的波速为 3000～4200m/s，砂岩完整性系数 $C_M =（V_M / V_O）^2 =（1644/3600）^2 = 0.21$，属完整性很差的岩体。砂岩的化学成分

以 SiO_2 为主，其次为 Al_2O_3、CaO；泥岩的化学成分以 SiO_2 为主，其次为 Al_2O_3、Fe_2O_3。

表 1　砂岩声波波速测试表

试样编号	试样长度（mm）	声时（us）	幅值（dB）	波速（m/s）
1	100.1	55.0	111.9	1820
2	99.3	58.0	111.9	1712
3	100.7	68.0	106.7	1481
4	99.9	64.0	120.2	1561

三、地质构造

阿尔赛石窟区域大地构造单元属新华夏构造体系和祁（祁连山）吕（吕梁山）山字型构造体系。石窟区地质构造的总体特征为地层单一，岩性简单，构造平缓，岩层倾角小，近水平，区域地层走向为：90°～330°，倾向 180°～240°，倾角多为 3°～5°。区内岩体整体性好，未发现断裂构造，主要以构造裂隙为主。石窟所在的平顶山顶面裂隙统计显示，区内主要发育 2 组近直立的构造裂隙，产状分别为：走向 NE10°～20°，倾角近直立；走向 NE70°～90°，倾角近直立。构造裂隙间距较大，密度一般为 0.1～0.2 条 / 米，裂隙延伸较长，张开度一般为 1～5 厘米。除上述 2 组构造裂隙外，区内还发育有层面裂隙和平行于崖壁的卸荷裂隙，层面裂隙在砂岩陡壁上受风化剥蚀，易形成风化凹槽，风化凹槽深 30～150 厘米。卸荷裂隙一般平行陡壁发育，构造裂隙、层面裂隙和卸荷裂隙交错切割，将砂岩切成块体分离，是区内岩体崩塌和形成危岩体的关键因素（图 1-2）。

四、水文地质条件

阿尔赛石窟区所在地为残丘缓坡地形，分水岭位于阿尔赛北部缓坡的顶部。石窟区属于鄂尔多斯高原水文地质区，具有明显的干旱区水文地质特征，区内地下水主要接受大气降水补给。本区的地下水类型为基岩裂隙水。提取阿尔赛地区雨水样

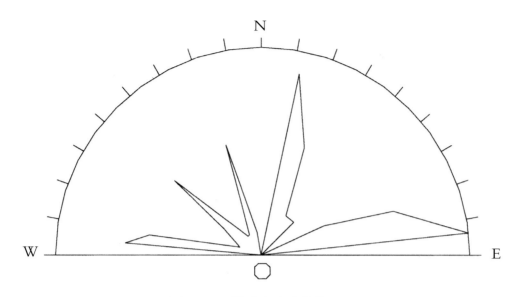

图 1-2 裂隙走向玫瑰花节理图

及地下水样分析：雨水属 HCO_3+SO_4—$Na+K+Ca$ 型水，且偏酸性（PH=6.24～6.30），雨水中 Cl^{-1} 和 SO_4^{-2} 含量相对较高，这是由于石窟区周边工矿企业对大气污染所造成的。含酸雨水的垂直入渗，具有较高的溶蚀能力，对石窟岩石有显著的侵蚀性。按库尔洛夫分类标准，石窟区地下水属低矿化度、弱碱性 KCO_3+Cl^- $Ca+Mg+Na+K$ 型水（PH=7.32～7.46），地下水中含有较高 HCO_3^{-1} 和 Cl^{-1} 离子，这种水质成分有利于岩溶作用。在保护区内，分布有 4 口井，均为基岩裂隙水，地下水多沿构造裂隙、层面裂隙的交汇处渗出。在干旱季节，井水干枯，调查得知，钻深 40～60 米，可见第一层承压水，人用吊桶提不干，用水泵可以抽干，钻深 200 米以上，可见第二层承压水，承压水水头埋深 60 多米，常年有水，用水泵亦抽不干。上述表明石窟区内补给主要为大气降水补给，雨季时，阿尔寨平顶山斜坡上汇集的雨水汇入石窟区东南的乌兰乌苏河向远方进行地表径流排泄。

五、气候条件

鄂托克旗地处内陆，属中温带季风型大陆性气候。冬长夏短，春迟秋早，气温年月相差大，寒暑变化剧烈，光照充足，积温有效率高，年降水量少，干旱多风，灾害性天气多，素有"十年九旱"之称。

境内多年平均气温为 6.5℃，年平均气温最高 8.1℃，最低 5.3℃。一年中最热月是 7 月，平均最高气温 29.0℃，极端最高气温 36.7℃；一年中最冷月是 1 月，平均最低气温 -17.0℃，极端最低气温 -31.5℃，一年中温差较大，年平均温差 46℃。

多年平均降水量为 272 毫米。年均降水量最多为 611.6 毫米，最少为 125.3 毫米，年际差达 486.3 毫米。春季降水量占全年降水量的 14%，夏季降水量占 64%，秋季降水量占 20%，冬季降水量仅占 2%。降水时空分布不均匀，强度差异大，降水量地域差异明显，总体趋势是由东南向西北逐渐减少。东南部年降水量大于 300 毫米，西北部小于 200 毫米，中部一般在 260 毫米左右。多年平均蒸发量为 2470.4 毫米，是降水量的 9.1 倍。

境内风向以西、西北风为主，年均降雪 10.9 天，最大积雪深度 10 厘米，年均无霜期 129 天，多年平均日照时数为 3046.1 小时，最多年为 3089.0 小时，最少年为 2833.4 小时，年均日照差较小。

六、动力地质现象

动力地质现象主要指崩塌、滑坡、泥石流、岩溶等。受石窟区所在地地形的限制，此次调查发现石窟保护区主要动力地质现象为崩塌，尚未发现滑坡等其他动力地质现象。

阿尔寨石窟雕凿在砂岩陡壁上，陡壁高 10 米，陡壁下部的泥岩软弱夹层因差异性风化被剥蚀掏空，陡壁顶部岩体受卸荷裂隙、构造裂隙、层面裂隙交错切割，岩体成块状分离，分离体在重力作用下向临空面发生崩塌。此次调查发现，在山体四周共有 11 处崩塌堆积区，最大崩塌区位于平顶山的南侧，崩塌堆积区面积达 140 米 ×20 米，最大崩塌块体粒径 3.0 米 ×2.0 米 ×1.5 米，属倾倒式崩塌，崩塌堆积物的稳定休止角 45°，造成崩塌的原因有两点：

第一，在砂岩内部发育三组裂隙，一组层面裂隙和二组构造裂隙。平行崖壁的卸荷裂隙受卸荷作用，形成陡而深的张裂隙，隙宽一般为 10 ～ 22 厘米，最大隙宽达 35 厘米，该组卸荷裂隙与其他两组裂隙交错切割，使砂岩体形成不连续的分离块体。

第二，平顶山陡壁底部是抗风化能力较差的泥岩软弱夹层，由于差异性风化剥蚀作用，在陡壁底部形成风化凹槽，风化凹槽深 30 ～ 150 厘米，使上部岩体悬空。砂岩块体在重力作用下向临空面发生崩塌。在崩塌区后缘地面上可见多条张裂缝，缝宽 2～10 厘米，卸荷裂隙总体上平行崖面发育，局部发生弯曲，由崖面向后裂隙渐渐变稀，缝宽渐渐变窄。目前，阿尔寨石窟所在的岩体风化严重，裂隙发育，形成多处危岩体，有进一步发生崩塌的可能，应对其进行及时加固治理。鄂托克地区的地震基本烈度为Ⅶ度，地壳基本稳定，地震产生的振动是阿尔寨石窟岩体垮塌破坏的主要因素，考虑国家级重点文物的重要性，本设计工程抗震设防烈度为Ⅷ度，水平地震加速度按取 1.27m/s^2。

第三章　阿尔寨石窟内容及价值意义

据传，阿尔寨石窟原有 108 眼洞窟，所以又称百眼窟、众窟寺。石窟分为上、中、下三层，毁于察哈尔林丹汗称雄时期，现残存洞窟 65 个。阿尔寨石窟的主要内容有：石窟建筑——洞窟、壁画、浮雕石塔、题记、寺庙建筑遗迹等。

● 洞窟：现存龛窟 65 座，其中较完整的 43 座，塌陷或部分被风沙掩埋的 18 座，未完工的 4 座。洞窟的构造多为长方形，分为大、中、小三种：大型窟——19 号窟，已坍塌，由残存遗迹测算，建筑面积约 30 平方米，可能有木质建筑，当为阿尔寨石窟的主窟；中型窟——主要的龛窟形式，建筑面积约为 20 平方米，前壁正中凿拱形门或长方形门，后壁凿出主佛龛，主佛两侧分布上下两排佛龛，左右两侧壁也对称凿出排龛。窟顶正中雕出方形莲花藻井，有的藻井为叠涩方形；小型窟——从洞口至主室进深 4～5 米，洞内无佛龛。

● 壁画：阿尔寨石窟现存壁画近千幅，面积约 2000 平方米，十分珍贵，但大部分遭到严重破坏。壁画的做法是先用麦秸黏土泥在石窟壁面抹平，然后用白垩粉涂白，再施以彩绘，使用的色彩多为绿、黑、白、红等色，颜料为矿物质。壁画的题材以佛教内容为主，有佛像、天王像、菩萨像、供养像、金刚以及佛经故事等，其中多幅描述世俗生活的人物、祭祀、礼佛等壁画十分珍贵。

● 浮雕石塔：在阿尔寨山岩壁上雕凿浮雕覆钵式塔 24 座，楼阁式塔 1 座。

● 题记：题记或榜题大多题写在壁画或龛窟门崖壁上，文字多为回鹘文、藏文（为竹笔墨书）等，内容为有关佛教的赞颂词、六字真言（雕刻在 19 窟与 20 窟之间崖壁岩体）、吉祥图案等。

● 建筑遗迹：在阿尔寨石窟山顶平台上，残存有三处古代寺庙建筑的遗迹，有火烧的痕迹，残存遗迹的面积约 1200 平方米，建筑遗迹残墙高 1 米左右，为长方形条石砌筑而成。遗迹的周围散落着夹砂红陶胎、瓦当、滴水、白瓷、青花瓷等残片，曾发现半块印有回鹘蒙古文的青砖，引起学术界的关注。

其中石窟建筑——洞窟、壁画是阿尔寨石窟的主体或主要内容。

阿尔寨石窟将中国北方地区石窟寺的建造历史延至明代晚期，在石窟考古、学术研究上具有十分重要的价值；石窟建筑、壁画对研究佛教传播的历史、途径意义重大，题记是研究蒙古文发展历史的珍贵资料；以阿尔寨石窟为历史背景，为研究元代历史，研究成吉思汗的重要政治、军事活动，提供了十分丰富的资料。

第四章　阿尔寨石窟病害分析及评估

阿尔寨石窟存在的主要病害有裂隙切割形成的危岩体、壁画的风化破坏、风沙掩埋洞窟等。

一、危岩体

阿尔寨石窟岩体被 1 组层面裂隙和 2 组构造裂隙交错切割，使砂岩体成不连续的块体分离。陡壁底部是抗风化能力较差的泥岩夹层带，因差异性风化剥蚀作用，在陡壁底部形成深 30 ～ 150 厘米的风化凹槽，使其上部岩体悬空。裂隙切割、风化凹槽是崖壁岩体稳定的控制因素，其相互作用形成向临空面发生崩塌危险的危岩体。阿尔寨石窟有 7 处具有崩塌破坏危险的危岩体和 1 处危岩区，危岩体直接发育在石窟崖壁岩体上，如果发生崩塌，将对石窟产生毁灭性破坏。

根据阿尔寨石窟危岩体的形态、构造条件，危岩体的破坏形式或地质模型及数学分析模型有两种形式：

第一，单面滑动破坏。当危岩体最可能的破坏形式为单面滑动破坏时，按单面滑动破坏方式进行计算，其计算公式为：

$$K=\frac{F_s}{F_r}=\frac{G\times\cos\alpha\times tg\,\phi+C\times S}{G\times\sin\alpha}$$

考虑地震力作用时，其计算公式为：

$$K=\frac{F_s}{F_r}=\frac{(G\times\cos\alpha-F\times\sin\alpha)\times tg\,\phi+C\times S}{G\times\sin\alpha+F\times\cos\alpha}$$

式中：

K ——危岩体稳定性系数；

F_s ——抗滑力；

F_r ——滑动力；

G ——危岩体重力；

α ——危岩体滑面与水平方向的夹角；

F ——作用在危岩体上的水平地震力；

Φ ——危岩体破坏面的内摩擦角；

C ——危岩体滑面的黏聚力；

S ——危岩体破坏面面积。

第二，重力作用下的倾倒、崩塌破坏。当危岩体最可能的破坏形式为重力作用下的倾倒、崩塌破坏时，用力矩平衡法对危岩体进行稳定性分析计算，其计算公式为：

$$K=\frac{M_s}{M_r}$$

考虑地震力作用时，其计算公式为：

$$K=\frac{M_s}{M_r+M_F}$$

式中：

M_s ——岩体及破坏面的抗拉力矩；

M_r ——危岩体重力力矩；

M_F ——作用在危岩体上地震力力矩。

危岩体稳定性评价选取的参数：含砾砂岩的重度取 $\gamma=22KN/m^3$；砂岩体剪切强度参数取 $C=50kPa$，$\Phi=30°$；泥岩剪切强度参数取（软弱夹层带）$C=10kPa$，$\Phi=23°$；考虑地震力的作用，按地震烈度Ⅶ度设防，水平地震影响系数取 $a_h=0.127$（水平地震加速度值 $1.27m/s^2$）。

计算中各参数意义如下：

β ——滑面倾角（o）；

S ——滑面面积（m^2）；

G ——危岩体重力（KN）；

A ——剖面面积（m^2）；

B ——垂直剖面方向的等效宽度（m）；

$G = \gamma \times A \times B$；

F_s ——抗滑力（KN）；

F_r ——滑动力（KN）；

F_h ——水平地震作用力（KN）；

$F_h = a_h \times G$；

K ——危岩体稳定性系数。

● 1# 危岩体

1# 危岩体位于石窟区东南角（图 1-3），受卸荷裂隙控制，产状分别为 $170°\angle 85°$ 和 $110°\angle 75°$ 切割，后缘张开度 2～10 厘米，呈三角柱状，厚约 6 米（图 1-4）。在 1# 危岩体的中部和底部存在两层泥岩软弱夹层，导致危岩体后缘裂隙可能由 2 个剪出口剪出，现分别对 2 个潜在的滑面 Ⅰ、Ⅱ 进行稳定性计算。

由现场勘察知，1# 危岩体破坏方式为单面滑动破坏，后缘裂隙面倾向 $100°$，倾角 $\beta = 80°$。

不考虑地震力作用的影响：

Ⅰ滑面：

滑面面积 $S=3.0 \times 3.2 \times 0.4=3.84m^2$（滑面面积折减系数取 0.4）；

危岩体重力 $G= \gamma \times A \times B=22 \times 2.72 \times 3.2=191KN$；

图 1-3　1# 危岩体近景（危岩体上有浮雕）

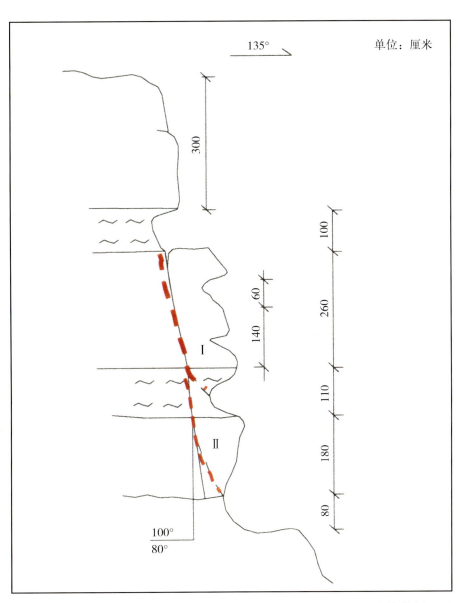

图 1-4　1#危岩体剖面图

$$K=\frac{F_s}{F_r}=\frac{G\times\cos\beta\times tg\phi+C\times S}{G\times\sin\beta}=\frac{191\times\cos80°\times tg30°+50\times3.84}{191\times\sin80°}=1.12$$

Ⅱ滑面：

滑面面积 S=6.4m²；

危岩体重力 G=γ×A×B=22×4.34×3.2=306KN；

$$K=\frac{F_s}{F_r}=\frac{G\times\cos\beta\times tg\phi+C\times S}{G\times\sin\beta}=\frac{306\times\cos80°\times tg30°+50\times6.4}{306\times\sin80°}=1.16$$

考虑地震力作用的影响：

Ⅰ滑面：

水平地震作用力 F_h=a_h×G=0.127×191=24.3KN；

$$K=\frac{F_s}{F_r}=\frac{(G\times\cos\beta-F_h\sin\beta)\times tg\phi+C\times S}{G\times\sin\beta+F_h\times\cos\beta}=\frac{(191\times\cos80°-24.3\times\sin80°)\times tg30°+50\times3.84}{191\times\sin80°+24.3\times\cos80°}=0.97$$

Ⅱ滑面：

水平地震作用力 F_h=a_h×G=0.127×306=38.9KN；

$$K=\frac{F_s}{F_r}=\frac{(G\times\cos\beta-F_h\sin\beta)\times tg\phi+C\times S}{G\times\sin\beta+F_h\times\cos\beta}=\frac{(306\times\cos80°-38.9\times\sin80°)\times tg30°+50\times6.4}{306\times\sin80°+38.9\times\cos80°}=1.01$$

1# 危岩体将沿Ⅰ、Ⅱ两个滑动面同时垮塌破坏。

● 2# 危岩体

2# 危岩体位于石窟区东南部 1 号窟的正下方（图1-5），受两条裂隙控制，产状分别为 185°∠84°和 105°∠85°切割，呈柱状分离，厚约 10 米，2# 危岩体的底部软弱夹层因风化剥蚀掏空 130 厘米，该软弱夹层带是 2# 危岩体后缘裂隙最可能的剪出口（图1-6）。

2# 危岩体破坏方式为单面滑动破坏，后缘裂隙面倾向 165°，倾角 β=40°。

不考虑地震力作用的影响：

Ⅰ滑面：

滑面面积 S=3.2×5.0=16m²；

危岩体重力 G=γ×A×B=22×42.2×3.2=2971KN；

$$K=\frac{F_s}{F_r}=\frac{G×\cosβ×tgφ+C×S}{G×\sinβ}=\frac{2971×\cos40°×tg30°+50×16}{2971×\sin40°}=1.11$$

考虑地震力作用的影响：

Ⅰ滑面：

水平地震作用力 F_h=a_h×G=0.127×2971=377.3KN；

$$K=\frac{F_s}{F_r}=\frac{(G×\cosβ-F_h\sinβ)×tgφ+C×S}{G×\sinβ+F_h×\cosβ}=\frac{(2971×\cos40°-377.3×\sin40°)×tg30°+50×16}{2971×\sin40°+377.3×\cos40°}=0.80$$

2# 危岩体将沿后部张开性裂隙由凹槽处产生剪切滑动破坏。

● 3# 危岩体

3# 危岩体位于 14 号窟上方（图 1-7），受两条裂隙切割控制。两条裂隙分别为产状 205°∠86° 和 165°∠80° 切割，后缘张开度达 35 厘米。在 3# 危岩体的底部泥岩软弱夹层因风化剥蚀掏空 120 厘米，该危岩体后缘与后侧砂岩完全脱离，其最可能的破坏方式是沿软弱夹层被拉断，以○为支点以Ⅰ为破坏面发生倾倒。同时，阿尔寨地区岩体风化严重，岩体强度较低，危岩体有可能沿Ⅱ破坏面被拉断（图1-8）。现分别对 2 个潜在的破坏面Ⅰ、Ⅱ进行稳定性计算。

3# 危岩体破坏方式为倾倒破坏和拉断破坏，后缘裂隙面倾向 155°，倾角β=80°。

不考虑地震力作用的影响：

Ⅰ破坏面：

不考虑软弱夹层的抗拉力；

支点○右侧，危岩体重力 G₁=γ×A×B=22×8.31×4.1=749.6KN，力臂 L₁=0.98m；

支点○左侧，危岩体重力 G₂=γ×A×B=22×10×4.1=902KN，力臂 L₂=0.88m；

$$K=\frac{G_2×L_2}{G_1×L_1}=\frac{902×0.88}{749.6×0.98}=1.08$$

图 1-5 2# 危岩体东侧面近景

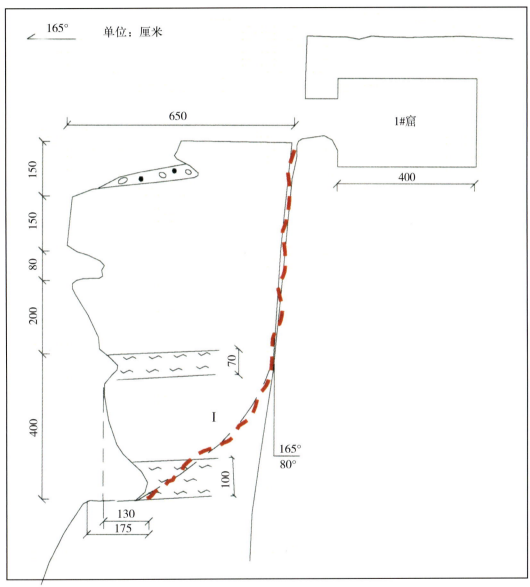

图 1-6　2#危岩体剖面图

图 1-7　极度危险的 3# 危岩体

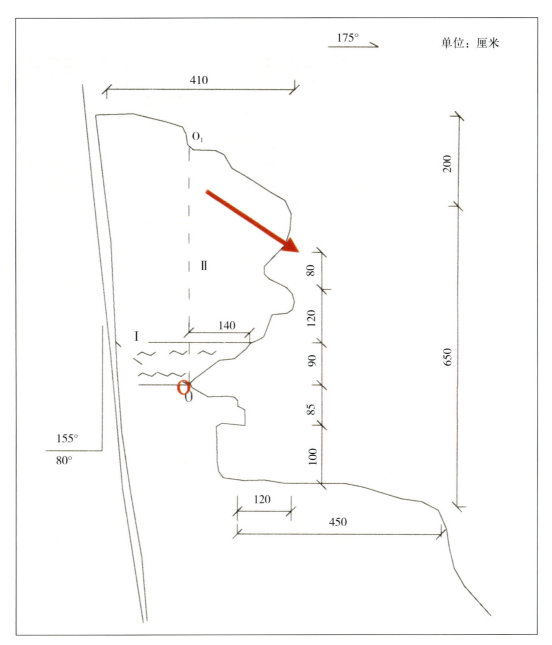

图1-8 3#危岩体剖面图

Ⅱ破坏面：

砂岩的抗拉强度取 σ_t=240kPa；

Ⅱ破坏面砂岩抗拉力对支点○的力矩（不考虑软弱夹层的抗拉力）：

$$F_s= \int_{0.9}^{5.1} \sigma_t \times b \times x\mathrm{d}x = \frac{b \times \sigma_t}{2}（5.1^2-0.9^2）= \frac{240 \times 4.1}{2}（5.1^2-0.9^2）=12398KN \cdot m；$$

支点○右部岩体重力对支点○的力矩：

$F_r=G_1 \times L_1=749.6 \times 0.98=735KN \cdot m；$

$$K= \frac{F_s}{F_r} = \frac{12398}{735} =16.9$$

考虑地震力作用的影响：

Ⅰ破坏面：

支点○右侧，地震作用力 $F_{h1}=a_h \times G=0.127 \times 749.6=95.2KN$，力臂 L_{h1}=2.7m；
支点○左侧，地震作用力 $F_{h2}=a_h \times G=0.127 \times 902=114.6KN$，力臂 L_{h2}=3.1m；

$$K= \frac{G_2 \times L_2}{G_1 \times L_1+F_{h2}+F_{h1} \times L_{h1}} = \frac{902 \times 0.88}{749.6 \times 0.98+114.6 \times 3.1+95.2 \times 2.7} =0.47$$

Ⅱ破坏面：

$$K= \frac{F_s}{G_1 \times L_1+F_{h1} \times L_{h1}} = \frac{12398}{735+95.2 \times 2.7} =10.8$$

在地震作用下，3# 危岩体将沿后缘张开性裂隙产生倾覆性破坏。

● 4# 危岩体

4# 危岩体位于 22 号窟上方（图 1-9），受两条裂隙切割控制，产状分别为
215°∠83° 和产状 160°∠78°，后缘张开度 14～20 厘米。在 4# 危岩体的底部软
弱夹层因风化剥蚀淘空 140 厘米，现用人工砖墙支撑。该危岩体后缘与后侧砂岩完
全脱离，在危岩体的中部和底部存在两层泥岩软弱夹层，使危岩体后缘裂隙可能由
这两处剪出口剪出；该地区砂岩风化严重，危岩体前沿悬空的岩体有沿Ⅲ破坏面发

生拉断破坏的可能（图 1-10）。现分别对这三个潜在的破坏面Ⅰ、Ⅱ、Ⅲ进行稳定性计算。

4# 危岩体破坏方式为单面滑动破坏和拉断破坏，后缘裂隙面倾向 170°，倾角 β=84°。

不考虑地震力作用的影响：

Ⅰ滑面：

危岩体重力 $G_1=\gamma \times A \times B=22 \times 16 \times 4.0=1408KN$，滑面倾角 β=12°，滑面面积 $S=4.8 \times 4.0 \times 0.5=9.6m^2$（滑面面积折减系数取 0.5），滑面强度参数按泥岩取 (C=lOkPa，Φ=23°)；

$$K=\frac{F_s}{F_r}=\frac{G \times \cos\beta \times tg\phi+C \times S}{G \times \sin\beta}=\frac{1408 \times \cos12° \times tg23°+10 \times 9.6}{1408 \times \sin12°}=2.3$$

Ⅱ滑面：

危岩体重力 $G_1=\gamma \times A \times B=22 \times 27 \times 4.0=2376KN$，滑面倾角 β=32°，滑面面积 $S=5.9m^2$，滑面强度参数按泥岩取 (C=lOkPa，Φ=23°)；

$$K=\frac{F_s}{F_r}=\frac{G \times \cos\beta \times tg\phi+C \times S}{G \times \sin\beta}=\frac{2376 \times \cos32° \times tg30°+50 \times 5.9}{2376 \times \sin32°}=1.15$$

Ⅲ滑面：

支点〇右侧，危岩体重力 $G_1=\gamma \times A \times B=22 \times 12.5 \times 4.0=1100KN$，力臂 $L_1=1.6m$；

支点〇左侧，危岩体重力 $G_2=\gamma \times A \times B=22 \times 14.8 \times 4.0=1302KN$，力臂 $L_2=1.4m$；

$$K=\frac{G_2 \times L_2}{G_1 \times L_1}=\frac{1302 \times 1.4}{1100 \times 1.6}=1.04$$

考虑地震力作用的影响：

Ⅰ破坏面：

地震作用力 $F_h=a_h \times G=0.127 \times 1408=179KN$；

$$K=\frac{F_s}{F_r}=\frac{(G \times \cos\beta-F_h\sin\beta) \times tg\phi+C \times S}{G \times \sin\beta+F_h \times \cos\beta}=\frac{(1408 \times \cos12°-179 \times \sin12°) \times tg23°+10 \times 9.6}{1408 \times \sin12°+179 \times \cos12°}=1.15$$

图 1-9　4# 危岩体东侧面近景

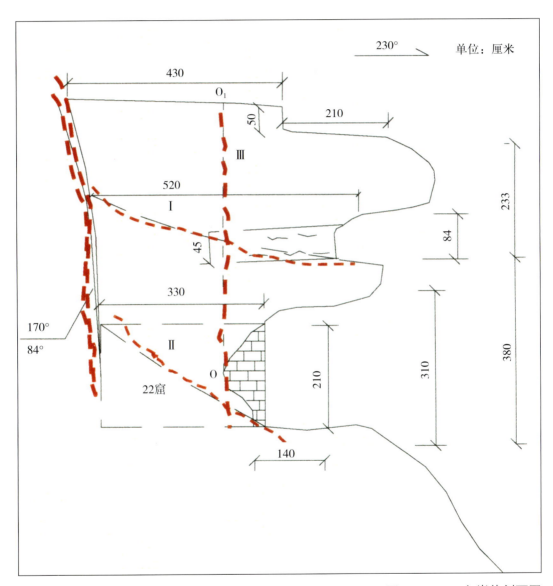

图 1-10　4# 危岩体剖面图

Ⅱ破坏面：

地震作用力 $F_h=a_h \times G =0.127 \times 2376=302KN$；

$$K=\frac{F_s}{F_r}=\frac{(G \times \cos\beta - F_h\sin\beta) \times tg\phi + C \times S}{G \times \sin\beta + F_h \times \cos\beta}=\frac{(1408 \times \cos12° - 179 \times \sin12°) \times tg23° + 10 \times 9.6}{1408 \times \sin12° + 179 \times \cos12°}=0.79$$

Ⅲ破坏面：

支点○右侧，地震作用力 $F_{h1}=a_h \times G =0.127 \times 1100=140KN$；力臂 $L_{h1}=3.3m$；

支点○左侧，地震作用力 $F_{h2}=a_h \times G =0.127 \times 1302=165KN$，力臂 $L_{h2}=3.1m$；

$$K=\frac{G_2 \times L_2}{G_1 \times L_1 + F_{h2} \times L_{h2} + F_{h1} \times L_{h1}}=\frac{1302 \times 1.4}{1100 \times 1.6 + 165 \times 3.1 + 140 \times 3.3}=0.55$$

4#危岩体极易沿Ⅲ破坏面产生倾覆破坏。

● 5#危岩体

5#危岩体位于30号窟下方（图1-11）。在5#危岩体的中部和底部含2层泥岩软弱夹层，危岩体的上部岩体临空进深达80厘米，使该危岩体后缘裂隙最可能沿中部的泥岩软弱夹层剪出（图1-12）。

5#危岩体破坏方式为单面滑动破坏，后缘裂隙面倾向215°，倾角 $\beta=80°$。

不考虑地震力作用的影响：

Ⅰ滑面：

滑面面积 $S=6.8m^2$；滑面倾角 $\beta=80°$；

危岩体重力 $G=\gamma \times A \times B=22 \times 3.7 \times 4=325.6KN$；

$$K=\frac{F_s}{F_r}=\frac{G \times \cos\beta \times tg\phi + C \times S}{G \times \sin\beta}=\frac{326 \times \cos80° \times tg30° + 50 \times 6.8}{326 \times \sin80°}=1.16$$

考虑地震力作用的影响：

Ⅰ滑面：

水平地震作用力 $F_h=a_h \times G=0.127 \times 326=41.4KN$；

$$K=\frac{F_s}{F_r}=\frac{(G \times \cos\beta - F_h\sin\beta) \times tg\phi + C \times S}{G \times \sin\beta + F_h \times \cos\beta}=\frac{(326 \times \cos80° - 41.4 \times \sin80°) \times tg30° + 50 \times 6.8}{326 \times \sin80° + 41.4 \times \cos80°}=1.01$$

● 6# 危岩体

6# 危岩体位于 31 号窟下方（图 1-13），受两条裂隙切割控制，产状 210°∠80° 和 280°∠80° 切割，后缘张开 8～12 厘米。在 6# 危岩体的中部有一个软弱夹层，使该危岩体后缘裂隙最可能沿该软弱夹层剪出；其次，6# 危岩体的后缘裂隙几乎贯穿了整个危岩体，使该裂隙成为 6# 危岩体又一潜在的破坏面。该危岩体风化裂隙、层理裂隙发育，各类裂隙相互交切，危岩体松散、破碎（图 1-14）。

6# 危岩体破坏方式为单面滑动破坏，后缘裂隙面倾向 245°，倾角 β =82°。

不考虑地震力作用的影响：

Ⅰ 滑面：

滑面面积 S=8.3m^2；滑面倾角 β =82°；

危岩体重力 G= γ ×A×B=22×3.0×6=396KN；

$$K=\frac{F_s}{F_r}=\frac{G\times\cos\beta\times tg\,\phi+C\times S}{G\times\sin\beta}=\frac{396\times\cos82°\times tg30°+50\times8.3}{396\times\sin82°}=1.14$$

Ⅱ 滑面：

滑面面积 S=17m^2；滑面倾角 β =82°；

危岩体重力 G= γ ×A×B=22×5.27×6=696KN；

$$K=\frac{F_s}{F_r}=\frac{G\times\cos\beta\times tg\,\phi+C\times S}{G\times\sin\beta}=\frac{696\times\cos82°\times tg30°+50\times17}{696\times\sin82°}=1.31$$

考虑地震力作用的影响：

Ⅰ 滑面：

水平地震作用力 F$_h$=a$_h$×G =0.127×396=50.3KN；

$$K=\frac{F_s}{F_r}=\frac{(G\times\cos\beta-F_h\sin\beta)\times tg\,\phi+C\times S}{G\times\sin\beta+F_h\times\cos\beta}=\frac{(396\times\cos82°-50.3\times\sin82°)\times tg30°+50\times8.3}{396\times\sin82°+50.3\times\cos82°}=1.0$$

图 1–11　5# 危岩体侧面近景

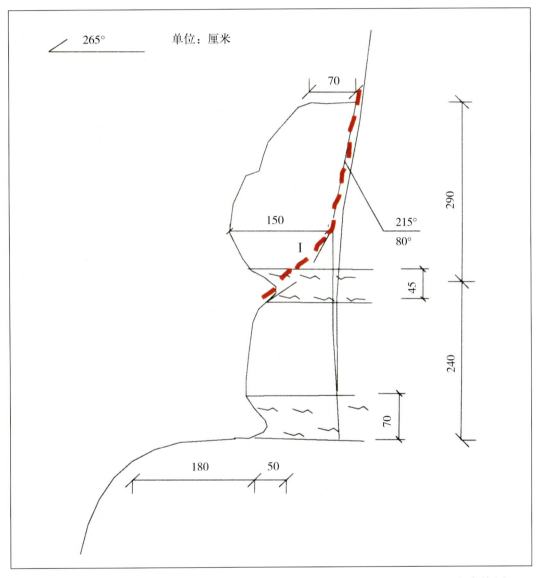

图 1-12　5# 危岩体剖面图

图 1-13 6# 危岩体全景（岩体松散、破碎）

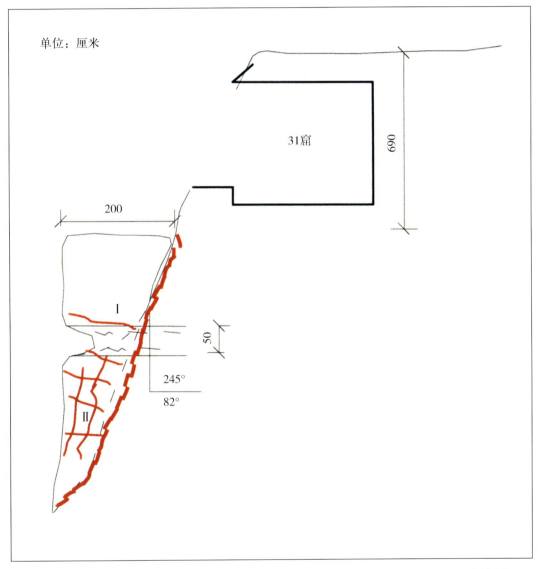

图 1-14 6# 危岩体剖面图

Ⅱ滑面：

水平地震作用力 $F_h=a_h \times G =0.127 \times 696=88.4KN$；

$$K=\frac{F_s}{F_r}=\frac{(G \times \cos\beta - F_h\sin\beta) \times tg\phi + C \times S}{G \times \sin\beta + F_h \times \cos\beta}=\frac{(696 \times \cos82°-88.4 \times \sin82°)\times tg30°+50 \times 17}{696 \times \sin82°+88.4 \times \cos82°}=1.17$$

6# 危岩体的Ⅰ滑动面最危险，如果危岩体沿Ⅰ滑动面滑动破坏，下部破碎的岩体也将随之垮塌，严重威胁 31 号窟的安全稳定。

● 7# 危岩体

7# 危岩体位于 32 号窟斜上方（图 1-15），受多条裂隙切割控制，后缘张开 10 厘米。在 7# 危岩体的底部有一个泥岩软弱夹层，该夹层是 7# 危岩体后缘裂隙最可能的剪出口（图 1-16）。

7# 危岩体破坏方式为单面滑动破坏，后缘裂隙面倾向 265°，倾角 β =80°。

不考虑地震力作用的影响：

Ⅰ滑面：

滑面面积 S=42m²；滑面倾角 β =45°；

危岩体重力 G= γ × A × B=22 × 44 × 7=6776KN；

$$K=\frac{F_a}{F_r}=\frac{G \times \cos\beta \times tg\phi + C \times S}{G \times \sin\beta}=\frac{6776 \times \cos45° \times tg30°+50 \times 42}{6776 \times \sin45°}=1.02$$

考虑地震力作用的影响：

Ⅰ滑面：

水平地震作用力 $F_h=a_h \times G =0.127 \times 6776=860KN$；

$$K=\frac{F_s}{F_r}=\frac{(G \times \cos\beta - F_h\sin\beta) \times tg\phi + C \times S}{G \times \sin\beta + F_h \times \cos\beta}=\frac{(6776 \times \cos45°-860 \times \sin45°)\times tg30°+50 \times 42}{6776 \times \sin45°+860 \times \cos45°}=0.75$$

以上危岩体计算结果、分析评价，参见表 2。

表 2　危岩体稳定分析评价表

危岩体编号	潜在破坏方式	稳定性系数	
		目前状态	地震烈度（Ⅷ）
1#	单面滑动（Ⅰ）	1.12	0.97
	单面滑动（Ⅱ）	1.16	1.01
2#	单面滑动（Ⅰ）	1.11	0.80
3#	倾倒破坏（Ⅰ）	1.08	0.47
	拉断破坏（Ⅱ）	16.9	10.88
4#	单面滑动（Ⅰ）	2.30	1.15
	单面滑动（Ⅱ）	1.15	0.79
	拉断破坏（Ⅲ）	1.04	0.55
5#	单面滑动（Ⅰ）	1.16	1.01
6#	单面滑动（Ⅰ）	1.14	1.00
	单面滑动（Ⅱ）	1.13	1.17
7#	单面滑动（Ⅰ）	1.02	0.75

　　总体上，在目前状况下，阿尔寨石窟崖壁岩体存在的 7 处危岩体稳定性系数在 1.02 ～ 1.16 之间，随着危岩体底部的泥岩软弱夹层的进一步风化剥蚀及其后缘裂隙的进一步扩张，遇到雨季雨水沿裂隙面下渗降低危岩体后缘交接面的强度，7 处危岩体都将可能发生破坏，遇有强烈地震，其破坏是毁灭性的，后果十分严重。1#、2#、5#、6#、7# 这 5 处危岩体最可能的破坏模式是沿潜在的滑动面发生单面滑动破坏；3# 危岩体最可能的破坏模式是危岩体底部的泥岩软弱夹层被拉断，发生倾倒破坏；4# 危岩体最可能的破坏模式是危岩体前端临空的岩体在重力的作用下被拉断，发生拉断倾倒破坏。

图 1-15　7# 危岩体侧面近景

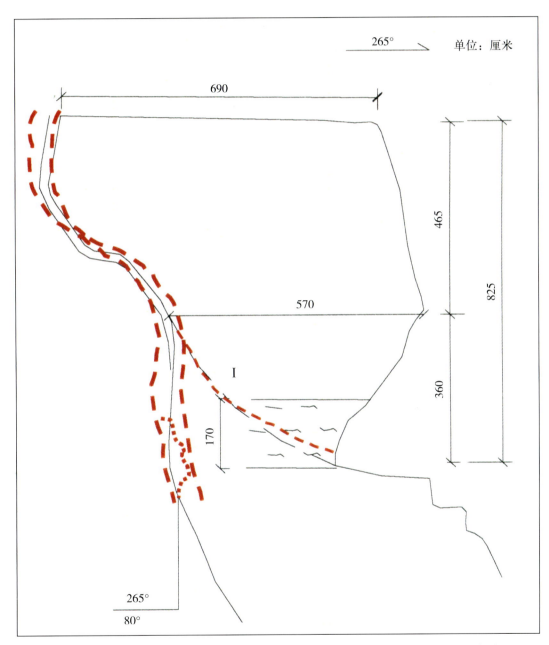

图 1-16　7# 危岩体剖面图

二、阿尔寨石窟壁画的残损破坏

阿尔寨石窟内大部分壁画已遭破坏，残存的壁画也面临各类病害的侵蚀，阿尔寨石窟壁画存在的主要问题有：

● 壁画起甲病害：该病害在阿尔寨石窟群中分布很广，所占病变比例很大，约占现存壁画病害的 60%。病害特征表现为：壁画表面像鱼鳞甲一样，一片片翘起，其中 32 号窟尤为严重。

● 壁画酥碱病害：由于雨季雨水沿裂隙渗入到窟内，或地下水因毛细管孔的作用上升到窟内，使得洞窟内部相对潮湿，窟内壁画表面乃至地仗层组织出现酥松、解体、脱落等现象。其中，1 号、21 号、28 号等窟较为严重。

● 壁画烟熏病害：烟熏病害是由人为因素所造成的，如人类以前在窟内做饭、燃灯、烧柴取暖等活动，天长日久使壁画表面形成一层油渍污垢，严重破坏了壁画的清晰度和完美感。表现较为严重的洞窟有 1 号、14 号、17 号、18 号、19 号、29 号等。

● 壁画脱落病害：由于洞窟历史上长期无人照管和维护，因自然因素和人为损害，窟内壁画出现大面积脱落。此种病变在阿尔寨石窟中较为普遍。

● 壁画霉变病害：此种病变在阿尔寨石窟中不很明显，仅在个别洞窟少数壁画的表面出现一些灰质斑点。

● 壁画空鼓病害：由于该地区历史上的干湿交替及温差作用，窟内壁画及地仗层与岩体脱离起鼓，壁画表面呈凹凸不平状，该种病害进一步发展，势必造成壁画及地仗层的大面积脱落。

● 风沙对壁画的吹蚀破坏：由于阿尔寨山突兀矗立在草原上，周围空旷开阔，秋冬季节的大风直接吹到崖壁岩体上，并夹杂着沙砾进入石窟吹打到壁画上，对壁画形成磨蚀、擦蚀破坏，壁画表面残留下擦痕、凹坑等破坏。

三、风沙掩埋石窟问题

由于阿尔寨石窟长期缺乏管理，风沙遇到山体后散落、积聚在崖壁脚下，时间一久，沙土积聚，加之崖壁岩体风化剥落、崩塌的块石堆积，将下层石窟掩埋。曾经进行的考古发掘，发现了部分石窟，但具体有多少石窟被掩埋，还不清楚。

第五章　抢险加固保护工程设计

一、设计依据

● 《中华人民共和国文物保护法》（2002 年）

● 《中华人民共和国文物保护法实施条例》

● 《纪念建筑、古建筑、石窟寺等修缮工程管理办法》

● 《国际古迹保护与修复宪章》（威尼斯宪章）

● 《中国文物古迹保护准则》（2001 年）

● 国家文物局《关于申报文物保护方案和预算的补充规定》（2002 年）

● 文化部《文物保护工程管理办法》（2003 年）

● 《内蒙古自治区阿尔寨石窟工程地质勘查报告》（中国地质大学）

二、保护原则

● 以不改变文物体的原状为原则，不破坏、不损伤、不干扰石窟的历史信息，保持石窟原有的历史信息不变，对不确定的信息不能臆断推测。保护工程的全过程要严格执行保证文物体真实性的原则。

● 保护工程要达到可识别性和可持续性的保护原则，并应与石窟环境相协调。

● 阿尔寨石窟面临的问题很多，保护工作应有计划分期实施。本次保护项目的主要任务是抢险加固，主要针对威胁阿尔寨石窟安全的危岩体进行抢险加固保护，其他问题的保护需在进一步调查、研究、试验等工作基础上实施。

● 抢险加固工程要避开或不干扰、不影响未经发掘的遗址和被掩埋的洞窟。

三、危岩体加固设计

控制或影响危岩体稳定性的因素有两个方面：第一，力学状态因素：内力——危岩体岩体重力产生的下滑力或倾覆力等破坏力；外力——地震产生的水平破坏力或裂隙水产生的裂隙水压力。第二，结构因素：危岩体的形态、切割岩体的裂隙和岩体差异风化形成的凹槽。裂隙破坏了岩体的结构和整体性，并为危岩体滑动破坏或倾覆破坏提供破坏面；凹槽使岩体悬空，改变岩体的受力状态，加剧岩体的破坏趋势。

危岩体的加固应针对影响危岩体稳定的因素，采取相应的加固措施，即从平衡岩体破坏力，改善危岩体的受力状态和增强岩体结构两个方面进行加固。

阿尔寨石窟危岩体加固采用预应力锚杆锚固、裂隙灌浆黏结加固、风化剥蚀凹槽内浇注锚杆混凝土相结合的措施。预应力锚杆平衡或抵消危岩体的破坏力或破坏力矩；裂隙灌浆增强危岩体与山体稳定岩体的整体性和裂隙面区域岩体的黏结强度；风化剥蚀凹槽内浇注锚杆混凝土支护支撑悬空区域的岩体，改善岩体的受力状态，并防止凹槽岩体进一步风化淘蚀对岩体稳定性的威胁。

1. 锚杆加固

危岩体所需锚固力：$K_0 = \dfrac{F_s + T_t}{F_r}$ 　　　　$T_t = K_0 \times F_r - F_s$

式中：

K_0 ——加固后的稳定性系数（$K_0 = 2.5$）；

T_t ——危岩体加固所需的锚固力；

F_r ——滑动力（KN）；

F_s ——抗滑力（KN）。

1#、2#、3#、4#、5#、6# 六块危岩体加固锚杆选用 $\Phi 25$ 毫米的螺纹钢，锚孔中灌注水泥砂浆锚固，锚杆设计抗拔力 P=180KN。由于 7# 危岩体规模大，破坏力大，需要的锚固力也大。为减少钻孔进尺，降低费用，7# 危岩体加固锚杆的锚筋选用天津产 $\Phi 25$ 毫米的锚固专用钢筋，锚孔直径 90 毫米，锚孔中灌注水泥砂浆锚固，锚杆设计抗拔力 P=400KN。锚杆体锚固段长度 L≥3 米，锚杆钢筋每 1 米设置居中十字架。为增强锚杆体的抗剪强度，在岩体滑动面位置锚杆体设置抗剪钢管。阿尔寨石窟危岩体滑动面裂隙张开性大，松散破碎，对外界的作用反应敏感，危险性大，并且破坏后果严重，因而锚杆加固的安全稳定系数取 $K_0 = 2.5$，地震烈度按Ⅷ设防（按国家地震局划分的全国地震烈度分区）。则危岩体所需抗滑锚杆数（N= T_t/P）参见表 3。

为保证锚杆加固措施的可靠性和有效性，锚固工程实施前，必须进行现场锚杆拉拔试验，获取可靠、真实的锚固技术参数，对设计的技术参数进行修正。另

表3　危岩体稳定性系数、加固所需的锚固力（或锚固力矩）及所需加固锚杆数

危岩体编号	潜在破坏方式	地震烈度（Ⅷ）		所需锚杆数（根）	锚杆进尺（米）
		稳定性系数	所需锚固力或力矩 KN（KN·m）（K₀=2.5）		
1#	单面滑动（Ⅰ）	0.97	297.40	2	28
	单面滑动（Ⅱ）	1.01	464.06	3	
2#	单面滑动（Ⅰ）	0.80	4018.78	22	213
3#	倾倒破坏（Ⅰ）	0.47	3452.82	19	131
	拉断破坏（Ⅱ）	10.88	无须加固		
4#	单面滑动（Ⅰ）	1.15	764.72	5	314
	单面滑动（Ⅱ）	0.79	2841.25	16	
	拉断破坏（Ⅲ）	0.55	6410.3	7（力臂5）	
5#	单面滑动（Ⅰ）	1.01	495.31	3	17
6#	单面滑动（Ⅰ）	1.00	606.38	4	55
	单面滑动（Ⅱ）	1.17	945.16	6	
7#	单面滑动（Ⅰ）	0.75	10061.03	26	324（采用天津产Φ25的专用锚固钢筋）

外，原勘测工作对崖壁岩体内部结构调查还十分欠缺，因而，锚固工程实施前，对2#、3#、4#、7#危岩体应设置一个长15～20米的探测孔，以便对锚杆体的长度进行调整，发现新的隐蔽性裂隙或与原设计不同的参数，应通知设计方对原设计进行修改。

为提高锚杆的受力状态和锚杆承载力的长效性，增加锚杆安全储备，锚杆结构采用扩孔变径锚固技术，即自由段锚孔直径 90 毫米，锚固段锚孔直径 110 毫米，同时为增加锚杆体的抗剪强度，在危岩体裂隙滑动面区段安设抗剪钢管，抗剪钢管选用壁厚 5 毫米，长 2 米的钢管，根据裂隙所在的位置，用支架将钢管焊接在锚杆钢筋上（图 1-17）。

危岩体锚杆加固，需要加固锚杆 106 根，进尺 1082 米（其中 Φ25 毫米的螺纹钢 754 米，Φ25 毫米的天津产锚固钢筋 324 米），抗剪钢管 212 米。5#、6# 危岩体需要加固小锚杆 40 根，进尺 140 米（具体每个锚杆的进尺长度参见加固设计图）。

2#、3#、4#、7# 四块危岩体的加固锚杆为预应力锚杆，1#、5#、6# 三块危岩体岩体松散、破碎，加固锚杆采用非预应力锚杆。

锚杆施工技术要求：

● 成孔要求

钻机：可用 XU-600 型工程地质螺旋钻机，QZJ-100 型潜孔钻机，CM351 型钻

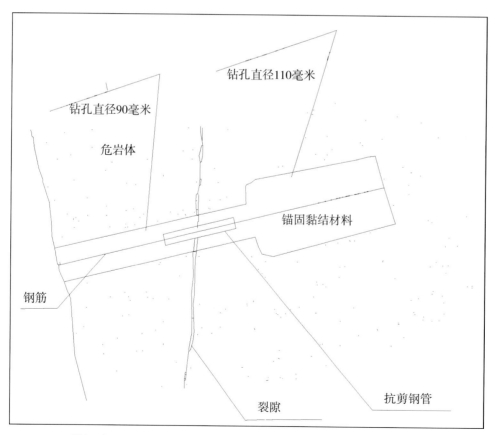

图 1-17　锚杆体结构示意图

机，XLQ15 型钻机等。

钻进方式：采用回旋无水风力排渣技术钻进。

钻孔直径：孔径根据实际情况控制在 90～110 毫米。

钻孔方向：严格控制钻孔的方向，成孔角度偏差小于 0.5°，可采用测斜仪 BC-1 型，KXP-1 型进行检查、测试。

钻孔位置：借助经纬仪测试技术，严格布置钻孔的位置。

钻孔深度：钻孔深度不得小于设计深度的 101%。

孔底要求：除树根型锚杆孔底需要扩孔外，其他钻孔孔底与钻孔孔径一致，树根型锚杆孔底扩孔直径为 110 毫米，长度 300～400 厘米。

● 锚杆体制作

杆体材料：杆体锚筋选用 Φ25 毫米的螺纹钢和 Φ25 毫米天津产专用锚杆螺纹钢。

杆体制作：杆体焊接采用双筋绑焊技术，杆体每 1 米用 Φ10 的圆钢焊接居中十字架，锚头钢垫板尺寸 150 毫米 ×150 毫米，厚 30 毫米，锚头采用车成丝扣合金钢与锚筋绑焊在一起。

● 注浆

注浆材料：

水泥：应采用标号不低于 425# 大厂的新鲜普通硅酸盐水泥。

水：一般情况下，适于饮用的水均可作为拌和水，但对于硫酸盐含量超过 0.1%，氯含量超过 0.5%，并含有有机质的水，不能作为拌和水。

砂：砂以中砂（平均粒径 0.3～0.5 毫米）为好，并要求泥质含量小于 3%，其他有害物质（有机质、云母等）含量小于 1%～2%。

注浆：注浆前用高压风将锚孔吹干净，排尽残渣，通过压力泵将搅拌均匀的混凝土由注浆管注入锚孔，插入制作好的杆体，待浆液凝固达到 80% 强度后，进行张拉锁定。注浆材料灰砂比 1∶1，水灰比 0.4～0.45，砂浆强度大于 30Mpa，灌浆压力为 0.4～0.5Mpa。

注浆材料添加剂：为改善水泥砂浆体的性能，可以加入适量比例的外加剂。阿尔寨石窟岩体干燥、吸水性强，为防止浆体收缩、泌水降低黏结强度或锚固效果，在水泥砂浆中添加膨胀剂和减水剂。膨胀剂（又名铝粉）掺加量占水泥重量的 0.005%～0.02%，减水剂（又名 UNF-5）掺加量占水泥重量的 0.6%。浆体的强度一般 7 小时不应低于 20Mpa，28 小时不应低于 30 Mpa。

锚杆体张拉前必须把承压板放平，安装千斤顶时注意千斤顶轴线应与杆体轴线在一条直线上，张拉荷载要分阶段逐步施加，按规范要求进行。锚杆张拉锁定后，用 C25 混凝土对锚头进行封闭保护，外表作旧，做到与周围环境协调。

2. 裂隙灌浆

为增强块体的抗滑稳定性，提高块体与山体基岩的黏结强度，同时，防止雨水侵蚀裂隙对裂隙间岩体的破坏，块体滑动面裂隙间灌注黏结加固浆液材料。危岩体主要裂隙灌浆材料选用水泥砂浆（或选用 PS+ 粉煤灰灌浆材料），具体材料的选择在保护工程实施前，进行适宜阿尔寨石窟岩石石质、环境的材料试验，确定灌浆材料。小裂隙选用 E-44 环氧树脂。为防止灌浆时跑浆污染石刻造像，灌浆前用环氧树脂胶泥封堵所有揭露的裂隙，尤其注意切穿石窟的裂隙。具体做法：（1）用铁毛刷、小钢钎清除裂隙间的风化层、沉积物、微生物等，露出基岩面；（2）用调制好的环氧树脂胶泥封堵裂隙，胶泥封堵得要密实并凹进崖面 1～2 毫米；（3）用 107# 胶调制的泥砂浆沿裂隙作旧处理。

需要裂隙灌浆工程量 103.4 立方米，其中水泥砂浆 98.4 立方米（工程估算暂时按水泥砂浆），环氧树脂 5 立方米（约 6T）。

3. 锚杆混凝土加固支护

对岩体差异风化造成的凹槽进行封堵支护，其作用一方面防止凹槽区域岩体进一步风化、淘蚀，降低或破坏岩体的稳定性，另一方面改善、调整凹槽悬空区域岩体的应力平衡状态，提高岩体的稳定性。

支护加固措施有两种选择：砂岩块石砌筑支护或锚杆混凝土支护。

块石砌筑支护工艺简单，易于施工，但缺点是必须对凹槽工作面进行开凿、清理，对岩体现状有一定的破坏；砌体与岩体接触的密实性或支护作用的有效性难以保证，只能是被动受力。另外，针对阿尔寨石窟所处的地理位置，砂岩块石的取材有一定的困难，就地取材破坏环境。

锚杆混凝土支护缺点是工艺比较复杂，优点是不需对工作面进行破坏性清理；锚杆混凝土结构体与岩体接触密实性好，主动调节、改善、增强岩体的受力状态；通过表层作旧，形态、色泽上与山体环境相协调；材料丰富，不破坏环境。

凹槽区域的加固选用锚杆混凝土支护。

锚杆混凝土支护加固的工序：在凹槽区域钻孔，孔径 40 毫米，孔深 2.5～3 米，

钢筋选用 Φ16 毫米螺纹钢；孔中灌注水泥砂浆；孔中插入钢筋，根据凹槽的形态和空间，钢筋出露 20～30 厘米，利用出露钢筋绑扎 Φ6 毫米的钢筋网；小锚杆固化后浇注混凝土，混凝土的标号为 M35；混凝土养护 14 天后按照加固区域岩体的形态特征、色泽进行修整作旧，保证混凝土体与石窟、周围环境的协调统一。

锚杆混凝土的工程量：小锚杆进尺 1800 米（凹槽面积 360 平方米，2 根／平方米，2.5 米／根），钢筋混凝土 94 立方米。

第六章 工程估算

本预算参考 2001 年《内蒙古自治区建筑安装工程费用定额》，《四川省建筑工程计价定额》（SGD1-2000），2002 年国家计委、财政部《工程勘察设计收费管理规定》，1998 年《新疆维吾尔自治区建筑安装工程费用定额》，广元千佛崖加固工程，新疆克孜尔石窟加固工程、大足石刻保护工程等工程经验，结合工程的实际编制。

表 4 阿尔寨石窟抢险加固保护工程估算

序号	定额编号	项目名称	工程量	单位	单价（元）	合计（元）	备注
1		锚杆加固工程	1.1+1.2+…1.16			999793.78	
1.1	1D0018	单项脚手架	15	100m²	2670.53×2	80115.90	锚杆施工脚手架为安置钻机，工作量为定额的 2 倍
1.2	1B0092	精轧螺纹锚筋制作安装	1.5	T	7449.88	11174.82	定额中钢筋费用为 2500 元／T，而工程选用的是天津第二预应力钢厂的精轧锚杆螺纹钢，费用 5600 元／T
1.3	1B0092	粗螺纹锚筋制作安装	4	T	4988.88	19955.52	

续表 4

序号	定额编号	项目名称	工程量	单位	单价（元）	合计（元）	备注
1.4	C.5	抗剪钢管	212	m	15	3180.00	
1.5		抗剪钢管安设	106	件	80	8480.00	市场价
1.6		锚杆钻孔	1082	m	147×2.5	397635.00	
1.7		压力灌浆	1082	m	120	129840.00	估价
1.8	7A0144	锚杆钻孔机	80	台班	1918.99	153519.20	
1.9	7A0566	空压机	80	台班	461.84	36947.20	
1.10	7A0519	直流电焊机	80	台班	61.23	4898.40	
1.11	7A0482	泥浆泵	80	台班	136.73	10938.40	
1.12	7A0492	砂浆泵	80	台班	77.20	6176.00	
1.13	7A0495	高压油泵	80	台班	102.40	8192.00	
1.14	7A0651	液压千斤顶	80	台班	13.94	1115.20	
1.15	7A0235	载重汽车	90	台班	572.68	51541.20	
1.16	1B0096	小锚杆钻孔、灌浆	14	10m	1700.58×2	47616.24	根据 2002《工程勘察设计收费管理规定》表 3.3-2，钻孔为干钻，斜钻的附加调整系数为 2
2		锚杆混凝土支护工程	2.1+2.2+2.3+2.4			647618.38	

续表4

序号	定额编号	项目名称	工程量	单位	单价（元）	合计（元）	备注
2.1	1B0096	小锚杆钻孔、灌浆	180	10m	1700.58×2	612208.80	根据2002《工程勘察设计收费管理规定》表3.3-2，钻孔为干钻，斜钻的附加调整系数为2
2.2	1E0122	现浇混凝土	10	10m³	2077.25	20772.50	
2.3	1J0205	混凝土表面作旧	2	100m²	3351.67×2	13406.68	工程质量要求高，需要反复试验
2.4	7A0331	灰浆搅拌机	80	台班	15.38	1230.40	
3		裂隙灌浆工程	3.1+3.2+…+3.5			232447.20	
3.1	7B0529	中砂混合砂浆	100	m³	228.60	22860.00	
3.2	市场价	E44环氧树脂	6	T	24800	148800.00	
3.3	7B0716	环氧树脂胶泥	3	m³	11922.30	35766.90	
3.4	1B0078	裂隙灌注水泥砂浆	10	10m³	1002.03	10020.30	参考1B0078碎石桩的机械费
3.5		技术费	石窟岩体裂隙的封堵及作旧			15000.00	文物保护工程的特殊要求
4		定额直接费	1+2+3			1879859.30	
5		综合费率	4×21.34%			401161.97	
6		定额编制测定费	4×0.15%			2819.78	

序号	定额编号	项目名称	工程量	单位	单价（元）	合计（元）	备注
7		劳保费	4×3.5%			65795.07	
8		二次搬运增加费	4×0.5%			9399.29	参考 1998 年《新疆维吾尔自治区建筑安装工程费用定额》
9		远征工程增加费	4×8%			150388.74	因为工作区域位于草原上，参考 1998 年《新疆维吾尔自治区建筑安装工程费用定额》
10		小计	4+5+6+7+8+9			2509424.10	
11		利税	10×3.41%			85571.36	
12		其他费用	12.1+12.2+12.3+12.4+12.5			523763.00	
12.1		设计费	7.2+（31−7.2）×1.6/4			167200.00	按 2002《工程勘察设计收费管理规定》中《岩土工程设计收费基价表》的Ⅲ级
12.2		地形测绘（1：200，1：500）	76780+33383			110163.00	按 2002《工程勘察设计收费管理规定》中《地面测量实物工作收费基价表》的简单
12.3		近景摄影测量（外业和内业）	2000 元/组日 ×40			80000.00	按 2002《工程勘察设计收费管理规定》中《其他测量实物工作收费基价表》

序号	定额编号	项目名称	工程量	单位	单价（元）	合计（元）	备注
12.4		工程地质及水文地质勘查	（1360+1680）元／台班 ×35			106400.00	按 2002《工程勘察设计收费管理规定》
12.5		石刻、壁画风化破坏及加固保护研究	项			60000.00	
13		总工程估价	10+11+12			3118758.40	

注：因为内蒙古工程预算定额缺乏阿尔寨石窟工程锚固等项目的定额事项，本工程估算参考借鉴四川、新疆地区的预算定额，工程估算以建筑工程为基准，同时考虑文物保护工程的特殊需要。

附件　阿尔寨石窟现状图及加固设计图

1. 阿尔寨石窟现状照片

附图 1-1　阿尔寨石窟远景

附图 1-2 阿尔寨石窟保存精美的壁画

附图 1-3　面临垮塌破坏的壁画

附图 1-4 壁画（地仗）的开裂破坏

附图 1-5　阿尔寨石窟保存精美的藻井

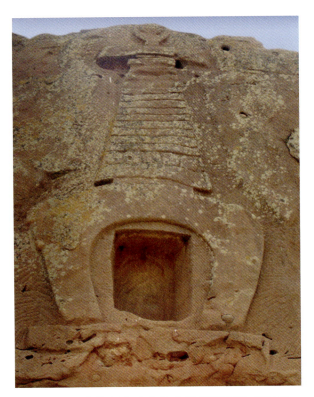

附图 1-6　雕凿在崖壁山体上的浮雕覆钵式石塔

附图 1-7　岩体垮塌造成的石塔跌落

附图 1-8　1# 危岩体侧景

附图 1-9　1# 危岩体全景

附图 1-10 1# 危岩体上部残破状况

附图 1-11 1# 危岩体残存的部分石塔

附图 1-12　2# 危岩体侧景

附图 1-13　2# 危岩体上部
残破状况

附图 1-14　2# 危岩体顶部俯视（红线为开裂裂隙）

附图 1-15　2# 危岩体张开性裂隙

附图 1-16 3# 危岩体侧景

附图 1-17 3# 危岩体顶部
（裂隙已切穿岩体至顶部）

附图 1-18　4# 危岩体侧景

附图 1-19　4# 危岩体顶面俯视（红线为切穿岩体的裂隙）

附图 1-20　具有倾覆破坏危险的 4# 危岩体

附图 1-21　5# 危岩体现状

附图 1-22　6# 危岩体全景

附图 1-23　6# 危岩体侧景

附图 1-24　7# 危岩体侧景

附图 1-25　7# 危岩体顶面
切穿岩体的裂隙

附图 1-26　7# 危岩体侧面俯视

附图1-27　7#危岩体脚部风化凹槽

2. 阿尔寨石窟现状图及加固设计图

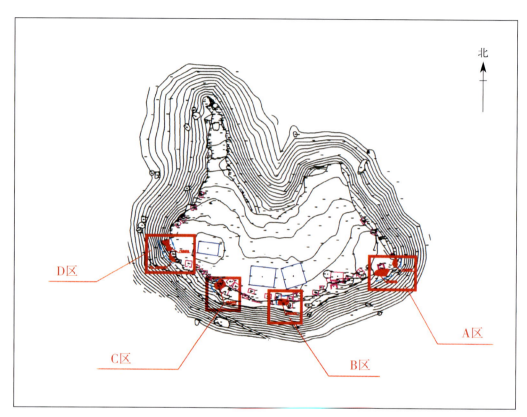

阿尔寨石窟现状整体平面图

图例

| 寺庙遗址 | 石窟平面投影 | 危岩体区域 | 重点放大解释的危岩体区域 |

说明

阿尔寨石窟存在的主要问题：

（1）裂隙对石窟岩体的切割破坏形成的危岩体。

（2）壁画的风化破坏。

（3）风沙对石窟的掩埋问题。

单位：毫米

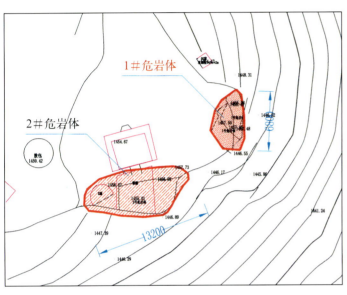

A 区：1#、2# 危岩体现状平面图

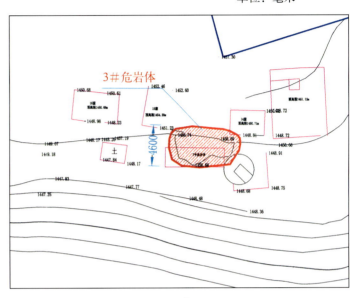

B 区：3# 危岩体现状平面图

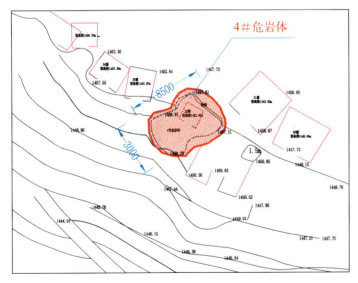

C 区：4# 危岩体现状平面图

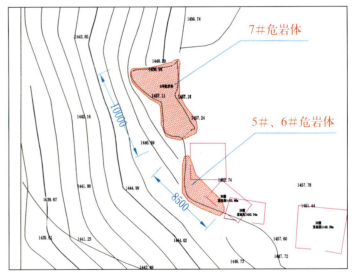

D 区：5#、6#、7# 危岩体现状平面图

附图 2-1　阿尔寨石窟现状分析平面图

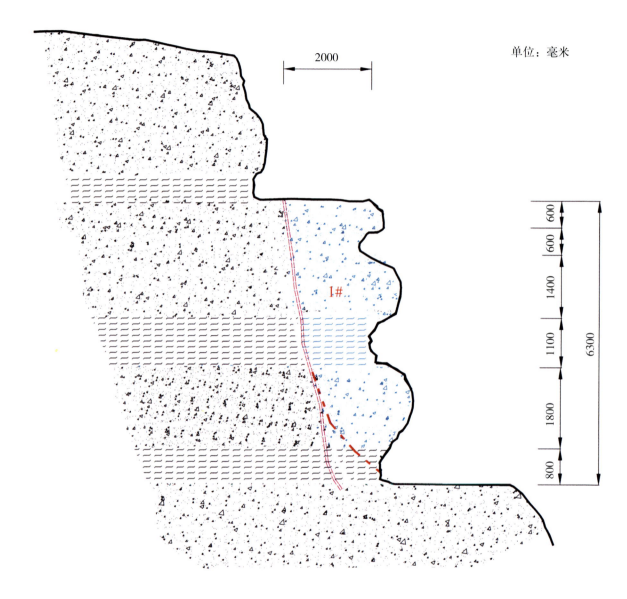

单位：毫米

1# 危岩体现状剖面图

图例

 沙砾岩体　　 软弱夹层　　 危岩体　　 裂隙线　　 危岩体编号　　 岩体形态剖线　　 危岩体区域边界线　　 危岩体区域　　 潜在滑动面

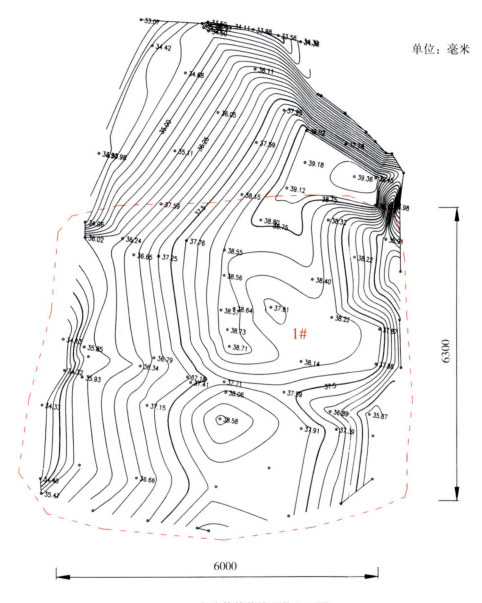

1# 危岩体等值线现状立面图

说明

1. 1# 危岩体位于阿尔寨石窟区的东南角，面宽 6 米，由于卸荷裂隙的切割和差异风化凹槽的破坏，岩体具有滑动破坏的危险，危岩体上有塔体浮雕。

2. 根据分析计算，1# 危岩体以卸荷裂隙为滑动面，存在两个潜在滑动面，为单滑动面破坏，现状安全稳定系数为 1.12 ～ 1.16，在 8 度地震作用下，安全稳定系数为 1.03 ～ 1.07。

附图 2-2　阿尔寨石窟 1# 危岩体现状图

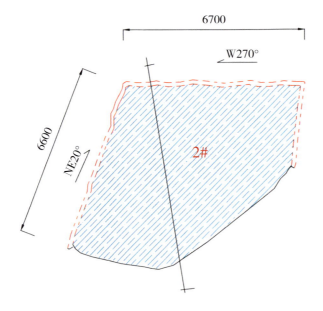

2# 危岩体现状平面（顶面）图

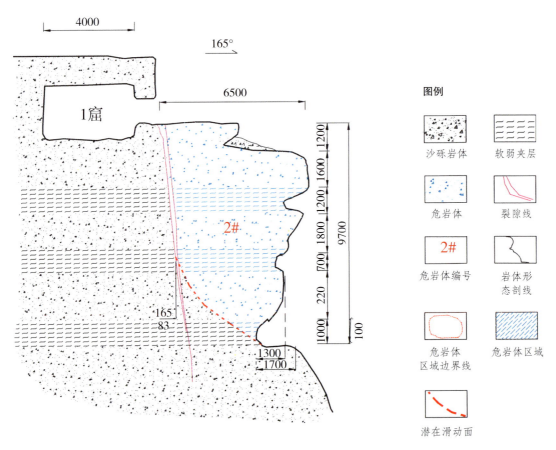

2# 危岩体现状剖面图

单位：毫米

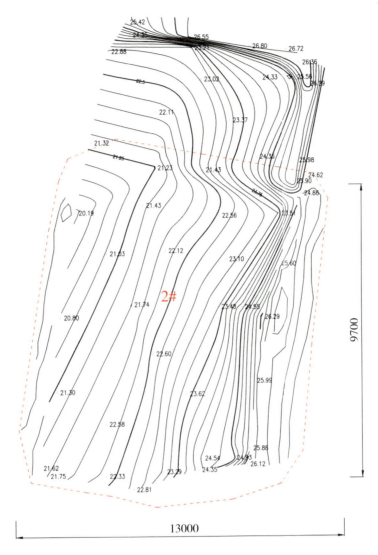

2# 危岩体等值线现状立面图

说明

1. 2# 危岩体位于阿尔寨石窟区的东南部 1# 窟的下部，面宽 13 米，两条平行卸荷裂隙的切割将岩体与山体脱离，差异风化凹槽破坏了岩体的应力状态，岩体具有滑动破坏的危险。

2. 根据分析计算，2# 危岩体以卸荷裂隙为滑动面，存在两个潜在滑动面，为单滑动面破坏，现状安全稳定系数为 1.11，在 8 度地震作用下，安全稳定系数为 0.90。

附图 2-3 阿尔寨石窟 2# 危岩体现状图

单位：毫米

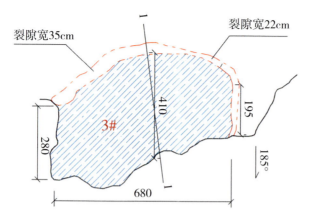

裂隙宽35cm　　裂隙宽22cm

3#

3# 危岩体现状平面（顶面）图

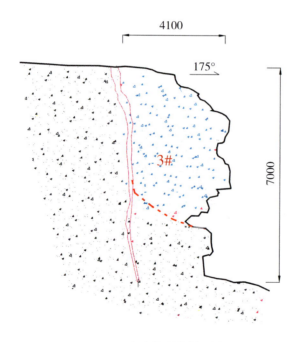

3#

3# 危岩体现状剖面图

图例

沙砾岩体　　软弱夹层　　危岩体　　裂隙线

3#

危岩体编号　　岩体形态剖线　　危岩体区域边界线　　危岩体区域　　潜在滑动面

单位：毫米

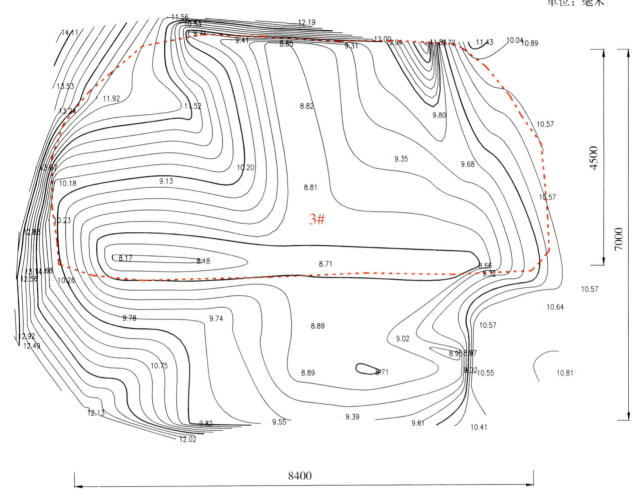

3#危岩体等值线现状立面图

说明

1. 3#危岩体位于阿尔寨石窟区南部偏中的14#窟的上部，面宽13米，块体后部发育一条平行崖壁的卸荷裂隙，裂隙宽度达35厘米，使岩体与山体分离；块体下部风化剥蚀成凹槽，使岩体失去支撑。岩体摇摇欲坠，十分危险。

2. 根据分析计算，3#危岩体以卸荷裂隙为破坏面，风化凹槽为支点，以倾覆破坏为主，现状抗倾覆安全系数1.08，在8度地震作用下，安全稳定系数为0.59。

附图2-4　阿尔寨石窟3#危岩体现状图

单位：毫米

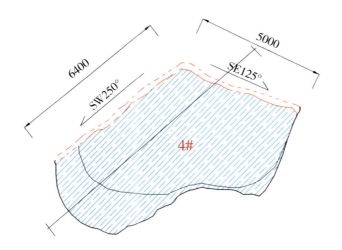

4# 危岩体现状平面（顶面）图

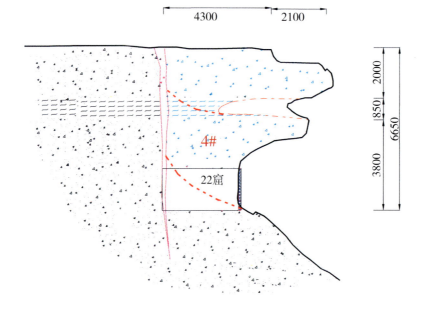

4# 危岩体现状剖面图

图例

沙砾岩体

软弱夹层

危岩体

裂隙线

危岩体编号

岩体形态剖线

危岩体区域边界线

危岩体区域

潜在滑动面

单位：毫米

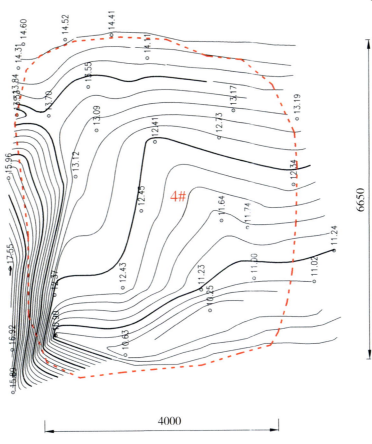

4#危岩体等值线现状立面图

说明

1. 4# 危岩体位于阿尔寨石窟区南部西侧 22# 窟的上方，面宽 3 米，呈突兀状，块体后部发育一条平行崖壁的卸荷裂隙，裂隙宽度达 14～20 厘米，使岩体与山体分离；块体下部软弱夹层风化剥蚀成的凹槽达 140 厘米，使岩体悬空，失去支撑。岩体摇摇欲坠，十分危险。

2. 根据分析计算，4# 危岩体存在两条潜在的滑动面和一条倾覆破坏面，现状抗倾覆安全系数 1.04，抗滑安全稳定系数 1.15；在 8 度地震作用下，抗倾覆安全稳定系数 0.67，抗滑安全稳定系数 0.9，将发生倾覆、滑动破坏。

附图 2-5 阿尔寨石窟 4# 危岩体现状图

单位：毫米

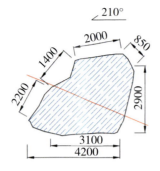

6# 危岩体平面（顶面）图

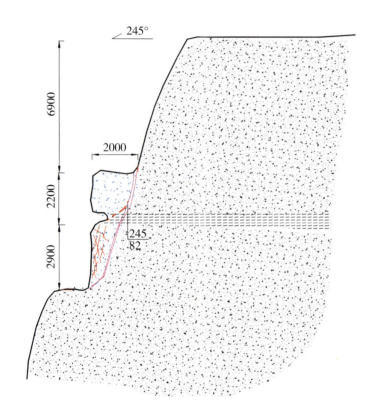

6# 危岩体现状剖面图

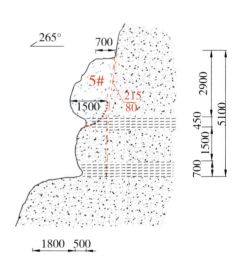

5# 危岩体现状剖面图

图例

 沙砾岩体

 软弱夹层

 危岩体

 裂隙线

 相互交切风化裂隙

 危岩体编号

 岩体形态剖线

 危岩体区域边界线

 危岩体区域

 潜在滑动面

单位：毫米

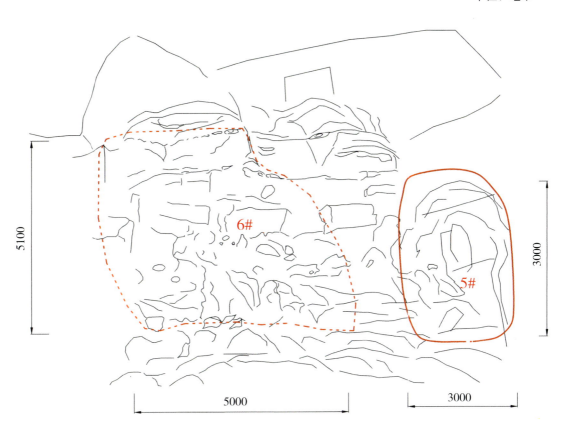

5#、6# 危岩体现状示意立面图

说明

1. 5# 危岩体位于阿尔寨石窟区的西南角，30 号窟的下方，面宽 5 米，块体后部发育一条平行崖壁的
卸荷裂隙，将块体与山体分离，中、下发育两个软弱夹层，因差异风化，软弱夹层凹槽深度达 80 厘米。
6# 危岩体位于 31 窟下方，面宽 6 米，后发育两条卸荷裂隙，隙宽 8～12 厘米，同时该岩体上各
类裂隙相互交切，岩体十分松散、破碎。

2. 根据分析计算，5# 危岩体为单滑动面模式，现状抗滑安全稳定系数 1.16；在 8 度地震作用下，
抗滑安全稳定系数 1.06。6# 危岩体有两个潜在的滑动面，现状抗滑安全稳定系数 1.14～1.31；
在 8 度地震作用下，抗滑安全稳定系数 1.05～1.22。

附图 2-6　阿尔寨石窟 5#、6# 危岩体现状图

单位：毫米

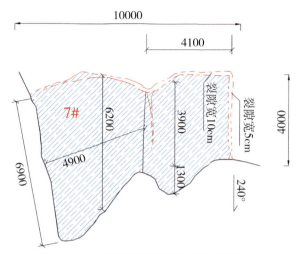

7#危岩体现状平面（顶面）图

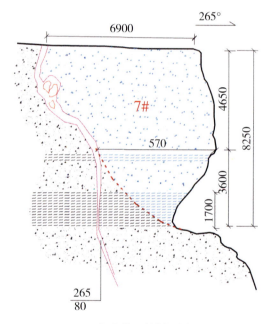

7#危岩体现状剖面图

图例

沙砾岩体　　软弱夹层　　危岩体　　裂隙线

危岩体编号　　岩体形态剖线　　危岩体区域边界线　　危岩体区域　　潜在滑动面

单位：毫米

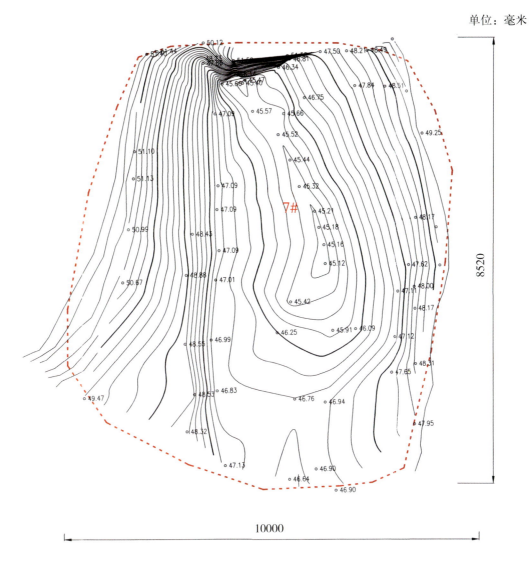

7# 危岩体等值线现状立面图

说明

1. 7# 危岩体位于阿尔寨石窟区的西南部，32号窟的上方，面宽10米，块体后部发育一条平行崖壁的卸荷裂隙由山顶贯穿崖脚，将块体与山体分离，下部差异风化形成的凹槽，使上部岩体悬空，失去支撑，块体呈下小上大的蘑菇云状，十分危险。

2. 根据分析计算，7# 危岩体为单滑动面模式，现状抗滑安全稳定系数 1.02；在 8 度地震作用下，抗滑安全稳定系数 0.84。

附图 2-7　阿尔寨石窟 7# 危岩体现状图

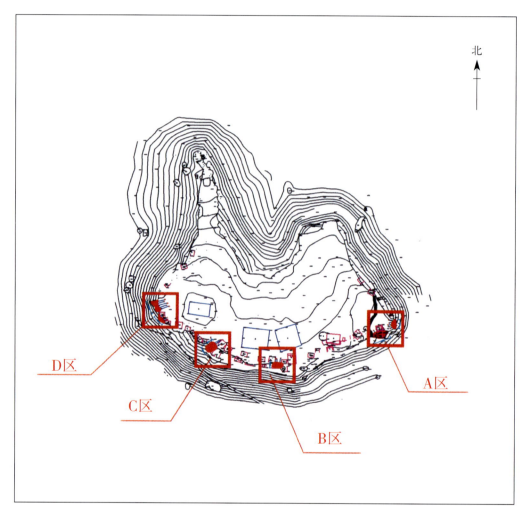

阿尔寨石窟保护工程整体平面图

图例

| 寺庙遗址 | 石窟平面投影 | 危岩体区域 | 加固危岩体区域及加固锚杆投影 | 重点放大解释的危岩体区域 |

单位：毫米

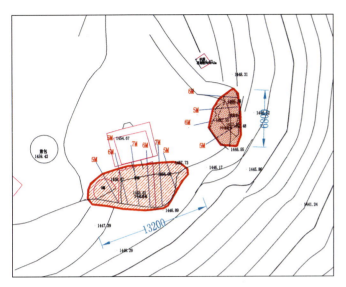

A 区：1#、2# 危岩体加固保护工程平面图

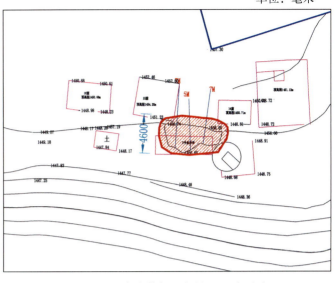

B 区：3# 危岩体加固保护工程平面图

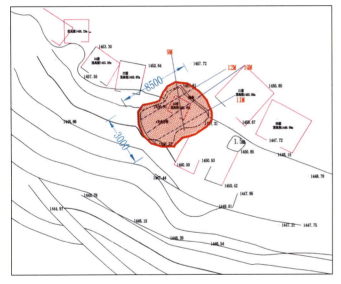

C 区：4# 危岩体加固保护工程平面图

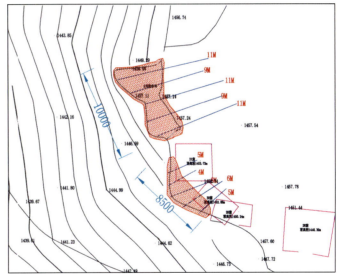

D 区：5#、6#、7# 危岩体加固保护工程平面图

说明

1. 阿尔寨石窟第一期抢险加固保护工程主要目的是对威胁石窟安全的危岩体进行抢险加固，主要保护措施：

 （1）锚杆加固技术措施；（2）裂隙灌浆加固技术措施；（3）小锚杆混凝土加固技术措施。

2. 危岩体加固需要锚杆 106 根，进尺 1084 米，锚杆体锚孔直径为变径 Φ90～110 毫米，锚筋选用 Φ25 毫米的螺纹钢筋（其中 7# 危岩体选用 Φ25 毫米天津产专用锚固钢筋），水泥砂浆锚固。裂隙灌浆 103 立方米，其中水泥砂浆 98 立方米，环氧树脂 5 立方米（约 6T）。风化凹槽小锚杆进尺 1800 米，混凝土 100 立方米。

附图 2-8 阿尔寨石窟抢险加固保护工程平面图

单位：毫米

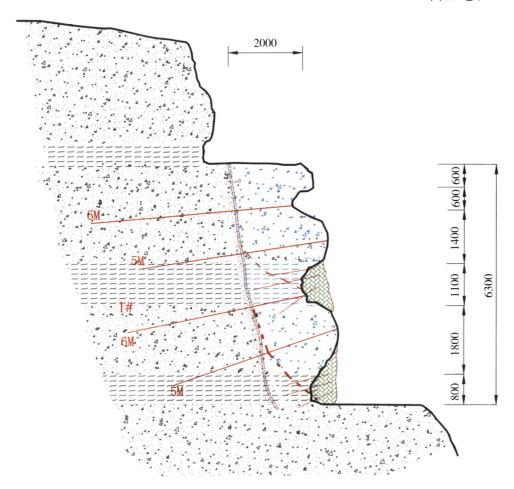

1#危岩体加固设计剖面图

图例

沙砾岩体

软弱夹层

危岩体

裂隙线

潜在滑动面

锚杆体投影及长度

风化凹槽内浇注锚杆混凝土

锚杆体位置、编号、长度

裂隙内灌注水泥砂浆

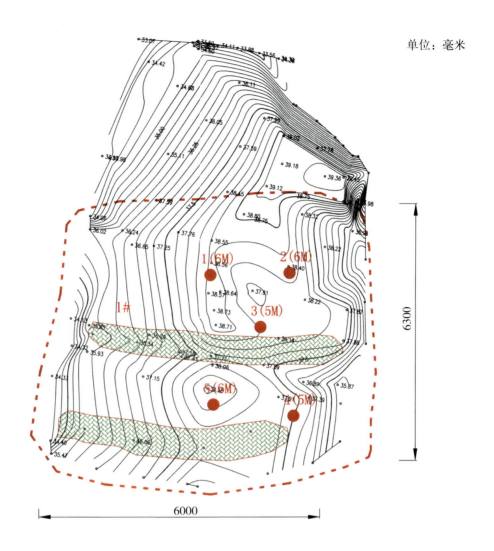

1# 危岩体加固设计等值线立面图

说明

1. 1# 危岩体的加固保护措施：（1）采取锚杆加固技术平衡块体的下滑力和地震破坏力；（2）块体后缘张开性裂隙灌注环氧树脂浆液；（3）风化凹槽内钻孔安设 Φ12 毫米的小锚筋，浇注锚杆混凝土。

2. 为增加锚杆体的抗剪强度，在块体裂隙部位安设长 2 米，壁厚 5 毫米的抗剪钢管。

3. 风化凹槽浇注的锚杆混凝土，外表形态、色泽都应进行作旧处理，保持与山体环境的协调。

4. 1# 危岩体需要加固锚杆进尺 26 米，锚杆混凝土 5 立方米，裂隙灌浆 20 立方米（10 米 ×8 米 ×0.25 米），需要抗剪钢管 10 米。1# 危岩体加固锚杆为非预应力锚杆。

附图 2-9　阿尔寨石窟 1# 危岩体加固设计图

单位：毫米

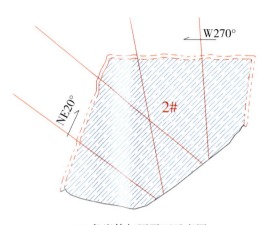

2# 危岩体加固平面示意图

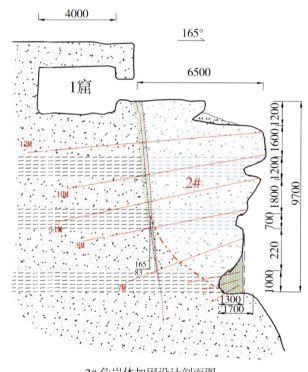

2# 危岩体加固设计剖面图

图例

沙砾岩体

软弱夹层

危岩体

裂隙线

潜在滑动面

锚杆体投影及长度

风化凹槽内浇注锚杆混凝土

锚杆体位置、编号、长度

裂隙内灌注水泥砂浆

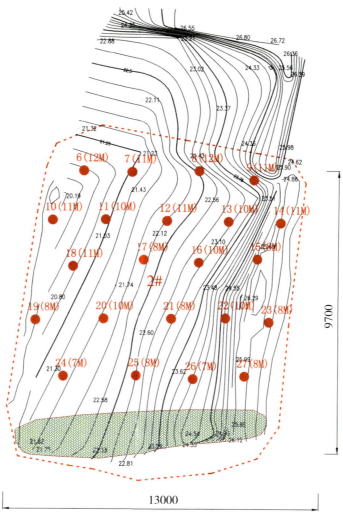

2#危岩体加固设计等值线立面图

说明

1. 2#危岩体的加固保护措施：（1）采取锚杆加固技术平衡块体的下滑力和地震破坏力；（2）块体后缘张开性裂隙灌注环氧树脂浆液；（3）风化凹槽内钻孔安设Φ12毫米的小锚筋，浇注锚杆混凝土。

2. 为增加锚杆体的抗剪强度，在块体裂隙部位安设长2米，壁厚5毫米的抗剪钢管。

3. 风化凹槽浇注的锚杆混凝土，外表形态、色泽都应进行作旧处理，保持与山体环境的协调。

4. 2#危岩体需要加固锚杆进尺213米，锚杆混凝土8立方米，裂隙灌浆18立方米（10米×9米×0.2米），需要抗剪钢管44米。

附图2-10　阿尔寨石窟2#危岩体加固设计图

单位：毫米

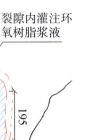

裂隙内灌注环氧树脂浆液

3#危岩体加固平面示意图

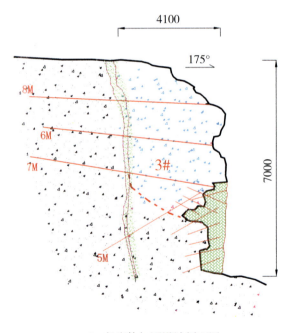

3#危岩体加固设计剖面图

图例

沙砾岩体	软弱夹层	危岩体	裂隙线		

沙砾岩体　软弱夹层　危岩体　裂隙线

　　风化凹槽内浇注锚杆混凝土　　裂隙内灌注水泥砂浆

潜在滑动面　锚杆体投影及长度　风化凹槽内浇注锚杆混凝土　锚杆体位置、编号、长度　裂隙内灌注水泥砂浆

单位：毫米

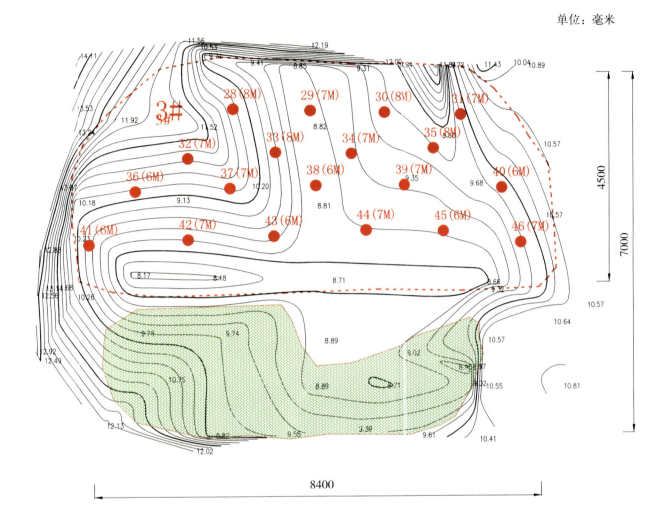

3# 危岩体加固设计等值线立面图

说明

1. 3# 危岩体的加固保护措施：（1）采取锚杆加固技术平衡块体的下滑力和地震破坏力；（2）块体后缘张开性裂隙灌注环氧树脂浆液；（3）风化凹槽内钻孔安设 Φ12 毫米的小锚筋，浇注锚杆混凝土。

2. 为增加锚杆体的抗剪强度，在块体裂隙部位安设长 2 米，壁厚 5 毫米的抗剪钢管。

3. 风化凹槽浇注的锚杆混凝土，外表形态、色泽都应进行作旧处理，保持与山体环境的协调。

4. 3# 危岩体需要加固锚杆进尺 131 米，锚杆混凝土 28 立方米，裂隙灌浆 22 立方米（9 米 ×7 米 ×0.35 米），需要抗剪钢管 38 米。

附图 2-11　阿尔寨石窟 3# 危岩体加固设计图

单位：毫米

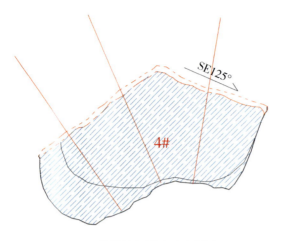

SE125°

4#

4# 危岩体加固平面示意图

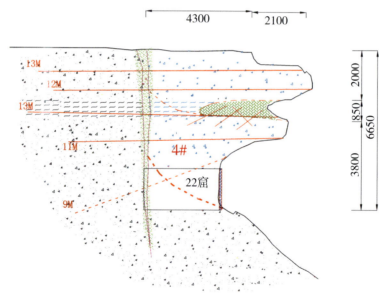

4# 危岩体加固设计剖面图

图例

 沙砾岩体

 软弱夹层

 危岩体

 裂隙线

 潜在滑动面

 锚杆体投影及长度

 风化凹槽内浇注锚杆混凝土

 锚杆体位置、编号、长度

 裂隙内灌注水泥砂浆

单位：毫米

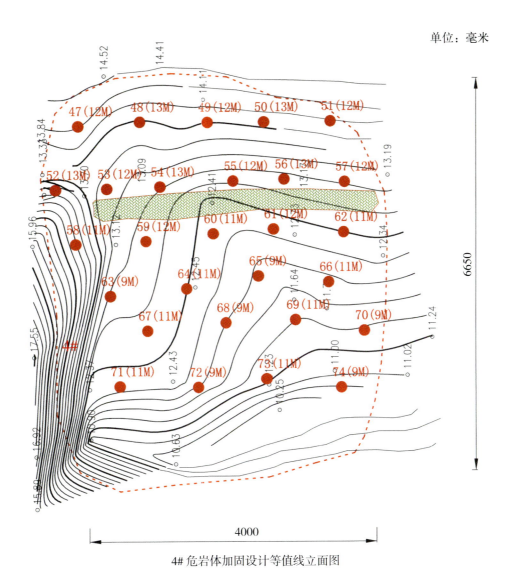

4#危岩体加固设计等值线立面图

说明

1. 4# 危岩体的加固保护措施：（1）采取锚杆加固技术平衡块体的下滑力和地震破坏力；（2）块体后缘张开性裂隙灌注环氧树脂浆液；（3）风化凹槽内钻孔安设 Φ12 毫米的小锚筋，浇注锚杆混凝土。

2. 为增加锚杆体的抗剪强度，在块体裂隙部位安设长 2 米，壁厚 5 毫米的抗剪钢管。

3. 风化凹槽浇注的锚杆混凝土，外表形态、色泽都应进行作旧处理，保持与山体环境的协调。

4. 4# 危岩体需要加固锚杆进尺 3141 米，锚杆混凝土 8 立方米，裂隙灌浆 8.4 立方米（7 米 ×4 米 × 0.3 米）需要抗剪钢管 56 米。

附图 2-12　阿尔寨石窟 4# 危岩体加固设计图

单位：毫米

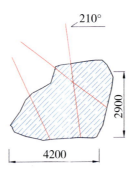

6# 危岩体加固平面示意图

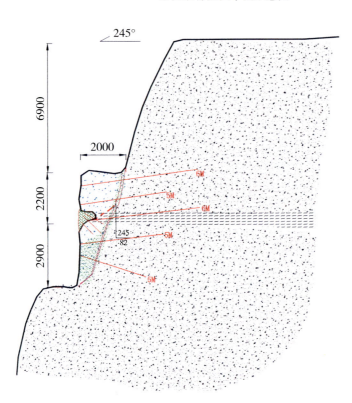

6# 危岩体加固设计剖面图

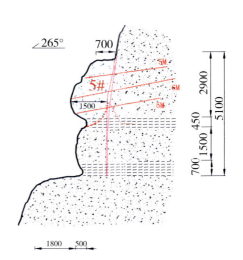

5# 危岩体加固设计剖面图

图例

沙砾岩体	软弱夹层	危岩体	裂隙线
潜在滑动面	5M 锚杆体投影及长度	风化凹槽内浇注锚杆混凝土	87(6M) 锚杆体位置、编号、长度	裂隙内灌注水泥砂浆

单位：毫米

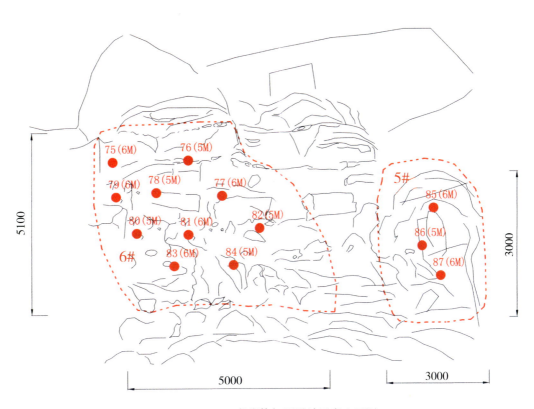

5#、6# 危岩体加固设计示意立面图

说明

1. 5#、6# 危岩体的加固保护措施：（1）采取锚杆加固技术平衡块体的下滑力和地震破坏力；（2）块体后缘张开性裂隙灌注环氧树脂浆液；（3）风化凹槽内钻孔安设 Φ12 毫米的小锚筋，浇注锚杆混凝土。

2. 采取裂隙灌浆加固和小锚杆锚固加固松散、破碎的 6# 危岩体，小锚杆孔径 40 毫米，锚筋为 Φ16 毫米的螺纹钢，小锚杆长 2.5～3 米。松散岩体的裂隙灌注水泥砂浆。

3. 为增加锚杆体的抗剪强度，在块体裂隙部位安设长 2 米，壁厚 5 毫米的抗剪钢管。

4. 风化凹槽浇注的锚杆混凝土，外表形态、色泽都应进行作旧处理，保持与山体环境的协调。

5. 5# 危岩体需要加固锚杆进尺 17 米，裂隙灌浆 2 立方米，需要抗剪钢管 6 米。6# 危岩体需要加固锚杆 55 米，裂隙灌浆 6 立方米，抗剪钢管 20 米，锚杆混凝土 5 立方米，加固小锚杆 20 根，进尺 60 米。5#、6# 危岩体加固锚杆为非预应力锚杆。

附图 2-13　阿尔寨石窟 5#、6# 危岩体加固设计图

单位：毫米

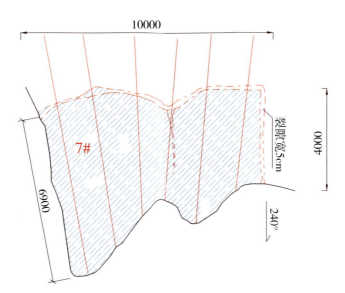

7# 危岩体加固设计平面投影图

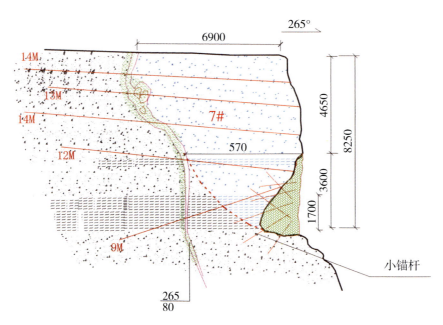

7# 危岩体加固设计剖面图

图例

 沙砾岩体

 软弱夹层

 危岩体

 裂隙线

 潜在滑动面

 锚杆体投影及长度

 风化凹槽内浇注锚杆混凝土

 铺杆体位置、编号、长度

 裂隙内灌注水泥砂浆

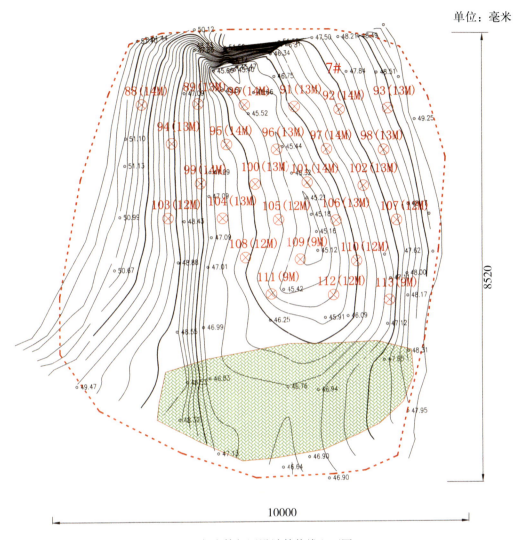

7# 危岩体加固设计等值线立面图

说明

1. 7# 危岩体加固采用的锚固钢筋与其他 6 块危岩采用的钢筋不同：7# 危岩体选用的锚固钢筋为天津产的 Φ25 毫米的锚固专用钢筋，锚孔 Φ90 毫米，水泥砂浆锚固，设计锚固力 400KN。

2. 7# 危岩体的加固保护措施：（1）采取锚杆加固技术平衡块体的下滑力和地震破坏力；（2）块体后缘张开性裂隙灌注环氧树脂浆液；（3）风化凹槽内钻孔安设 Φ12 毫米的小锚筋，浇注锚杆混凝土。

3. 为增加锚杆体的抗剪强度，在块体裂隙部位安设长 2 米，壁厚 5 毫米的抗剪钢管。

4. 风化凹槽浇注的锚杆混凝土，外表形态、色泽都应进行作旧处理，保持与山体环境的协调。

5. 7# 危岩体需要加固锚杆进尺 324 米，裂隙灌浆 27 立方米，需要抗剪钢管 52 米，锚杆混凝土 40 立方米。

附图 2-14　阿尔寨石窟 7# 危岩体加固设计图

内蒙古自治区鄂托克旗阿尔寨石窟危岩体加固方案

（第二期）

院　　长：戴长冰

总工程师：陈殿强

项目经理：杨建立

方案编写：王金华　　杨建立　　范晓东

审 核 人：兰立志

现场数据采集：杨建立　　周凤魁　　孙久喜

单　　位：中国文物研究所

　　　　　辽宁有色勘察研究院

日　　期：2005 年 8 月

第一章 前言

　　坐落于内蒙古鄂尔多斯草原西部的阿尔寨石窟寺是集人文历史遗迹和自然风景名胜于一身的国家级文物保护单位，由于其藏身于浩瀚的草原深处，直到 2001 年以后才逐渐被世人发现和认识，由于时代久远，风蚀严重，藏有精美壁画的石窟已千疮百孔，危在旦夕。截至 2003 年底，拥有 65 座石窟的阿尔寨岩体有十分之一垮掉了。随着国家文物局张柏副局长的亲临和国务院李岚清副总理的批示，在各级文物部门领导的关怀和支持下，中国文物研究所的阿尔寨石窟寺第一期抢险加固方案很快得到批准，并于 2005 年得到实施。由于其设计宗旨立意于抢险，其加固范围只局限于南部的几个保留有壁画的龛窟岩体，许多行将垮塌并带有重要人文痕迹的岩体没被列入其中。本次危岩加固方案是受内蒙古自治区鄂托克旗文化局的委托，在第一期抢险施工的前提下，在对岩体本身有了进一步了解的基础上，出于对文物本体安全及诸多客观因素的综合考虑，由中国文物研究所和辽宁有色勘察研究院共同研究，根据总体规划的要求提出来的。本着保护文物的同时不干扰文物的历史信息，加固危岩，又能与周围环境协调一致的修旧如旧原则，使美丽的草原敦煌——阿尔寨石窟更高大峻美而又坚固安全。

第二章 阿尔寨石窟环境地质条件

一、交通位置及地形地貌条件

　　阿尔寨石窟寺位于内蒙古河套平原鄂托克旗阿尔巴斯苏木（经撤乡并镇后，现为蒙西镇苏亥图嘎查）中西部草原上（图 2-1），距旗政府所在地乌兰镇约 130 公里，地理坐标为北纬 39°43′，东经 107°10′，一般海拔在 1600 米到 1670 米之间。石窟区总体上为一座孤立突起的褐红色含砾砂岩和红色泥岩互层的小山，该突起平面边界很不规则，形象上可以比作游弋于水中的一只天鹅（图 2-2），东西长 200 余米，南北向最宽处 150 余米，最窄处仅 70 余米，石窟雕凿在互层岩体中 3～4 米厚的

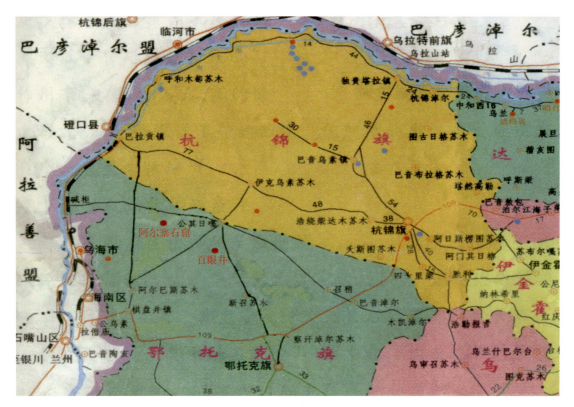

图 2-1　交通位置图

含砾砂岩层中。

由于该区域地层为喜马拉雅造山运动中整体抬升，组成互层岩体的另一部分——褐红色灰淡绿色泥岩，因抗风化能力大大低于含砾砂岩，在风蚀等作用下，十几米高的陡壁上形成 2～3 条深浅不等的凹槽，该凹槽的出现和发展使岩体产生卸荷裂隙，直至岩体垮塌。

二、岩性及结构构造条件

阿尔寨石窟区出露的是白垩统褐红色含砾砂岩（K_{2S}）中间夹褐红、淡绿泥岩条带（K_{2n}）及晚更新世的残风积土（Q_3），岩性比较简单，一般含砾砂岩层厚 3～4 米，其主要成分为正长石、石英、斜长石、云母、钾盐、钠盐等矿物，其中砾石成分占 5% 左右，构成砾石的主要成分以原沉积杂质砾岩为主，有沉积过程中形成的钙质结核，其粒径在 10～200 毫米之间；泥岩条带一般层厚 0.5～0.8 米，主要由云母、斜长石、方解石和绿泥石及少量石英等矿物成分组成，其颜色随绿泥石成分的多少而变化，含量高的亚层呈淡绿色条带出现，无论含砾砂岩还是泥岩，

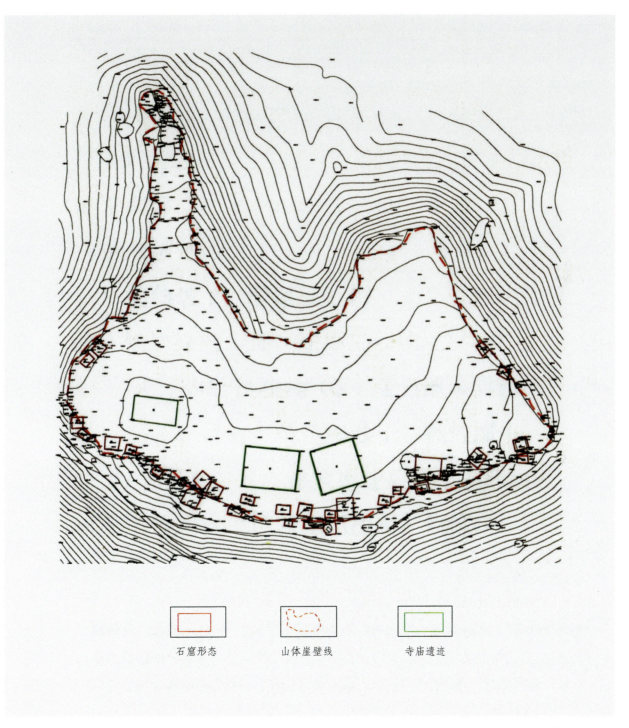

石窟形态　　　山体崖壁线　　　寺庙遗迹

图 2-2　阿尔寨石窟地形特征图

其结构松散，力学强度均较低（参见表1），同时还具有弱的膨胀性和遇水崩塌的特性。

表 1　砂岩声波波连测试表

试样编号	试样长度（mm）	声时（us）	幅值（dB）	波速（m/s）
1	100.1	55.0	111.9	1820
2	99.3	58.0	111.9	1712
3	100.7	68.0	106.7	1481
4	99.9	64.0	120.2	1561

阿尔寨石窟地层单一，岩性简单，构造平缓，地层走向在330°～40°，倾向在180°～240°之间，倾角多为3°～5°。区内构造主要受祁、吕、贺"山"字形构造和喜马拉雅隆起的影响而产生次级构造裂隙，并未见到大型断裂构造，按石窟顶面裂隙统计显示，一般构造裂隙走向为NE10°～20°倾角近直立和走向NE70°～90°倾角近直立的两组，裂隙延伸较长，宽度一般为5～20厘米，抬升构造引起的上述两组裂隙与泥岩风蚀凹槽相互切割，构成了阿尔寨石窟寺所处地质体的基本构造框架，随着时间的推移，也注定了岩体卸荷、崩塌的必然结果。

三、大气及水文地质条件

阿尔寨石窟区所在的鄂尔多斯草原西南部鄂托克高原，属中温带大陆性季风气候，冬长夏短，春迟秋早，气温温差较大，光照充足，寒暑变化剧烈，年降水量少，干旱多风，灾害性天气多，素有"十年九旱"之称。干旱天气直接影响区内地表水的多少和地下水的藏量。在石窟寺南部的乌兰乌苏河很难见到地表径流，只是在水丰年的雨季起泄洪的作用。在河床中间有四眼水井供当地居民牧畜饮用，水井是在3～4米深的沙砾石层中再掘进基岩3～4米而成，经2005年6～9月份的观察测试，每眼井每天2小时的涌水量在3～4立方米（其水质见水质分析报告），含水层应是沙砾石层，观察时逢当年雨季，人、畜饮水都有一定的困难，工程用水更是难以想象。当地传说25米厚的泥砂岩以下有含水的不整合面，并带有层压性，鄂托克旗文研所委托辽宁有色基础工程公司准备在解决电力供应后予以验证。

　　缺水少雨给生产生活带来不便，但对石窟的保护确有有益的作用，使含盐岩石的崩塌速度得以减慢。

四、石窟区地震活动

　　阿尔寨石窟区人烟稀少，有纪录的地震只有一次。即20世纪90年代的里氏5.7级包头地震。据当地值班人员介绍，距震中300公里以外的石窟区不但有震感，还造成了3号、4号石窟的部分垮塌。

　　根据抗震防震设计规范划分，阿尔寨石窟区地震基本烈度为Ⅶ度，地震水平加速度为0.10g，考虑地震力是破坏石窟依附岩体的主要破坏力，且石窟又是国家重点文物，本次设计工程抗震设防烈度遵循第一期设计，即为Ⅷ度，水平地震加速度取 $1.27m/s^2$。

第三章　各区段的价值评估

一、第一区段

　　第一区段包括本次设计的8#、9#、10# 三块危岩体（图2-3），按顺时针的石窟编号应为2、3、4、5四个龛窟，其中2号窟属该区少见的窟中有窟的连体式龛窟；5号窟周围既有浮雕石塔，又有传说中的成吉思汗练射座石，文物意义十分重要，同时上述四个龛窟的顶部又是山顶寺庙遗址的基础组成部分。

二、第二区段

　　第二区段，也是阿尔寨现存文物的重要区段。这一区段包括顺时针编号为16～28号石窟，特别是27、28号两座石窟至今保留有藏传佛教中的最高教义——密宗教的精美壁画（图2-4），以及可能是世上唯一的成吉思汗家族受祭图等一系列国宝作品。第一次抢险加固中的4#、5#危岩分列本区域的两侧，对石窟依附的岩石本体有支护作用的危岩进行了加固处理。在加固过程中发现其主体岩体

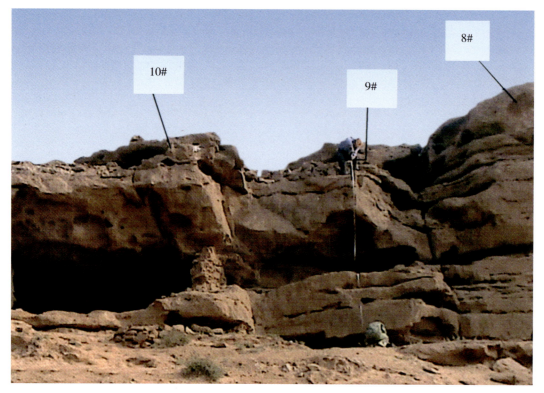

图 2-3　8#、9#、10# 危岩体位置图

图 2-4　面临垮塌破坏的壁画

11#

图 2-5　人工砌筑石墙

也十分危险，钻孔探测到 4 ～ 6 米深处的岩体存在卸荷裂隙，同时看似稳定的地段，其实是后来人工石墙砌筑加固的（图 2-5）。从修旧如旧的原则上讲，其加固形式有别于周围的环境景观，使文物主体的美观性受到了损害，其加固方法也只是暂时的应急处理办法，不说文物的 500 年保护周期，就是建筑的 50 年也怕是难以支撑，真正意义上的加固应当是目前的首选方法，加固的危岩为 11# ～ 13# 危岩体。

三、第三区段

这一区段主要是指阿尔寨石窟的西面和西北角的尖角处，包括 14#、15#、16# 三块危岩体，涉及的主要文物是 34 号窟（图 2-6）和浮雕石塔（图 2-7）。其中 34 号窟中存在有藏蒙两种文字记述的壁画，浮雕石塔中还发现过瓦片和骨灰的遗存，文物历史信息十分明显。

图 2-6　34 号龛窟

图 2-7　浮雕石塔

图2-8　第四区段17#、18#、19#危岩体位置图

四、第四区段

该区段位于阿尔寨平顶山的东部（图2-8），其东南角与第一期抢险加固的1#危岩相连，这一区段危岩的加固使阿尔寨山体的四面陡壁实现一、二期衔接，也为阿尔寨石窟危岩加固画上了一个圆满的句号。本加固区段涉及的洞窟为61、62、63、64号四个，这四个石窟虽然没有字画留存，但也是阿尔寨石窟的整体组成部分，保存其窟形，保护其历史信息遗存，也是当今的责任。

第四章　12块危岩体的病害分析及稳定性评估

一、危岩体产生机理

阿尔寨平顶山是新生代喜马拉雅造山运动中所抬升的多处隆起之一，北北东和近东西的一组构造裂隙交错切割，使砂岩体形成不连续的块状分离体，在强劲的西北风吹蚀作用下裂隙渐变成沟谷直到似平原，只留存了阿尔寨及附近几处小型平顶山。平顶山的砂岩体不但自身结构较松散，而且还有构造裂隙延长的遗留，砂岩、

图 2-9　卸荷裂隙

泥岩的抗风化能力不同，就造成陡壁下部的泥岩凹槽出现，当凹槽深至一定程度时遗存构造裂隙就会发展成卸荷裂隙（图 2-9），其进一步自然发展或遇有地震等外力作用时就会发生崩塌等地质灾害。经过调查和勘验，我们认为这就是阿尔寨平顶山岩体崩塌的产生机理。阿尔寨平顶山直立的北北东和近东西向构造裂隙多处出现，陡壁边缘或平行陡壁的裂隙较宽，远离陡壁的裂隙较窄，直至肉眼难以识别。

二、危岩体的稳定性计算分析

本次设计需加固的危岩，从可能的破坏形式上看基本分为倾覆破坏和垮塌破坏两种。其中倾覆破坏是随着基础凹槽的不断加深和卸荷裂隙宽度的不断增大，最后直至危岩体侧向倾覆或崩塌，破坏力大，影响面积广，其计算方程式如下：

$$M_s=K(M_r+M_F);$$

其稳定性系数 $K= \dfrac{M_s}{M_r+M_F}$

式中 M_s——岩体及破坏面的抗拉力矩

　　　M_r——岩体可能倾覆的倾覆力矩

　　　M_F——作用在危岩体上的地震力力矩

由于危岩体的卸荷裂隙基本都深达泥岩夹层带上，故计算中不考虑砂岩体的C、Φ值，地震影响系数取 $K_\alpha=0.127$（水平地震加速度值为 $1.27m/s^2$）。

属于该种破坏形式的岩体分别是 11#、12#、13#、14#、15#、16# 六块危岩体。

● 11# 危岩体

位于石窟南面现喇嘛居住石窟的西侧（图 2-10），现有明显的残留石窟顶，呈近椭圆状，长轴方向 4.1 毫米，短轴方向 2.9 毫米，卸荷裂隙已深达窟顶泥岩层，只是有后人用人工土法砌筑才得以保护现状。其稳定性计算：

$$K= \frac{M_s}{M_r}= \frac{1.4G}{1.5G}=0.93$$

如果再考虑地震影响，其 K 值将更小，只是人工石砌在起支承作用。

● 12# 危岩体

位于 11# 危岩体的西侧（图 2-11），同 11# 危岩体中间只隔一间人工砌筑的小房（小房中就是一个龛窟）。其形状近似于梯形，上宽 3.4 米，下宽 4.6 米，高 5.6 米，悬于地表 1.6 米上，在距地表 4.8 米处有一凹深 2.9 米的泥带，向山内反向倾斜的卸荷裂隙深达下部的泥岩凹带，只是在松散的泥带中表现不明显。如果没有后人的人工砌筑支承，可能早已垮塌。其稳定性计算：

$$K= \frac{M_s}{M_r}= \frac{1.2G}{3.4G}=0.35$$

残留石窟顶

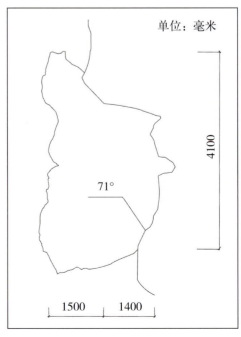

单位：毫米

71°

4100

1500   1400

图2-10　11#危岩体现状

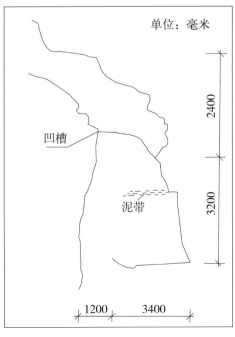

图 2-11　12# 危岩体现状

图 2-12　13# 危岩体立面

● 13# 危岩体

13# 危岩体从表面上看不到卸荷裂隙（图 2-12、图 2-13），但勘查中发现（一期施工 5# 危岩时），其背后最厚处达 9 米，平均 6 米，有一条深度不详的卸荷裂隙，该裂隙的存在在平顶山上相应的位置得到了验证（图 2-14）。13# 危岩包含着 27 号、28 号两座石窟，这两座石窟是阿尔寨石窟寺的精华所在，是应当保护的重中之重，同时下部的风化凹槽深达 2.6 米，从目前情况看，27 号、28 号两座石窟如果不遇地震等外力作用，只在风蚀的条件下 5 ～ 10 年不会垮塌，但不可预测什么时间会有什么样的地壳变化，该危险一旦出现就会带来莫大的遗憾。危岩体东从 27 号窟东壁开始，延伸 8.1 米到 28 号窟，再向西延长 5.2 米，总长 13.3 米，高 7.6 米（图 2-15）。

图 2-13　13# 危岩体剖面

图 2-14　13# 危岩裂隙在山顶的对应位置

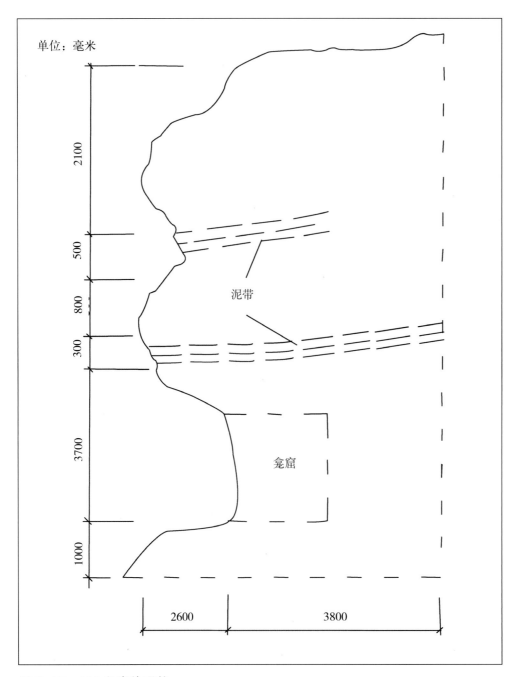

图 2-15　13# 危岩体现状

13# 岩体就目前的 K 值计算为：

$$K=\frac{M_s}{M_r}=\frac{(6.2-2.6)G}{2.6G}=\frac{3.6G}{2.6G}=1.38$$

如果考虑地震作用，$K=\frac{M_s}{M_r+M_F}=\frac{3.6G}{(2.6-0.127)G}=1.32$

● 14# 危岩体

位于阿尔寨平顶山上的西侧（图 2-16），其危岩包含 34 号石窟，卸荷裂隙在窟墙壁上清晰可见（图 2-17）。窟高 2.3 米，危岩高 5.6 米，上宽 4.9 米，长 3.4 米，上部有泥带、凹槽和风蚀洞存在，其凹槽高 0.8 米，深 1.2 米。

14# 危岩体的稳定性分析计算为：

$$K=\frac{M_s}{M_r}=\frac{3.1G}{2.7G}=1.15$$

值得指出的是上述计算中窟室的缺失空间没有剔出，如果剔出该岩体的重心应向外侧移动一段力矩，计算出的 K 值应小于 1.15。

● 15# 和 16# 危岩体

两块危岩体同处一个地点（图 2-18），都在"天鹅"状阿尔寨平顶山上的西北角，即"天鹅"头部，只是 15# 危岩在二者的西南角，16# 危岩在二者的东面，两个危岩上都刻有佛塔，开裂形式、危岩状态等十分相近，现分述如下：

15# 危岩体高 7.5 米，在距地表 1.8 米处有一 0.5 米宽的泥带凹槽。危岩体上宽 6.9 米，下部泥带因风蚀作用凹深达 3.3 米（图 2-19）。该危岩的后背主岩体，就是传说中的成吉思汗停陵窟。

15# 危岩的稳定性计算为：

$$K=\frac{M_s}{M_r}=\frac{3.6G}{3.3G}=1.09$$

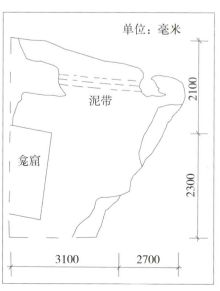

图 2-16　14# 危岩体现状

图 2-17　34 号石窟中的裂隙

图 2-18　15#、16# 危岩体现状

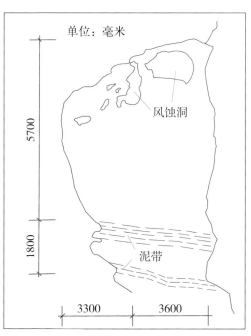

图 2-19　15# 危岩体现状

如果考虑地震力影响：

$$K=\frac{M_s}{M_r}=\frac{3.6G}{(3.3-0.127)G}=1.05$$

无论看实地还是理想状态的理论计算，该危岩都是十分危险的，时刻都有倾覆的可能。

16# 危岩总高 7.9 米，地表和距地表 2 米处有两条凹深泥带，上部泥带宽 0.6 米，凹深 2.1 米。危岩体平均宽 5.4 米，其背后西侧是传说中的成吉思汗停陵窟，该窟东部 16# 危岩的正南是一块活石（图 2-20），加固 16# 危岩时应将其一并带上，16# 危岩以锚拉为主，而该活石只需南北向的砌筑即可。

16# 危岩稳定性计算为：

$$K=\frac{M_s}{M_r}=\frac{3.3G}{(2.1+0.127)G}=1.48$$

16# 危岩看似比较稳定，但也必须加固，原因是 15# 危岩危险，而加固 15# 危岩必须先加固 16# 危岩。15# 危岩大面积依附 16# 危岩，二者需连体加固，不能让"病体"背"病体"。

上述六块危岩是有倾覆危险的危岩，其加固方法基本相同，参见表 2。

8#、9#、10#、17#、18#、19# 六块危岩属垮塌破坏类型，所以加固方法应以砌筑为主，现分述如下：

● 8# 危岩体

8# 危岩就是 2 号石窟的窟顶（图 2-21），窟高 3.5 米，前宽 3.5 米，后宽 2.7 米，窟长 3.6 米。从现象上分析，窟顶可能已经分层发生过垮塌，现残留部分厚 0.9 米，被 2 条卸荷裂隙切成三部分，两个边侧部分因为有窟墙支撑，较为稳定，中间部分垮塌迹象明显。

● 9#、10# 危岩体

9#、10# 危岩体就是残留的 3 号、4 号窟的窟顶，其两侧的窟墙已被风化剥蚀掉（图 2-22），目前的稳定状态全靠人工土法砌筑的两面墙支撑，两个立墙长 2.5 米，宽 0.4 米，高 1.8 米，以风化的砂岩为主料，用沉积黏土作胶结物堆砌而成，时间

活石

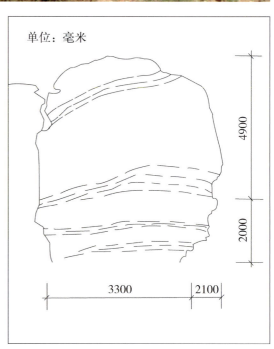

单位：毫米

4900

2000

3300 2100

图 2-20　16# 危岩体现状

表 2　危岩体稳定性分析及潜在破坏方式表

危岩体编号	潜在破坏方式	稳定性系数	
		目前状态	下滑或倾覆力（KN）
8#	垮塌破坏	随时有垮塌的可能	210
9#	垮塌破坏	基本随 10# 同时垮塌	552
10#	垮塌破坏	由人工砌筑的砖墙支撑，服务年限已超 30 年	672.7
11#	倾覆破坏	0.93	817
12#	倾覆破坏	0.35	315.7
13#	倾覆破坏	1.38	3963.5
14#	倾覆破坏	1.15	652
15#	倾覆破坏	1.05	1787.9
16#	倾覆破坏	1.48	1869.5
17#	垮塌破坏	抗震性能不够	465.6
18#	垮塌破坏	抗震性能不够	376.4
19#	垮塌破坏	抗震性能不够	321

已在 30 年以上，再让其继续支撑的可能性不大，且同四周的环境也有明显的差异，十分不协调。

● 17#、18#、19# 危岩体

17#、18#、19# 危岩体全部位于阿尔寨石窟平顶山的东侧（图 2-23），是岩体的下部泥带风化剥蚀强烈造成的，一般凹深都在 1.5 米左右，最大凹

图 2-21　8# 危岩体现状

图 2-22　9#、10# 危岩体现状

图 2-23　18#、19# 危岩体现状

深的 18# 危岩体下部达 2.5 米。凹槽长度不等，其中 17# 危岩体凹槽长 13.6 米，18# 危岩体凹槽长 8.2 米，19# 危岩体凹槽长达 24.9 米，但这几块危岩采取砌筑或浇注混凝土的加固方法能够抵住进一步的风化剥蚀，保证危岩体的稳定。

第五章　本期加固工程设计

一、设计依据

● 《中华人民共和国文物保护法》（2002 年）

● 《中国文物古迹保护准则》（2001 年）

● 《纪念建筑、古建筑、石窟等修缮工程管理办法》

● 《关于申报文物保护方案和预算的补充规定》（2002 年）

● 《文物保护工程管理办法》（文化部 2003 年）

● 《内蒙古自治区阿尔寨石窟工程地质勘查报告》（中国地质大学）

● 《阿尔寨石窟寺第一期危岩体抢险加固工程设计方案》（国家文研所 2003 年）

二、相关技术规范

● 《建筑边坡工程技术规范》（GB50330—2002）

● 《锚杆喷射混凝土支护规范》（GB50086—2001）

● 《混凝土结构设计规范》（GB5001—2002）

● 《建筑抗震设计规范》（GB50011—2001）

三、设计原则

● 本次加固工程在一期抢险加固工程的基础上，继续对石窟所在危岩体地质病害严重的 12 处危岩进行工程等措施控制，危岩编号按第一期 7# 以后从 8# 开始到 19# 结束。

● 以不改变文物原状为原则，不破坏、不损伤、不干扰石窟的历史信息，保持石窟原有的历史信息不变，对不确定的信息不能臆断推测。保护工程的全过程要严格执行保证文物真实性的原则。

● 保护工程要达到可识别性和可持续性的保护原则，并应与石窟及周围环境相协调。

● 保护工程要避开或不干扰、不影响未经发掘的遗址或被掩埋的洞窟。

● 严格遵守"修旧如旧"的文物保护原则，所采取的工程措施既要具备有效的保护功能，又要最大限度地减少对文化层古信息和历史信息的干扰，维护遗址、遗迹现状。

● 根据不同地质病害和不同的破坏形式，采取不同的加固措施，最大程度节约保护经费。

四、危岩体加固设计

本次加固设计从三方面进行：

① 锚拉：抵消危岩体的倾覆力。

② 抗剪：抵消危岩体重力产生的下滑力。

③ 砌筑：改变危岩体的受力状态，增加抗倾覆力矩，同时阻止泥岩凹槽的进一步风化。

危岩体的加固应针对造成危岩体不稳定的因素，采取相应的加固措施。即从平衡岩体破坏力，改善危岩体的受力状态和增强岩体结构三个方面采取加固措施。

阿尔寨石窟存在的危岩体加固应采用预应力锚杆锚固、裂隙灌浆黏结加固、风化剥蚀凹槽内施工锚杆与浇注混凝土相结合的措施。预应力锚杆平衡或抵消危岩体的破坏力或破坏力矩；裂隙灌浆增强危岩体与山体稳定性，增强岩体的整体性和裂隙面区域岩体的黏结强度及抗风化剥蚀能力；凹槽内施工锚杆、浇注混凝土支护、支撑悬空区域的岩体，改善岩体的受力状态，并防止凹槽、岩石进一步风化淘蚀加剧对岩体稳定构成的威胁。

1. 锚杆加固

危岩体所需锚固力：$K_o = \dfrac{F_s + T_t}{F_r}$

$$T_t = K_o \times F_r - F_s$$

式中：

K_o——加固后的稳定性系数（K_o=2.5）；

T_t——危岩体加固所需的锚固力；

F_r——滑动力（KN）；

F_s——抗滑力（KN）。

11#、12#、13#、14#、15#、16# 六块危岩体加固，锚杆选用 Φ25 毫米的螺纹钢，锚孔中灌注水泥砂浆锚固，锚杆设计抗拔力 P=150KN。由于 13# 危岩体规模大，破坏力大，需要的锚固力多，为减少钻孔进尺，降低费用，13# 危岩体加固预应力锚杆应采用锚索进行锚拉，锚索采用 3Φ14，锚孔直径 90 毫米，锚孔中灌注水泥砂浆锚固，锚杆设计抗拔力 P=400KN。锚杆体锚固段长度 L≥3 米，锚杆钢筋每 1 米设置居中十字架。为增强锚杆体的抗剪强度，在岩体滑动面位置锚杆体设置抗剪钢管。阿尔寨石窟危岩体滑动面裂隙张开性大，松散、破碎，对外界的作用反应敏感，危险性大，并且破坏后果严重，因而锚杆加固的安全稳定系数取 K。= 2.5，地震烈度按Ⅷ设防（按国家地震局划分的全国地震烈度分区）。则危岩体所需抗滑锚杆数 N=Tt/P（参见表 3）。

表 3　危岩体稳定性系数、加固所需的锚固力（或锚固力矩）及所需加固锚杆数

| 危岩体编号 | 潜在破坏方式 | 地震烈度（Ⅷ） | | 所需锚杆数（根） | 锚杆进尺（米） |
		稳定性系数	所需锚固力或力矩 KN（KN·m）（K。=2.5）		
11#	单面滑动（Ⅰ）	0.97	817.00	13	117
	单面滑动（Ⅱ）	1.01			
12#	单面滑动（Ⅰ）	0.8	315.70	5	40
13#	单面滑动（Ⅰ）	0.75	3963.50	33	396.00（采用大连产 3Φ14 的专用锚固钢索）
14#	单面滑动（Ⅰ）	1.15		11	77
	单面滑动（Ⅱ）	0.79			
	拉动破坏（Ⅰ）	0.55			
15#	单面滑动（Ⅰ）	1.01		15	150
16#	单面滑动（Ⅰ）	1.00		16	160
	单面滑动（Ⅱ）	1.17			

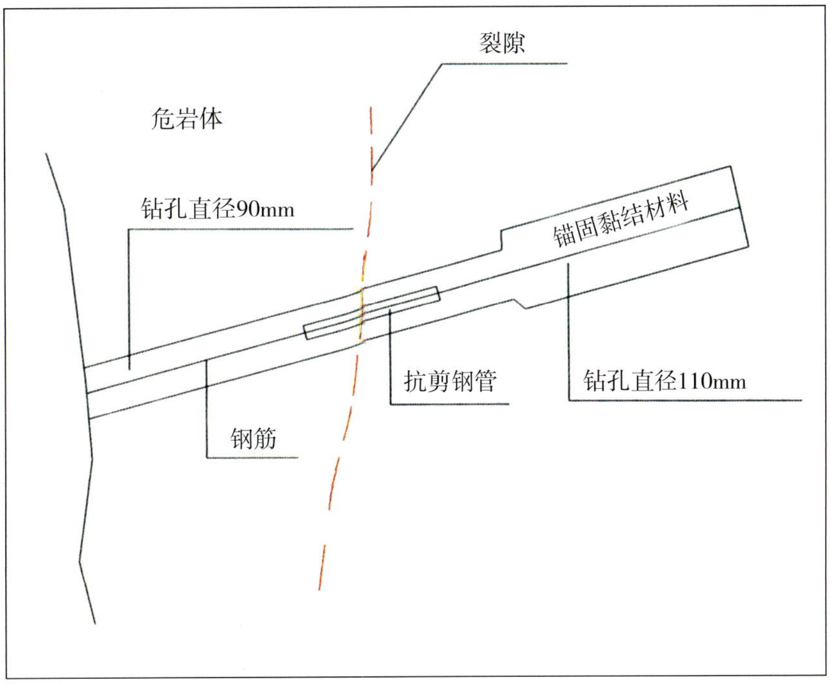

图 2-24　锚杆体结构示意图

为保证锚杆加固措施的可靠性和有效性，锚固工程实施前，必须进行现场锚杆拉拔试验，获取可靠、真实的锚固技术参数，对设计的技术参数进行修正（图 2-24）。

为提高锚杆的受力状态和锚杆承载力的长效性，增加锚杆的安全储备，锚杆结构采用扩孔变径锚固技术，即自由段锚孔直径 90 毫米，锚固段锚孔 110 毫米，同时为增加锚杆体的抗剪强度，在危岩体裂隙滑动面区段安设抗剪钢管，抗剪钢管选用壁厚 5 毫米，长 2.5 米钢管，保证钢管在裂隙两侧各 1 米，根据裂隙所在的位置，用支架将钢管焊接在锚杆钢筋上。

危岩体锚杆加固需要加固锚杆 96 根，进尺 940 米（其中 Φ25 毫米的螺纹钢 544 米，Φ14 毫米的大连产锚固钢索 396 米），抗剪钢管 240 米。

危岩体的加固锚杆全部为预应力锚杆。

锚杆施工技术要求：

● 成孔要求

钻机：可用 XU—600 型工程地质螺旋钻机，QZ—100 型潜孔钻机，CM351 型钻机，XLQl5 型钻机等。

钻进方式：采用回转无水风力排渣技术钻进。

钻孔直径：孔径根据实际情况控制在 90 ～ 110 毫米。

钻孔方向：严格控制钻孔的方向，成孔角度偏差小于0.5度，可采用测斜仪(BC—1型，KXP—1型)进行检查、测试。

钻孔位置：借助经纬仪测试技术，严格布置钻孔的位置。

钻孔深度：钻孔深度不得小于设计深度的101%。

孔底要求：除树根形锚杆孔底需要扩孔外，其他钻孔孔底与钻孔孔径一致，树根形锚杆孔底扩孔直径为110毫米，长度300～400毫米。

● 锚杆体制作

杆体材料：杆体锚筋选用Φ25毫米的螺纹钢和3Φ14毫米大连产专用锚索。

杆体制作：杆体焊接采用双筋绑焊技术，杆体每1米用8毫米的圆钢焊接居中十字架，锚头钢垫板尺寸150毫米×150毫米，厚30毫米，锚头采用车成丝扣合金钢与锚筋绑焊在一起。

● 注浆

注浆材料：

水泥：应采用标号不低于32.5级大厂的新鲜普通硅酸盐水泥。

水：一般情况下，适于饮用的水均可作为拌和水，但硫酸盐含量超过0.1%，氧含量超过0.5%，并含有有机质的水，不能作为拌和水。

砂：砂以中砂（平均粒径0.3～0.5毫米）为好，并要求泥质含量小于0.3%，其他有害物质（有机质，云母等）含量小于2%。

注浆：注浆前用高压风将锚孔吹干净，排尽残渣，通过压力泵将搅拌均匀的混凝土由注浆管注入锚孔，插入制作好的杆体，待浆液凝固达到80%强度后，进行张拉锁定，注浆材料灰砂比1：1，水灰比0.4～0.6，砂浆强度大于15MPa，灌浆压力为0.4～0.5MPa。

注浆材料添加剂：为改善水泥砂浆体的性能，可以加入适量比例的外加剂。阿尔寨石窟岩体干燥，吸水性强，为防止浆体收缩、泌水降低黏结体强度或锚固效果，在水泥砂浆中添加膨胀剂和减水剂。膨胀剂（又名吕粉）掺加量占水泥重量的0.005%～0.02%，减水剂（又名UNF-5）掺加量占水泥重量的0.06%，浆体的强度一般7天时不应低于10MPa，28天时不应低于15MPa。

锚杆体张拉前必须把承压板放平，安装千斤顶时注意千斤顶轴线应与杆体轴线在一条直线上，张拉荷载要分阶段逐步施加，按规范要求进行。锚杆张拉锁定后，用C20混凝土对锚头进行封闭保护，外表作旧，做到与周围环境协调。

2. 裂隙灌浆

为增强块体的抗滑稳定性，提高块体与山体基岩的黏结强度，同时，防止雨水侵蚀对裂隙间岩体的破坏，以及块体滑动面存在小裂隙可能产生溶蚀和冻胀对岩体造成的破坏，在块体滑动面裂隙间灌注黏结加固浆液材料，浆液材料可根据一期施工试验资料选择。危岩体主要裂隙灌浆材料选用水泥砂浆，小裂隙选用 E-44 环氧树脂。为防止灌浆时跑浆污染窟内壁画，灌浆前用环氧树脂胶泥封堵所有揭露的裂隙，尤其注意切穿石窟的裂隙。具体做法：

（1）用铁毛刷、小钢钎清除裂隙间的风化层、沉积物、微生物等，露出基岩面；

（2）用调制好的环氧树脂胶泥封堵裂隙，胶泥封堵得要密实并凹进崖面 1 ～ 2 毫米；

（3）用 107# 胶调制的泥砂浆沿裂隙作旧处理。

具体灌浆量与岩石和裂隙的吸浆量有关，灌注量以锚孔、裂隙饱和为准，一般需 2 次以上补浆。

3. 锚杆（钎）混凝土砌筑加固

8#、9#、10# 和 17#、18#、19# 六块危岩无须锚杆加固，用小孔径锚杆支护、混凝土加固的方法就能达到保护目的。

对岩体风化造成的凹槽进行封堵支护，其作用：（1）防止凹槽区域岩体进一步风化、淘蚀，降低或破坏岩体的稳定性；（2）改善、调整凹槽悬空区域岩体的应力平衡状态，提高岩体的稳定性。

支护加固措施有两种选择：砂岩块石砌筑支护或锚杆混凝土支护。

锚杆混凝土支护加固的工序：在凹槽区域钻孔，孔径 40 毫米，孔深 1.5 ～ 3 米，钢筋选用 Φ16 毫米螺纹钢；孔中灌注水泥砂浆；孔中插入钢筋，根据凹槽的形态和空间，钢筋出露 20 ～ 30 厘米，利用出露钢筋绑扎 6 毫米的钢筋网；小锚杆固化后浇注混凝土，混凝土的标号为 C25；混凝土养护 14 天后，按照加固区域岩体的形态特征、色泽进行修整作旧，保证混凝土体与石窟、周围环境的协调统一。8# 危岩体的加固不是砌筑，而是用两侧斜向小径锚杆各 4 根用模板支一过梁，规格为 300 毫米 ×400 毫米 ×3000 毫米，混凝土标号同其他浇注混凝土一样为 C25。

本次设计小锚杆和砌筑混凝土工程量较大，包括需锚杆施工的 6 块危岩，其中间凹带和下部凹槽都需要混凝土浇注，其工程量为小径锚杆进尺 1920 米，钢筋混凝土 240 立方米。

第六章　工程估算

本预算参考 2001 年《内蒙古自治区建筑工程费用定额》，《四川省建筑工程计价定额》（SGDl-2000），2002 年国家计委、财政部《工程勘察设计收费管理规定》，1998 年《新疆维吾尔自治区建筑安装工程费用定额》，广元千佛崖加固工程，新疆克孜尔石窟加固工程，大足石刻保护等工程经验，结合工程的实际编制而成。

表 4　阿尔寨石窟第二期加固保护工程估算表

序号	定额编号	项目名称	工程量	单位	单价（元）	合计（元）	备　注
1		锚杆加固工程	1.1+1.2+…1.16			915863.86	锚杆施工脚手架为安置钻机，工作量为定额的 2 倍
1.1	1D0018	单项脚手架	16	100m²	2848.57×2	91154.24	定额中的钢筋费率为 2500 元 /T，而工程选用的是大连预应力锚索的精轧锚杆，费用为 5600 元 /T
1.2	IB0092	精轧螺纹锚筋制作安装	2.5	T	7449.88	18624.7	
1.3	IB0092	粗螺纹锚筋制作安装	2.6	T	4988.88	12971.08	
1.4	C.5	抗剪钢管	240	m	26	6240	
1.5		抗剪钢管安设	96	件	80	7680	市场价
1.6		锚杆钻孔	940	m	147×2.5	345450	
1.7		压力灌浆	940	m	120	112800	
1.8	7A0144	锚杆钻孔机	80	台班	1918.99	153519.2	

续表 4

序号	定额编号	项目名称	工程量	单位	单价（元）	合计（元）	备　注
1.9	7A0566	空压机	80	台班	461.84	36947.2	
1.1	7A0519	直流电焊机	80	台班	61.23	4898.4	
1.11	7A0482	泥浆泵	80	台班	136.73	10938.4	
1.12	7A0492	砂浆泵	80	台班	77.2	6176	
1.13	7A0495	高压油泵	80	台班	102.4	8192	
1.14	7A0651	液压千斤顶	80	台班	13.94	1115.2	
1.15	7A0235	载重汽车	90	台班	572.68	51541.2	
1.16	1B0096	小锚杆钻孔、灌浆	14	10m	1700.58×2	47616.24	根据 2002《工程勘察设计收费管理规定》表 3.3-2，钻孔为斜钻进孔，斜钻的附加调整系数为 2
2		锚杆混凝土支护工程	2.1+2.2+2.3+2.4			720195.14	
2.1	1B0096	小径锚杆钻孔、灌注浆	192	10m	1700.58×2	653022.72	根据 2002《工程勘察设计收费管理规定》表 3.3-2，钻孔为斜钻进孔，斜钻的附加调整系数为 2
2.2	1ED22	现浇混凝土	24	10m³	2077.25	49854	
2.3	1J0205	混凝土表面作旧	2.4	100m²	3351.67×2	16088.02	工程质量要求高，需要反复试验
2.4	7A0331	灰浆搅拌机	80	台班	15.38	1230.4	

续表 4

序号	定额编号	项目名称	工程量	单位	单价（元）	合计（元）	备注
3		裂隙灌浆工程	3.1+3.2+…+3.5			278479.62	
3.1	7B0529	中砂混合砂浆	240	m³	228.6	54864	
3.2	市场价	E44 环氧树脂	6	T	24800	148800	
3.3	7B0716	环氧树脂胶泥	3	m³	11922.3	35766.9	
3.4	1B0078	裂隙灌注水泥砂浆	24	10m³	1002.03	24048.72	参考 1B0078 碎石桩的机械费
3.5		技术费	石窟岩体裂隙的封堵及作旧			15000	
4		定额直接费	1+2+3			1914538.62	
5		综合费率	4×21.34%			408562.54	
6		定额编制测定费	4×0.15%			2871.80	
7		劳保费	4×3.5%			67008.85	
8		二次搬运增加费	4×0.5%			9572.69	参考 1998 年《新疆维吾尔自治区建筑安装工程费用定额》
9		远征工程增加费	4×8%			153163.09	因为工作区域位于草原上，参考 1998 年《新疆维吾尔自治区建筑安装工程费用定额》
10		小计	4+5+6+7+8+9			2555665.57	
11		利税	10×3.41%			87148.2	

续表 4

序号	定额编号	项目名称	工程量	单位	单价（元）	合计（元）	备　注
12		其他费用	12.1+12.2+12.3			383763	
12.1		设计费	7.2+（31-7.2）×1.6/4			167200	按 2002《工程勘察设计收费标准》中《岩土工程设计收费基价表》的Ⅲ级
12.2		地形测绘（1：200，1：500）	76780+33383			110163	按 2002《工程勘察设计收费标准》中《地面测量实物工作收费基价表》
12.3		工程地质及水文地质条件	（1360+1680）元 / 台班 ×35			106400	按 2002《工程勘察设计收费标准》
13		总工程估价	10+11+12			3026576.77	

注：因为内蒙古工程预算定额缺乏阿尔寨石窟工程锚固等项目的定额事项，本工程估算参考借鉴四川、新疆地区的预算定额，工程估算以建筑工程为基准，同时考虑文物保护工程的特殊需要。

水 质 分 析 报 告 书

报告声明：

1. 分析结果只对来样负责。

2. 样品保留一周。

3. 此报告自发出之日起，如有异议请在三日内提出，逾期不予受理。

统一编号	2005—63	原 编 号	
委托单位	辽宁有色勘察研究院	钻孔编号	
工程名称	内蒙古鄂托克乌兰乌苏河	取样深度	5 米
收样日期	2005 年 8 月 2 日	报出日期	2005 年 8 月 3 日
物 理 性 质			
颜色		透明度	嗅		味	
温度						

水 的 化 学 成 分				
分析项目 毫克 / 升	含　量		分析项目	含　量
	毫摩尔 / 升			
阳离子	钾＋钠	215.05	9.35	总碱度	4.88　毫摩尔 / 升
	钙	21.44	1.07	重碳酸盐碱度	2.83　毫摩尔 / 升
	镁	14.22	1.17	总硬度	2.24　毫摩尔 / 升
				碳酸盐硬度	2.24　毫摩尔 / 升
	总计		11.59	游离二氧化碳	0.00　毫克 / 升
阴离子	氯	87.92	2.48	侵蚀性二氧化碳	0.00　毫克 / 升
	硫酸根	203.17	4.23		
	重碳酸根	172.77	2.83		
	碳酸根	61.45	2.05		
	总计		11.59	PH 8.56	

实验室主任：刘娟　审核者：石栋斌　分析者：王振德

附件　危岩体施工示意图

11#

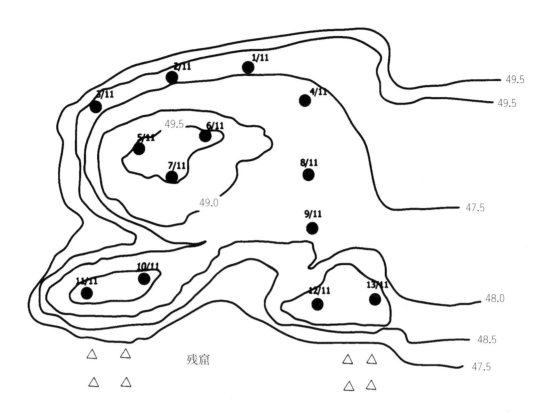

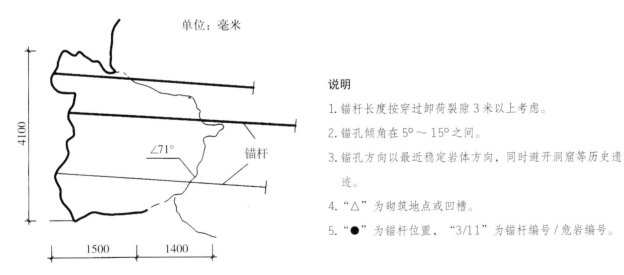

单位：毫米

说明

1. 锚杆长度按穿过卸荷裂隙 3 米以上考虑。

2. 锚孔倾角在 5° ～ 15° 之间。

3. 锚孔方向以最近稳定岩体方向，同时避开洞窟等历史遗迹。

4. "△" 为砌筑地点或凹槽。

5. "●" 为锚杆位置，"3/11" 为锚杆编号 / 危岩编号。

附图 3-1　11# 危岩体立面等值线及锚孔位置示意图

12#

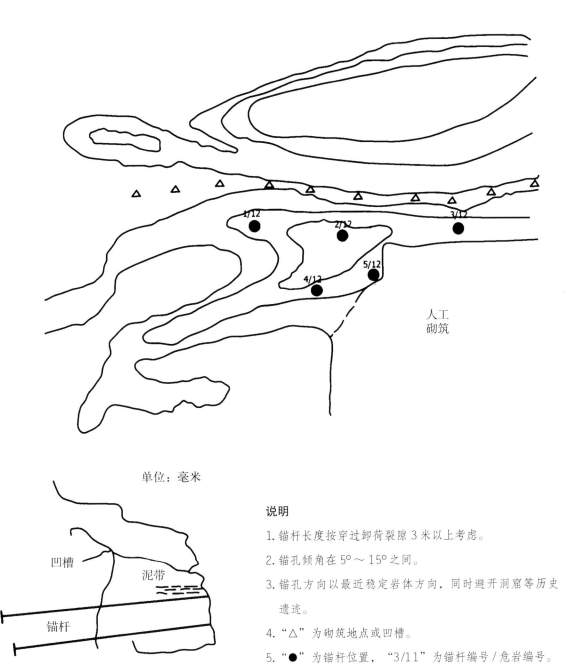

单位：毫米

说明

1. 锚杆长度按穿过卸荷裂隙 3 米以上考虑。

2. 锚孔倾角在 5°～15°之间。

3. 锚孔方向以最近稳定岩体方向，同时避开洞窟等历史遗迹。

4. "△" 为砌筑地点或凹槽。

5. "●" 为锚杆位置，"3/11" 为锚杆编号／危岩编号。

附图 3-2　12# 危岩体立面等值线及锚孔位置示意图

13#

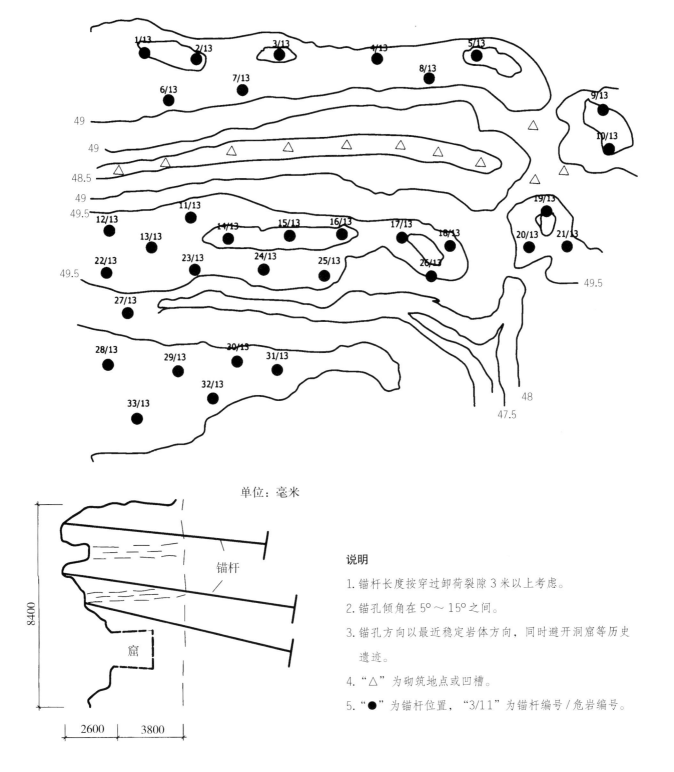

单位：毫米

说明

1. 锚杆长度按穿过卸荷裂隙 3 米以上考虑。

2. 锚孔倾角在 5° ~ 15° 之间。

3. 锚孔方向以最近稳定岩体方向，同时避开洞窟等历史
   遗迹。

4. "△" 为砌筑地点或凹槽。

5. "●" 为锚杆位置，"3/11" 为锚杆编号 / 危岩编号。

附图 3-3　13# 危岩体立面等值线及锚孔位置示意图

14#

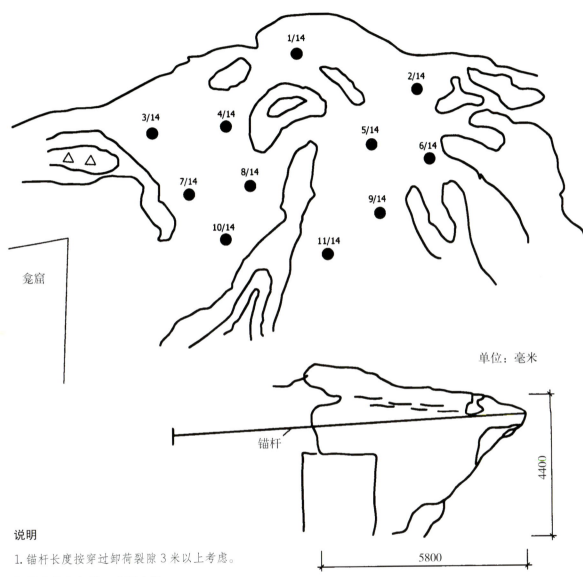

单位：毫米

说明

1. 锚杆长度按穿过卸荷裂隙 3 米以上考虑。

2. 锚孔倾角在 5° ～ 15° 之间。

3. 锚孔方向以最近稳定岩体方向，同时避开洞窟等历史遗迹。

4. "△" 为砌筑地点或凹槽。

5. "●" 为锚杆位置，"3/11" 为锚杆编号 / 危岩编号。

附图 3-4 14# 危岩体立面负等值线及锚孔位置示意图

15#

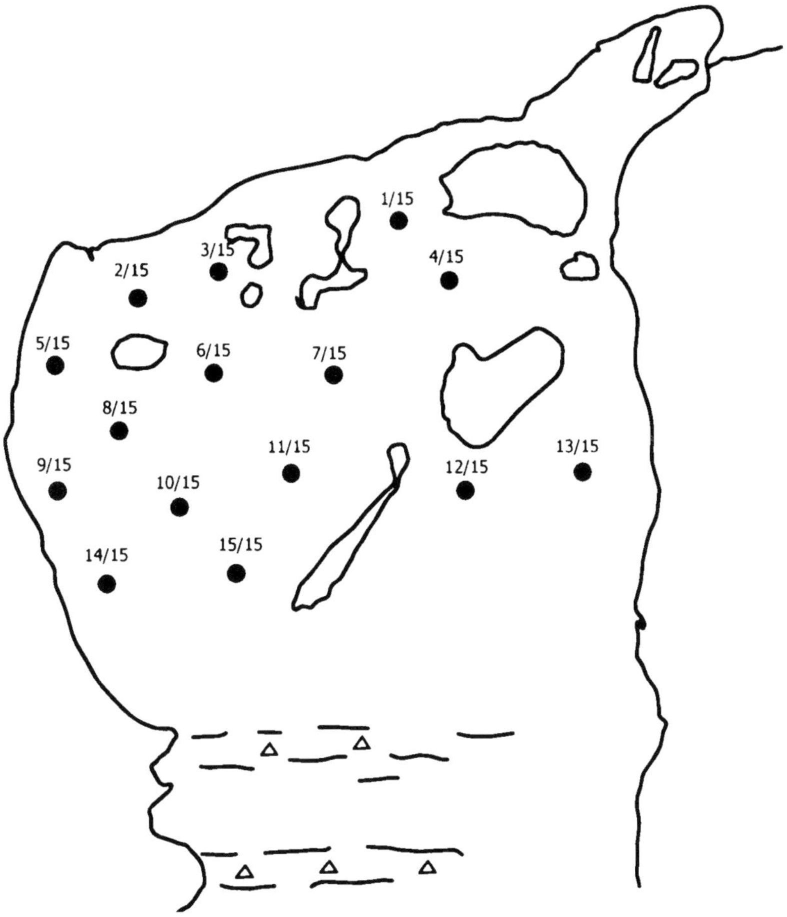

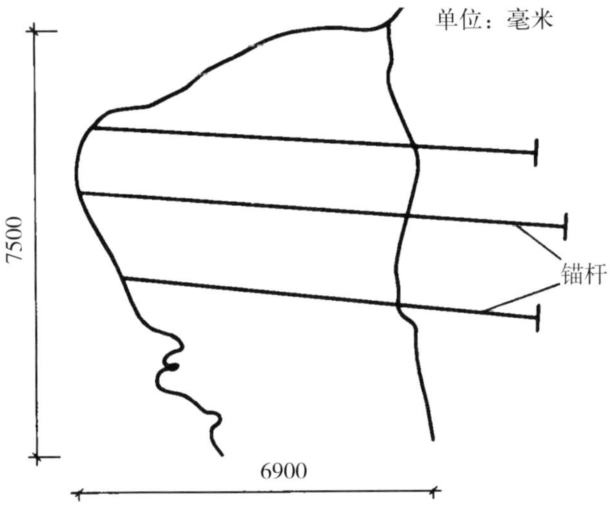

单位：毫米

说明

1. 锚杆长度按穿过卸荷裂隙 3 米以上考虑。

2. 锚孔倾角在 5°～15° 之间。

3. 锚孔方向以最近稳定岩体方向，同时避开洞窟等历史遗迹。

4. "△" 为砌筑地点或凹槽。

5. "●" 为锚杆位置，"3/11" 为锚杆编号 / 危岩编号。

附图 3-5　15# 危岩体立面风蚀洞及锚孔位置示意图

16#

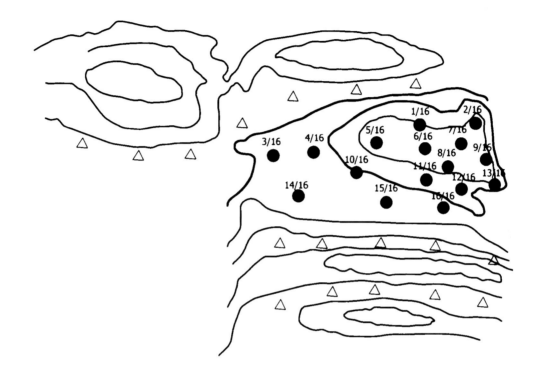

单位：毫米

锚杆

6900

5400

说明

1. 锚杆长度按穿过卸荷裂隙 3 米以上考虑。

2. 锚孔倾角在 5° ～ 15° 之间。

3. 锚孔方向以最近稳定岩体方向，同时避开洞窟等历史遗迹。

4. "△" 为砌筑地点或凹槽。

5. "●" 为锚杆位置，"3/11" 为锚杆编号 / 危岩编号。

附图 3-6　16# 危岩体立面等值线及锚孔位置示意图

8#

横梁位置

说明

1. 砌筑以钢筋混凝土为主，混凝土强度为 C25，钢筋为 Φ6.50@100×100，钢筋保护层厚
   度大于 50 毫米。

2. 风化凹槽砌筑前必须应施工小孔径锚杆，间距 Φ16@1000×1000×1000～3000。

3. 浇注混凝土时应注意其厚度要预留 100 毫米，作为作旧施工厚度。

附图 3-7　8#、9#、10# 危岩体砌筑位置示意图

砌筑地点

砌筑地点

说明

1. 砌筑以钢筋混凝土为主，混凝土强度为 C25，钢筋为 Φ6.50@100×100，钢筋保护层厚度大于 50 毫米。

2. 风化凹槽砌筑前必须先施工小孔径锚杆，间距 Φ16@1000×1000×1000 ～ 3000。

3. 浇注混凝土时应注意其厚度要预留 100 毫米，作为作旧施工厚度。

附图 3-8　17#、18#、19# 危岩体砌筑位置示意图

内蒙古自治区鄂托克旗阿尔寨石窟顶窟基础托换和抗风蚀工程设计方案（第三期）

院　　　长：戴长冰

总工程师：陈殿强

项目总负责：王金华

设　　　计：杨建立　巴图吉日嘎拉　范晓东

野外工作：周凤魁　杨建立　巴图吉日嘎拉

审　核　人：兰立志

单　　　位：阿尔寨石窟保护研究所

　　　　　　辽宁有色勘察研究院

日　　　期：2006 年 7 月

第一章　前言

　　阿尔寨石窟寺是内蒙古自治区境内规模最大的石窟建筑群，其形成的时间、建筑风格以及分属不同民族的建筑类型，在 2003 年的中国文物研究所抢险方案和 2005 年中国文物研究所、辽宁有色勘察研究院联合设计的加固方案中都有不同介绍。阿尔寨石窟寺的历史意义与现代价值，前两期的设计方案也都进行了深刻的分析和描述，这里不再赘述。阿尔寨石窟寺地处戈壁草原深处，被文物工作者发现并列为重点文物保护单位仅短短 13 年时间，但其保护级别从旗级保护单位上升为市级保护单位、自治区级保护单位，在 2003 年被批准为国家级文物保护单位，上升之快足以证明其自身有着无与伦比、不可替代的重要地位，更得益于国家的重视和文物战线上领导的帮助支持。

　　"阿尔寨"蒙语就是突起或猛地扎起的意思。在内蒙古西部阿尔巴斯草原上，这样突起的平顶山头有相近的三个，从北向南分列着大阿尔寨、小阿尔寨和有窟的阿尔寨，我们一般所描述的阿尔寨即是最南端有窟的阿尔寨。建在阿尔寨山上的石窟寺是藏传佛教向东延伸的文化遗址，又是一代天骄成吉思汗晚年军事活动的圣地，它融藏、汉、蒙和大夏于一身，同时又有印度梵文显现，成吉思汗与西夏间的军事纷争更是把阿尔寨演绎得辉煌灿烂。

第二章　阿尔寨地理及自然环境条件

一、交通位置及行政隶属关系

　　阿尔寨石窟寺位于内蒙古河套平原鄂托克旗阿尔巴斯苏木（经撤乡并镇后，现为蒙西旗苏亥图嘎查）中西部草原上，但其交通条件和道路状况随着近几年国家建设的飞速发展，有着显著的变化，现有三条柏油路可以直达阿尔寨，分别是北线 110 国道的碱柜镇向东经千里沟到达阿尔寨，路程仅 67 公里；南线 109 国道上的棋盘井镇向北经千里沟到达阿尔寨，路程 83 公里；东南线从鄂托克旗的乌兰镇向北经框框井、新召、公其日嘎向西，全程 15 公里。

阿尔寨行政上隶属于鄂尔多斯市鄂托克旗阿尔巴斯苏木（经撤乡并镇后已改为蒙西镇苏亥图嘎查），在距阿尔寨石窟寺不足百里的范围内还分布着万亩马莲滩、百眼井、伊克乌素温泉和桌子山岩画等多个自然景点和人文遗迹。

二、阿尔寨石窟寺的自然地理环境

阿尔寨石窟寺地理坐标为东经 107°10′，北纬 39°43′，一般平地海拔在 1200 米至 1400 米之间，距阿尔寨石窟寺正南方 300 米处有一国家 I 级水准点杭后 33 基 172 里号，相对高差一般在 200～300 米之间。阿尔寨石窟寺北有库布齐沙漠，东有毛乌素沙漠，南面是腾格里沙漠，西面是巴丹吉林沙漠，可以说四面沙海。由于沙化逐年严重，四大沙漠已经连成一片，只是在西南角因黄河的奔来隔开了腾格里沙漠和毛乌素沙漠，保留有 30 公里左右的黄河阶地绿洲。在这个泛马蹄形沙漠的包围内，留有南北长 210 公里左右，东西宽 136 公里左右的矩形戈壁滩，阿尔寨石窟寺位于这矩形戈壁滩北部的正中央。应当说这个半草原半戈壁滩的存在，除黄河的功劳外，贺兰山、千里峰等山脉也对西北方向大沙漠的东扩起到了一定的阻挡作用，但是干旱和过度放牧使局部的沙化正一步步逼近阿尔寨。

三、大气水文地质条件

鄂尔多斯台地西部的鄂托克旗，属中温带大陆性季风气候，冬长夏短，春迟秋早，气候变化较大。一天中的温差变化平均都在 15℃ 左右。早晚寒暑温度变化剧烈，强烈充足的光照环境使其多风。在阿尔寨一二期抢险加固施工的 5、6 月，平均每月都有 5 到 6 次沙尘暴天气，严重的干旱天气使当地有"十年九旱"之称。乌兰乌苏河地表根本不见径流，5～6 米沙砾层下泥砂岩层面上的潜水艰难地维系着当地的人、畜饮用。水质报告显示，水为中性，但只能保证生命用水，工程用水还需到 6.5 公里以外的新近施工的深水机井中抽取。该机井深 300 米，初见水深度为 160 米，无层压性，但 25 立方米／小时的深井泵 18 小时连续抽水未见水量减少（其水质详见水质报告书）。该机井的施工地点选择由内蒙古自治区水文地质队勘察定位，阿尔寨石窟文管所负责实施，于 2006 年 5 月 29 日完成施工任务。目前尚缺少 380 伏动力电抽水，临时用水只能增加 25kw 以上移动式发电设备解决电源问题，其配套项目还在计划之中。

第三章　阿尔寨所在地岩性结构构造及石窟病害分析

一、岩性及结构构造

阿尔寨所在的鄂尔多斯台地系喜马拉雅造山运动时期同贺兰山山字形构造一起抬升的结果，其地层单一，岩性简单，一般为白垩纪褐红色含砾砂岩和褐红色、淡绿色泥岩条带互层上覆晚更新世的残风积土组成，较有特点的是含砾砂岩中的砾石成分复杂，由 10 ～ 200 毫米杂质砾石组成，还有一种特殊沉积过程中形成的钙质结核充当砾石。钙质结核较杂质砾石成分单一、粒径均匀，一般直径在 100 ～ 200 毫米之间，结核间的胶结物绿泥石化强烈，抗风化能力弱，现大多表现为一条条凸起的钙质结核条带，特别醒目。阿尔寨地区岩性最普遍的特点是结构松散，力学强度较低，同时还具有弱的膨胀性和遇水崩塌性。

构造上，该区以抬升运动产生的次级构造为主。从接受钙质结核的沉积环境到受到风蚀沙刷的高原环境，相对高差变化有 1000 米以上，按球体理想的表面积计算，某一个地区抬高 1000 米其表面岩层就要缺少 0.117% 的表面积，这一部分无填充物，即是裂隙。该区一般构造或称卸荷裂隙，是一组正交叉状出现即南北与东西向一组倾向近于直立、宽度为 50 ～ 200 毫米、有上宽下窄特点的裂隙，一般变化在每延伸 5 米裂隙变窄 50 毫米，基本属典型的卸荷裂隙。

二、石窟病害分析

经过两个施工阶段 8 个月的野外实地钻探和地表地质调查，阿尔寨石窟寺的地质灾害主要来自于以下三种原因：

第一，沧海变陆地，随着喜马拉雅剧烈的造山运动，鄂尔多斯台地的迅速抬升，除其边缘的黄河断陷带有着强烈的褶皱构造运动外，其内陆基本是简单的抬升。抬升过程中卸荷裂隙上宽下窄逐渐补充着缺少的表面积。由于构造运动简单，而且运动产生在相对深处，地表受波及不大，运动前后地表位置也没有大的变化，所以在鄂尔多斯台地内陆地表，几乎见不到任何脉岩充填在裂隙中，空留裂隙仰视天穹。

　　第二，阿尔寨地区的春、秋两季干旱多风，沙尘暴经常光顾，有时天昏地暗，能见距离不足 20 米，更多时是烈日当空，狂风吹着沙石，如同一把钢刷噬虐着一切。岩性较软、结构松散的泥岩条带更是不堪长期的风蚀沙刷，纷纷凹向深处，一定范围内形成我国西北地区特有的风蚀地貌。草原上突起的石窟就如同一个大的风蚀石柱，长期接受这种风蚀沙刷（图 3-1）。

　　第三，阿尔寨石窟值班记录显示，20 世纪 90 年代包头发生里氏 5.7 级地震，距震中 300 公里以外的石窟寺不但有震感，还造成了一些临界危岩和石窟的垮塌，所以外力对石窟的破坏是十分严重的。

　　前一、二期加固工程都把抗击地震破坏列为主加固方向，使阿尔寨石窟的岩体抗震能力提高到Ⅶ度，符合目前的通行抗震保护办法。人为保护意识，还需要国家、地方、民族、个人全方位加强。

图 3-1　砂蚀岩石凹槽

第四章　本期托换和抗风蚀设计原则与主要技术规范

一、托换和抗风蚀设计原则

根据中国文物研究所的总体规划要求，阿尔寨石窟所在岩体已经经过了抢险和加固两次及时适宜的岩体保护工程，使得阿尔寨石窟所在岩体周长 50% 危险地段和危险岩块得到了抢险保护，抗震能力显著加强。但是有一个区段的危岩体在两次加固前几年就已经十分危险了，由住寺的喇嘛和当地的牧民联合用石块和砖块进行了临时性支护，所以抢险和加固都没涉及该区段。但现在看来，该区段的加固质量及形貌与周围的环境明显不协调，需要进行修旧如旧的托换（图 3-2）。同时，阿尔寨台地的西北面是抗风沙的迎风面，当年有的石窟被积沙掩埋，有的被风蚀沙刷而垮掉，抢险已经无意义，但是防止其过去的惨剧继续发生是我们不可推卸的责任（图 3-3、图 3-4）。

图 3-2　用石块和砖块临时支护

积砂掩埋的石窟

图 3-3　积沙掩埋的石窟

垮掉的石窟

图 3-4　垮掉的石窟

所以，本着保护文物的同时又不干扰文物历史信息，托换与防风化且与周围环境协调一致的修旧如旧原则，提出本次基础托换和抗风蚀设计，以利于更好地全方位地保护草原明珠——美丽的阿尔寨石窟。

二、本次设计遵循的技术规范和政策文件

● 《混凝土结构设计规范》（GB5001—2002）

● 《建筑抗震设计规范》（GB50011—2001）

● 《基础托换设计规范》

● 《中国文物古迹保护准则》（2001年）

● 《纪念建筑、古建筑、石窟等修缮工程管理办法》

● 《内蒙古自治区阿尔寨石窟工程地质勘查报告》（中国地质大学）

三、文物工程要特别关注的几项原则

● 以不改变文物体的原状为原则，不破坏、不损伤、不干扰文物的历史信息，保持文物原有的历史信息不变。

● 对不确定的信息不能臆断推测，保护工程的全过程要严格执行《中华人民共和国文物保护法》，保证文物体的真实性。

● 保护工程要达到可识别性和可持续性的保护原则，工程要与文物的周围环境协调一致。

● 保护工程要避开或不干扰、不影响未经发掘的遗址遗迹。

第五章　抗风蚀区段保护工程设计

一、设计区段范围

阿尔寨石窟的岩体，经过抢险和加固两个施工过程后，地震烈度在Ⅷ度内基本不会有石窟垮塌和大的危岩倾倒，但是一些区段的岩体凹槽向深凹的发展趋势明显，不进行抗风蚀处理，几年以后还会有需抢险的危岩出现。防患于未然，必须从基础做起，从病害的根源做起，才能达到事半功倍的效果。

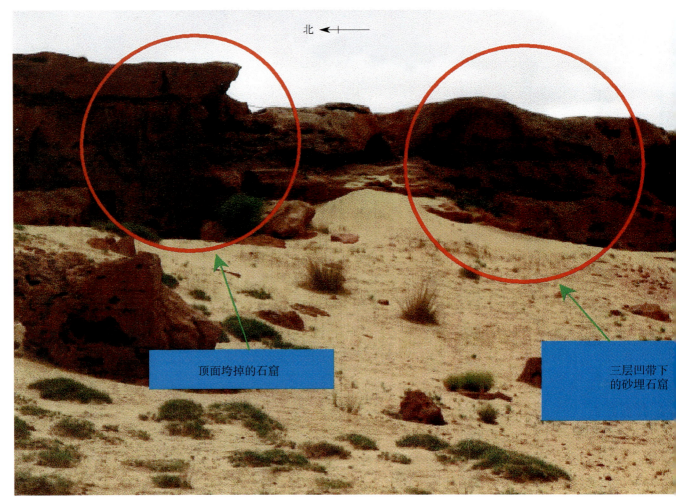

北 ←

顶面垮掉的石窟

三层凹带下
的砂埋石窟

图 3-5　第一区段

本次抗风蚀设计，根据实地调查选定五个区段。

● 第一区段

第一区段在阿尔寨山体的西北部，正是阿尔寨山体的主迎风区。这一区段长约 65 米，包括 6 个窟室，上下两列三层泥岩凹槽，从南向北由两层泥岩风蚀凹槽发展成三层泥岩风蚀凹槽，一般单个凹槽高在 0.5～1 米，凹深在 1～2.5 米，长度多数达 30 米。南部以保护尚未垮掉但正受风蚀影响的石窟为主。将上、下两层凹槽做好抗风蚀加固处理。对已经垮掉顶面的石窟，将其破碎的窟顶岩石保留以待考察研究，现行应人工支模做成砼板顶面并作旧处理，以抗风蚀对石窟进一步破坏（图 3-5）。

中部以凹槽加固为主，对于沙埋石窟要在文管所和石窟考古专业人员的监

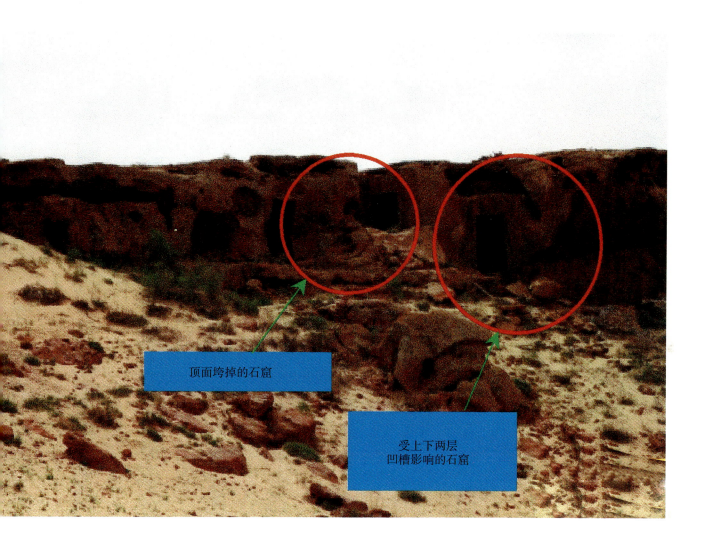

督下清除立壁积沙，但绝不能清除窟内积沙。我们的目的是发现立壁下是否有风蚀凹槽存在，因为对应比较之后推断其下部应存在一泥岩软弱风蚀凹槽，如果存在，积沙的支撑是不可靠的，必须用砼进行加固，以避免治标不治本。

北部应是第一区段防风蚀的重点地段，因为这一地段正是传说中一代天骄——成吉思汗辞世后的保尸窟的西侧壁亟须抗风蚀加固处理。该窟采用下凿式，坐北向南开凿窟门，东西两侧都有立壁式岩体挡墙，不但为其遮风挡沙还能为其挡去阳光，即使在酷暑盛夏窟内也十分凉爽，是阿尔寨石窟一道靓丽的风景。本次设计将其西、东两个侧壁分别归到第一、第二两个区段进行抗风蚀加固。

● 第二区段

第二区段位于阿尔寨石窟的北部东面，北面接第二期加固的 16# 岩体向南延长 80 米，没有直立陡岩的地段。这一区段北部和第一区段北部对应，是保尸窟的东部挡墙，其岩体风蚀严重，北部地段已经分不清有几条凹陷泥岩风蚀槽存在，应当通体加固，即从上部凸出岩体的下平面开始向下 3～4 米高，约 30 余米长，凹深在 0.5～1.5 米左右，上部凸出岩体的风蚀洞也要进行封堵作旧处理。

第二区段的中、南部抗风蚀加固应注意清理积沙，一是要将加固的基础落在相对坚硬的岩石上，二是注意发现有文物价值或历史信息的文物遗存。凹槽加固要因地制宜，50 米长，1～2 米高，0.5～1.5 米深的三条大凹槽，很少有完全一样的情况，要抓住岩体的主要风蚀等病害机理，有的放矢、有不同侧重地对每一条风蚀凹槽和每一个风蚀洞进行封堵锚喷加固，作旧处理（图 3-6）。

● 第三区段

第三区段是"天鹅"形阿尔寨山顶的"天鹅"背部，全段总长 91 米。这一区段风蚀洞的封堵同第二区段设计要求基本一致，应当特别注意的是一些竖向构造裂隙。这些竖向构造裂隙在下部抗风蚀砌筑完成以后要按每条裂隙 2 个以上注浆孔的布置原则进行钻孔布设。其钻孔深度以穿过竖向构造裂隙为原则，灌注黏性粘接材料前，必须强风吹净孔内和裂隙壁上的粉尘，并要先用环氧树脂等粘接材料对竖向裂隙的外表进行封堵，以防跑、冒、渗浆现象出现。这一区段的上部有一条断续较大的凹深带存在，该凹深带最深处达 2.6 米以上，且顶部岩层盖较薄，一般在 0.5～0.8 米之间，采用浇注砼法加固。因其上部负重较小，可能会有浪费产生，以保持原型的锚喷砼抗风化处理较理想（图 3-7）。

● 第四区段

第四区段位于阿尔寨山体的东部，是第三区段的东端向南转向延展的部分，与 2005 年设计的 17# 危岩体相连，长度 50 余米，明显分布着三条凹槽，以下部最深，上部次之，中间较浅，下部最大凹深达 2.2 米。设计加固方法：下部承重要清基砌筑，上部凹槽深浅不一，变化较大，应以锚喷为主要加固方法。中间条带状细小凹槽采用封堵砌筑作旧处理，其具体施工方法与其他区段要求一致（图 3-8）。

● 第五区段

第五区段是本次保护工程设计的重中之重。这一区段较集中地含有两个典型塔，五个石窟（图 3-9）。其中最有代表意义的两个窟分别是：成吉思汗养伤

图 3-6 第二区段（77 米）

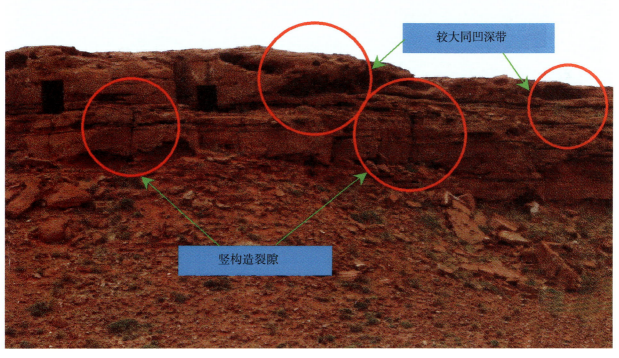

图 3-7 第三区段（91 米）

图 3-8　第四区段立、剖面

养伤练射窟

图 3-9 第五区段（91 米）

练射窟和大型中心窟。在阿尔寨石窟，中心柱形的石窟仅有三个，其中最大的一个处于这一区段。这一区段不仅要完成抗风蚀加固，更重要的是要完成基础托换加固。有关基础托换加固方法将在下节中详细介绍，这里只把抗风蚀加固的范围和要求重点简要提出：该段风蚀凹槽总长 37 米，从上到下共有 5 条，较为明显的有 3 条，分列上、中、下。在中部凹槽，过去曾有喇嘛采用粉质黏土和石块进行了简单砌筑，一是砌筑方法简单，二是砌筑材料达不到要求，只能解决燃眉之急，根本起不到保护加固的作用（图 3-10）。这一区段虽然只有 37 米长，但文物遗址和人文遗址相对密集，历史遗存较多，一定要认真辨别，精心施工，从根基清理到锚钎、锚杆的深度，钻进方向和钻进角度都要严格控制，作旧处理更要精益求精，使这一区段的岩体安全，石窟稳定，加固工程和现状背景浑然一体、和谐坚固。

二、抗风蚀保护施工方法

风蚀凹槽一般都发生在砂岩与泥岩互层的泥岩产出位置，凹槽的高度长度一般就是夹层泥岩的厚度和裸露长度，上下面都是相对坚硬的砂岩。风蚀孔洞

喇嘛土法砌筑

图 3-10 养伤窟风蚀凹槽立面图

一般是岩层中钙质结核脱落后发展演变而来的，其上下、左右都是相对坚硬的砂岩，所以加固的依托都是砂岩。由于砂岩并不十分坚硬，所以加固混凝土标号选定为 C20。施工基本原则如下。

基底清理原则：深度要掘进坚硬砂岩 200 毫米以上，宽度不小于 300 毫米。

锚钎布置原则：延长方向锚钎间距不大于 400 毫米，垂直方向间距不大于 200 毫米，锚钎深度要控制在 500～1000 毫米之间。上下、左右深浅相间，避免锚钎的锚固段选取同一深度，同一岩体。锚钎钢筋选用 Φ16 合格钢筋（附图 4-1）。

编网原则：一般凹槽采用里、外间距不超过 300 毫米的两层钢筋，超过 300 毫米间距要增加一条中间钢筋，同时上下分布的锚钎不但要立筋相连，靠外侧还要有斜上、斜下的"之"字形钢筋连在锚钎上。除横钢筋以外，连出"△"形外钢筋网，钢筋网选用 Φ6.5 正规钢厂产合格钢筋（附图 4-1）。

混凝土浇注原则：以河石作骨料，选用乌兰乌苏河中下游段 20～40 毫米河卵石，河沙应选用碱柜或棋盘井产中粗砂作充填料，用蒙西牌水泥按实验室给定配合比拌和。浇注前必须先支好模板，扫清残土积沙，每浇注 300 毫米厚振捣一次，完成时必须有一次振捣。人工浇注的混凝土其立面必须向原岩石立面凹进 30～50 毫米，以便有可以作旧的空间。

喷射混凝土原则：对于起到支撑基础作用以上的，凹深大于 0.8 米、凹高大于 1 米的大型无较大上负重量的凹槽做锚喷抗风蚀处理（较小的凹槽宽度达不到喷射直径，易造成污染，不能喷射），其原则是：①编网要加密到 Φ6.5@200 毫米 ×200 毫米，并有斜上锚钎同水平和斜下锚钎共同组成钢筋网，锚钎间距应为 Φ6.5@400 毫米 ×400 毫米。②锚喷骨料选用粒径在 5 ～ 10 毫米的碎石，钢筋保护层大于 30 毫米，锚喷厚度大于 150 毫米（附图 4-2）。

因为凹槽的不规则性，所以本次设计支撑模板不做统一要求，施工时因地制宜，在保证不破坏文物、不污染环境的前提下自行解决。另外在浇注困难的地方，模板可以稍高外张，但在初凝的同时必须拆 50 毫米左右的模板，清除多出的混凝土，恢复凹进的立面要求。

本次设计需锚喷处理的面积大约是：第一区段中间部位约 90 平方米，第二区段南部的最上部凹槽约 130 平方米，最大的是第三区段的凹槽和碎裂岩体，在长约 60 米、高约 12 米的范围内约有 400 平方米须锚喷处理，特别应提醒的是，因为凹槽由上面、立面、下面三个连续"U"形面组成，实际的锚喷面积应是上述计算面积的 2.4 ～ 2.6 倍（图 3-11）。

图 3-11　第二区段、第三区段剖面

第六章   岩体注浆承重墙、柱托换保护工程设计

一、注浆孔的布设及注浆方法

阿尔寨石窟寺经过了抢险和加固两轮施工，大的垮塌不会发生，但是一些卸荷裂隙要进行封堵和注浆粘接以防止其进一步加大再次演变成危岩。这些裂隙除第三区段中提到的几条以外，最严重的就是本次设计保护的最大中心柱窟内的三条卸荷裂隙（图3-12）。这三条裂隙距岩体外立面越远裂隙越宽越大，最深处距岩体外立面8.55米，所以注浆孔必须打到12米左右，一是检查其被扶岩体是否还有隐蔽裂隙，二是注浆孔注浆后要插入2条Φ25钢筋，使其有注浆、锚固的双层功效，其孔位应成"△"形布设，即窟顶上2米处横向布设4个孔，孔间距2.5米，含跨7.5米的窟宽，因阿尔寨石窟所在岩体卸荷裂隙有上宽下窄的规律，所以在第一排孔的上方2.5米处设第二排注浆孔5个与第一排构成一个倒三角组合（图3-13）。

注浆前要先用高压风吹净裂隙内残渣积沙，用环氧树脂等材料封堵好窟内裂隙，绝不能让浆液污染石窟。浆液配制，采用42.5级水泥，水灰比选用0.6～0.5∶1，在3Mpa压力下进行灌注，当注入率不大于1L/min时连续灌注90min后可以结束，当注浆压力没达到3Mpa，但注浆量超过200L/60min时应停止注浆，检查可能涉及的地方，特别是窟内的裂隙封堵情况，确定无跑冒后2个小时再进行第二次、第三次注浆，注浆工作要执行《水工建筑物水泥灌浆施工技术规范》（SL62—94）技术标准。注浆工作要在注浆孔全部完成后再实施，单孔注浆，注意周围孔的封闭，有

最深处卸荷裂隙   第二条卸荷裂   最外侧卸荷裂

图3-12   最大中心柱窟内的三条卸荷裂隙

图 3-13　注浆锚固孔布设示意图

条件可以多孔同时进行灌注，也可以打一注一，应根据实际情况决定。第一遍注浆2米，3小时以后必须进行补浆，以保证灌满整个裂隙。

二、承重墙、柱的托换设计及施工方法

阿尔寨石窟后人不规范的加固工程主要体现在第四区段下部的连续五个窟上，有些根本不能称为加固，全是一些石块直接无胶结堆起的墙、柱，对外力毫无抵抗作用（图3-14）。应当用混凝土墙、柱进行托换。

1. 中心柱窟室的托换

中心柱窟进深8.7米，窟高2.6米，宽7.5米，在内壁向外1.4米处留有一个1.4米×1.24米的中心柱，三条卸荷裂隙在窟顶立柱的里侧、外侧和近外立面处通过（图3-15），卸荷裂隙走向平行于外立岩面，从图中可以看出三条卸荷裂隙从里向外一条比一条窄。第一条与第二条分割的是中心柱支撑的岩体，第二条和第三条以及第三条和外立面分割岩的两块岩体，都是靠人工简易砌筑支撑的。本次托换就是用性能更好的混凝土替代简易砌筑并去掉砖墙，用中心柱来支撑第二块岩体，并用中心开窟门的砼墙作旧取代现在的砖墙，使其更贴近历史。中心柱设计规格同历史上保留下来的中心柱一样为1.4米×1.24米，位置的选取在第二块岩体的外中心

无胶结材料的石块堆砌

图 3-14　石块堆起的墙柱

地段。外墙的设计，既要考虑其支撑功能，又要考虑保暖能力，其厚度应在 0.4 米以上，参考阿尔寨石窟窟型皆没有透光的窗户，因此只在墙的中心留 0.9 米宽、2 米高的窟门，窟门上部要有 1.5 米 ×0.35 米 ×0.4 米的过梁，其钢筋网应由 4Φ16 与 Φ6.5@100 组成，门立柱钢筋由 4Φ16@200 组成，立墙应由 Φ16 里外两层 0.25 米间距和 Φ6.5@250 组成，里外两层 Φ16 之间应由 Φ16 长 0.3 米钢筋绑扎连接。Φ16 均为主筋，Φ6.5 作为横筋构成钢筋网（附图 4-3）。其立墙托换原则也适用于中心柱窟的东面邻窟。为了安全，柱、梁、墙的施工要分单体、分段进行。没有稳定安全的支护措施禁止施工，中心柱窟和其东西相邻窟的过梁及立墙上面有一楔形岩块，为防止坍塌，要有 0.4 米间距，2 米以上深度的斜长锚钎锚固，并同上立墙和过梁相连接，其他立柱和立墙也要有水平的间距 0.4 米，深度 1 米的水平锚钎使立柱、墙同两侧的岩体连接更为牢固。

2. 中心柱窟以外的窟门立柱和柱上横梁的托换

窟门柱的托换是针对一些喇嘛自行用石块堆砌的窟门柱的托换。这些窟门柱既

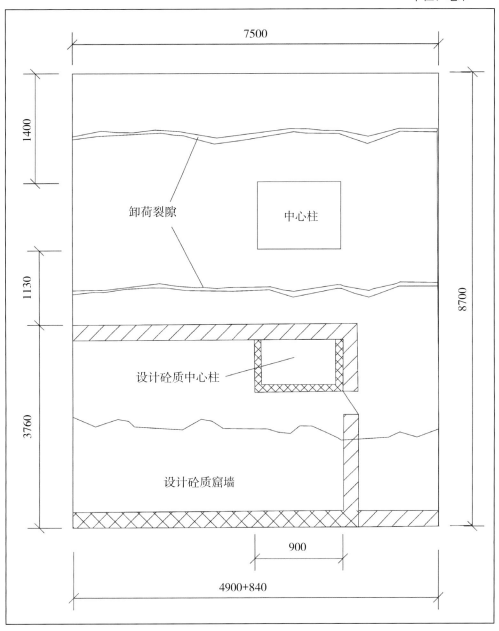

单位：毫米

图 3-15　中心柱窟室窟顶平面投影示意图

图 3-16   主要区段立面位置图

无抗击地震等外力的能力，又无历史的价值，只是喇嘛当时的权宜之计，虽简单，但如果撤掉就将影响窟室的安全。保留其本次设计的立意是把它变成高性能混凝土柱、梁，因为原有窟门被风蚀沙刷得已经没有一定规律形状，只能一窟一个补救办法，但总的原则是留出 2 米 ×0.8 米～ 2 米 ×0.9 米窟门，柱、梁钢筋配置与 6.2.1 中柱、梁一致，基础清理要求与 5.2 风蚀凹槽底部清理一致。本次设计需配立柱和横梁的石窟，涉及第一区段 3 个窟、第二区段 2 个窟、第四区段 5 个窟，共计 20 个立柱，10 个横梁（图 3-16）。

第七章   作旧处理

所有的保护工程最后都要进行作旧处理。通过作旧处理不但使混凝土工程同红色砂岩、粉砂岩外表保持基本一致，更要增加其抗风蚀沙刷的强度，因为阿尔寨地区风沙较大，仅 2006 年 6 月一个月统计，大风扬沙天气就有 9 次之多，所以阿尔寨石窟保护工程的作旧处理也有更特殊的要求，那就是厚度，本次保护工程的作旧厚度不能低于 10 毫米，选用水泥必须是白色或铁红色 32.5 级以上彩色水泥，调色颜料也需认真选定，防止掉色脱色现象发生。

在作旧的形式上，要认真研究不同地段原有的岩面和窟室墙壁，外立面岩壁应精雕细刻，做到尊重历史，又不干扰历史信息，既要有加固的作用，又不能影响视觉环境，使新旧和谐，让草原明珠永远焕发光彩。

第八章　基本工程量

基本工程量一览表

	一区段	二区段	三区段	四区段	五区段
基础清理	65m×3.5m	77m×3.5m	91m×6.5m	50m×6.0m	37m×4.5m
锚钎编网	227.5m²	269.5m²	591.5m²	300m²	166.5m²
支护模板	227.5m²-90m²	269.0m²-130m²	591.5m²-400m²	300m²-100m²	166.5m²+100m²
浇注混凝土	137.5m²×1.0m	139.5m²×0.8m	191.5m²×1.0m	200.0m²×1.5m	+梁、柱 166.5m²×0.8m
喷射混凝土	90m²×2.5	13m²×2.5	400m²×2.5	100m²×2.5	
锚钎、锚杆长度	728.0m+36m	739.2m+24m	764.5m+64m	750m	310.8+108m+80m
钢材用量	Φ16/1.2t Φ6.5/0.76t	Φ16/1.2t Φ6.5/0.77t	Φ25/0.5t Φ16/1.3t Φ6.5/0.8t	Φ16/1.0t Φ6.5/0.7t	Φ25/0.8t Φ16/0.5t Φ6.5/0.4t
黏结材料用量	200kg	200kg	350kg	330kg	2700kg
作旧面积	227.5 m²+6 m²	269.5 m²+4 m²	591.5m²	300m²	6+柱梁 m³ 166.5m²+10.0m²

第九章　工程概算

市政 2001 工程（预算）书

工程名称：内蒙古鄂托克旗阿尔寨石窟寺抗风蚀墙柱托换三期工程

序号	定额编号	项目名称	单位	工程量	人工
1		一、岩体加固			
2		1. 锚杆成孔费			
3		2002 年勘察表 P11 表 3.3-2 换锚杆成孔 V 类（D＜10）		3604.500	
4		2002 年勘察表 P11 表 3.3-5 无水干钻增加 301×1.0		3604.500	
5		2002 年勘察表 P11 表 3.3-5 水平孔、斜孔增加 301×1.0		3604.500	
6		锚杆施加预应力 2002 年 P18 勘表 4.2-1 6400/2=3200	点次	26.000	
7		2. 锚杆制作、安装			
8	4-162 换	锚杆制作、安装	t	6.500	1658.
9	3-259	锚杆及裂隙灌浆	10m³	4.320	1430.2
10		3. 锚喷			
11	4-163	喷射平台（H 4m）	100m²	24.150	348.9
12	4-156	喷射混凝土支护（拱部）有筋初喷 5cm	100m²	18.000	1177.3
13	4-157*2	喷射混凝土支护（拱部）有筋每增 5cm	100m²	18.000	1471.7

基价			金额			
机械	材料	单价	人工	机械	材料	合价
		301.00				1084954.50
		150.50				542477.25
		301.00				1084954.50
		3200.00				83200.00
	4668.34	6326.48	10777.91		30344.21	41122.12
346.07	5068.11	8844.44	6178.72	10135.02	21894.21	38207.96
	114.09	463.05	8427.38		2755.27	11182.66
644.03	2911.42	5732.77	21191.76	29592.54	52405.56	103189.86
057.60	3638.48	7167.80	26490.96	37036.80	65792.71	129020.47

序号	定额编号	项目名称	单位	工程量	人工
14	3-235	钢筋网制作、安装	t	3.430	390.
15		二、市政、园林、装饰			
16	1-13	人工挖沟、槽土方四类土（4米以内）	100m³	7.780	2267.
17	1-43	人工运土运距 20m 内	100m³	7.780	519.
18	1-44*9	人工运土 100m 内 每增加 20m	100m³	7.780	1673.
19	3-312	挡墙混凝土	10m³	87.380	347.
20	3-313	挡墙模板	10m²	93.450	64.4
21	3-44	塑浮雕 高度 10m 以上	m²	157.500	97.8
22		粘接材料	t	3780.000	
23	2-106	外锚头表面作旧	m²	300.000	6.0
24		作旧用环氧树脂	kg	900.000	
25		三、脚手架			
26	3-2*2	外脚手架木架 15m 以内双排	m²	2415.000	3.8
27	3-48	立挂式安全网	m²	2415.000	0.0
28		四、措施项目			
29	1-652	汽车运水运距 1km	100t	5.630	77.9

基价			金额			
机械	材料	单价	人工	机械	材料	合价
46.74	2901.86	3338.78	1338.32	160.32	9953.38	11452.02
		2267.76	17643.17			17643.17
		519.92	4044.98			4044.98
		1673.55	13020.22			13020.22
67.37	1745.90	2360.35	30327.85	23362.79	152557.00	206247.65
46.32	140.78	251.51	6019.11	4328.60	13155.89	23503.61
	28.59	126.39	15403.50		4502.70	19906.20
		25.00				94500.00
0.40	5.24	11.71	1821.60	119.10	1572.29	3512.99
		25.00				22500.00
1.06	21.29	26.18	9264.42	2556.52	51406.17	63227.12
	2.37	2.42	113.02		5731.76	5844.78
118.51		1196.50	439.08	6297.21		6736.30

序号	定额编号	项目名称	单位	工程量	人工
30	1-653*4.5	汽车运水每增1km	100t	5.630	
31		柴油发电机120kw（以内）j10-5	台班	170.000	
32		内燃空气压缩机12m³/min（以内）j10-21	台班	170.000	
33		平板拖车组40t（以内）j4-23	台班	22.000	
34		载重汽车5t（以内）j4-3	台班	113.000	
35	2-753	人力运输 平均运距200m以内	10t	231.454	2401

总　　计　人工：728227.70　　机械：117333.17　　材料：411771.17　　金额：4419454.85

基价			金额			
机械	材料	单价	人工	机械	材料	合价
65.06		665.06		3744.26		3744.26
		674.14				114603.80
		393.88				66959.60
		1584.17				34851.74
		293.11				33121.43
		2401.02	555725.68			555725.68

市政 2001 工程材料价差表

工程名称：内蒙古鄂托克旗阿尔寨石窟寺抗风蚀墙柱托换三期工程

材料名称及规格	单位	含量	实际价格	预算价格	价差	金额
安全网	m²	774.732	15.00	6.19	8.81	6825.39
粗砂	m³	6.300	36.00	25.00	11.00	69.30
作旧用颜料	kg	37.800	3.60	2.00	1.60	60.48
碎石 20mm	m³	700.657	48.00	47.00	1.00	700.66
碎石 5—20mm	m³	243.438	48.00	46.00	2.00	486.88
合金钢钻头	个	66.495	55.00	6.70	48.30	3211.71
中粗砂	m³	651.416	36.00	25.00	11.00	7165.57
钢筋 Φ10 以内	t	3.499	3500.00	2805.00	695.00	2431.53
锚杆铁件	kg	6636.500	4.80	4.10	0.70	4645.55
颜料	kg	88.200	45.00	30.00	15.00	1323.00
粗砂	m³	16.821	36.00	17.00	19.00	319.60
总计　金额：27239.66						

工程取费表

建设单位：

工程名称：内蒙古鄂托克旗阿尔寨石窟寺抗风蚀墙柱托换三期工程

建筑面积： 平方米

工程总值：5433149.56 元　　　　　每平方米造价： 元

序号	项目名称	取费基数	费率	费用
1	定额直接费			1257332.03
	其中人工费			728227.70
	其中材料费			411771.17
	其中机械费			117333.17
2	冬雨季施工增加费	1	1.2100	15213.72
3	生产工具用具使用费	1	1.0000	12573.32
4	检验试验费	1	0.4000	5029.33
5	定位复测点交清理费	1	0.2000	2514.66
6	其他直接费	Sum（5，8）		35331.03
7	临时设施费	1	1.2100	15213.72
8	现场管理费	1	1.7200	21626.11
9	现场经费	Sum（10，11）		36839.83
10	企业管理费	1	3.6200	45515.42
11	财务费	1	0.1200	1508.80
12	间接费	Sum（13，14）		47024.22
13	计划利润与技术装备费	1	7.0000	88013.24

序号	项目名称	取费基数	费率	费用
14	副食补贴	1	2.7000	33947.96
15	劳动保险	1	3.8100	47904.35
16	土地印花税	1	0.4200	5280.79
17	远征费	1	3.8000	47778.62
18	材料价差			27239.66
19	不取费项目			3162122.82
20	小计	1+9+12+15+Sum（16，26）		4788814.56
21	设计费	27	10.0000	478881.46
22	税金	27	3.4550	165453.54
	合计	Sum（27，29）		5433149.56

第十章　结束语

　　阿尔寨石窟寺藏身于大漠深处，被人熟悉的时间只有短短的十几年，由于其自身的岩性地质条件和自然地理环境所限，其岩体在构造、地震以及风蚀、沙刷等内、外力作用下，已经是千疮百孔。受内蒙古自治区鄂尔多斯市鄂托克旗文化广播电视局的委托，在项目总负责人王金华的指导下，在阿尔寨石窟文研所的帮助下，辽宁有色勘察研究院在第一期抢险、第二期加固的基础上实施了本期"抗风蚀和基础托换"工程设计。有了这三期工程，美丽的草原明珠——阿尔寨石窟才能身着戎装，顶风抗雪，在将来的环境整治后，长久屹立在鄂尔多斯高原上。

水质分析报告书

统一编号	2005—63	原编号	
委托单位	抚顺勘察工程公司	钻孔编号	
工程名称	内蒙古鄂托克乌兰乌苏河	取样深度由地面至水面	5 米
收样日期	2005 年 8 月 2 日	报出日期	2005 年 8 月 3 日

物 理 性 质

颜色		透明度		嗅		味	
温度							

水 的 化 学 成 分

分析项目		含　量		分析项目	含　量
		毫克 / 升	毫摩尔 / 升		
阳离子	钾 + 钠	215.05	9.35	总碱度	4.88 毫摩尔 / 升
	钙	21.44	1.07	重碳酸盐碱度	2.83 毫摩尔 / 升
	镁	14.22	1.17	总硬度	2.24 毫摩尔 / 升
				碳酸盐硬度	2.24 毫摩尔 / 升
	总计		11.59	游离二氧化碳	0.00 毫克 / 升
阴离子	氯	87.92	2.48	侵蚀性二氧化碳	0.00 毫克 / 升
	硫酸根	203.17	4.23		
	重碳酸根	172.77	2.83		
	碳酸根	61.45	2.05		
	总计		11.59		PH8.56

实验室主任：刘娟　审核者：石栋斌　分析者：王振德

报告声明：1.分析结果只对来样负责。

　　　　　2.样品保留一周。

　　　　　3.此报告自发出之日起，如有异议请在三日内提出，逾期不予受理。

水质分析报告书

统一编号	2006—97	原编号	
委托单位	抚顺勘察工程公司	钻孔编号	ZK2
工程名称	阿尔寨石窟寺牧场深水井	取样深度由地面至水面	米
收样日期	2006 年 7 月 24 日	报出日期	2006 年 7 月 25 日

物 理 性 质

颜色		透明度		嗅		味	
温度							

水 的 化 学 成 分

分析项目		含 量		分析项目	含 量
		毫克／升	毫摩尔／升		
阳离子	钾＋钠	95.22	4.14	总碱度	2.43 毫摩尔／升
	钙	32.06	1.60	重碳酸盐碱度	2.43 毫摩尔／升
	镁	29.17	2.40	总 硬 度	4.00 毫摩尔／升
				碳酸盐硬度	2.43 毫摩尔／升
	总计		8.14	游离二氧化碳	0.00 毫克／升
阴离子	氯	92.89	2.62	侵蚀性二氧化碳	0.00 毫克／升
	硫酸根	148.59	3.09		
	重碳酸根	148.27	2.83		
	碳酸根	61.45	2.43		
	总计		8.14	PH8.44	

实验室主任：刘娟　审核者：刘娟　分析者：杨立新

报告声明：1. 分析结果只对来样负责。

　　　　　2. 样品保留一周。

　　　　　3. 此报告自发出之日起，如有异议请在三日内提出，逾期不予受理。

实验室编号：YA06-35

工程名称：阿尔寨石窟三期加固设计工程

岩 石 实 验 成 果 总 表

实验日期：2006-10-30

委托单位：辽宁有色勘察研究院

试样编号	钻孔编号	取样深度	岩石的物理性质							岩石的力学性质								烧灼失量
			颗粒密度	天然密度	干密度	饱和密度	普通吸水率	饱和吸水率	饱水系数 Kw	饱和单轴抗压强度 Rs	单轴抗压强度 Rd	软化系数	静弹性模量 E50*10⁴	泊松比 μ50	抗拉强度 Rct	凝聚力 C	摩擦角 φ	
--	--	m	--		g/cm³			%		MPa	MPa	--	MPa	--	MPa		MPa	%
岩1				2.14							6.3				0.7			

审核：孟杰　试验负责人：杨未旭

附件　工程设计图

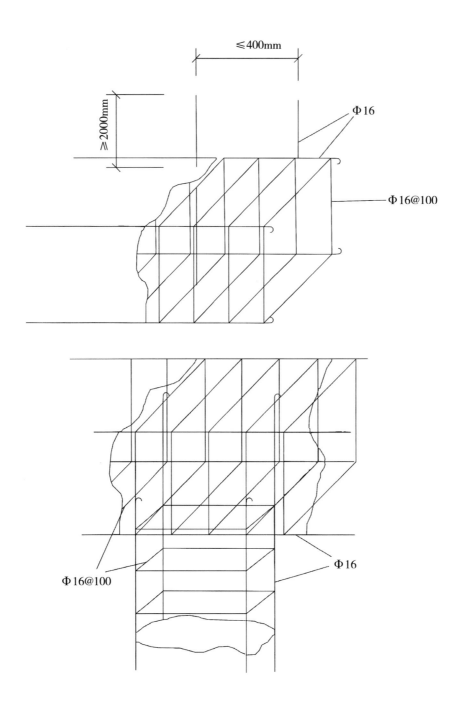

附图 4-1　槽梁与锚纤、槽梁编网

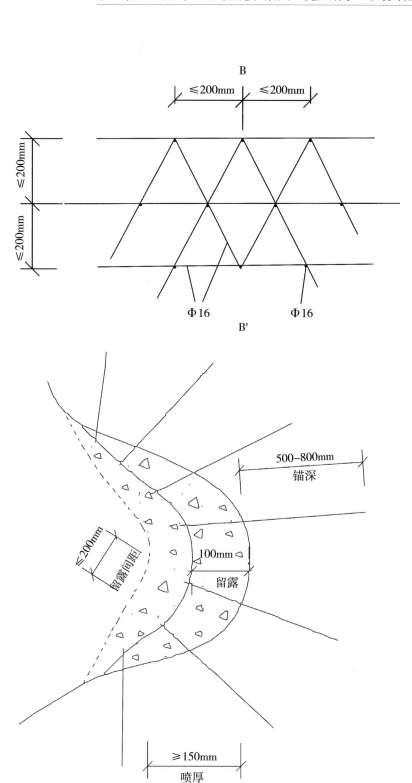

附图 4-2 上部 "U" 型凹槽锚喷编网

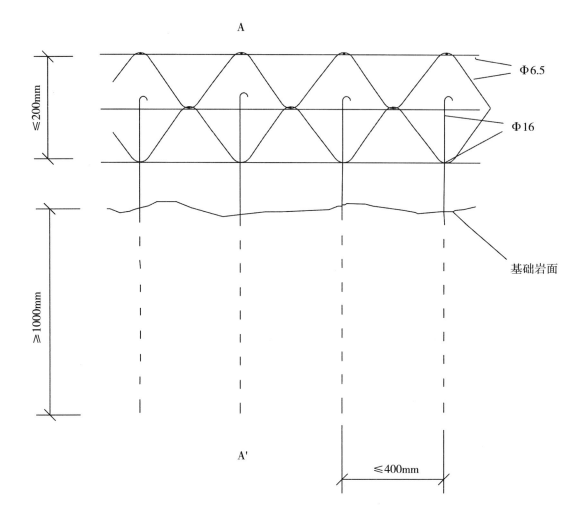

附图 4-3 基础浇注及凹槽浇注钢筋网

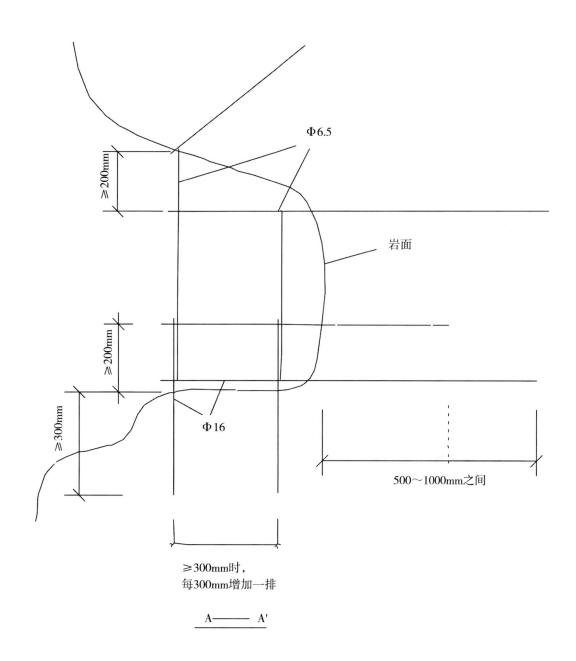

A———A'

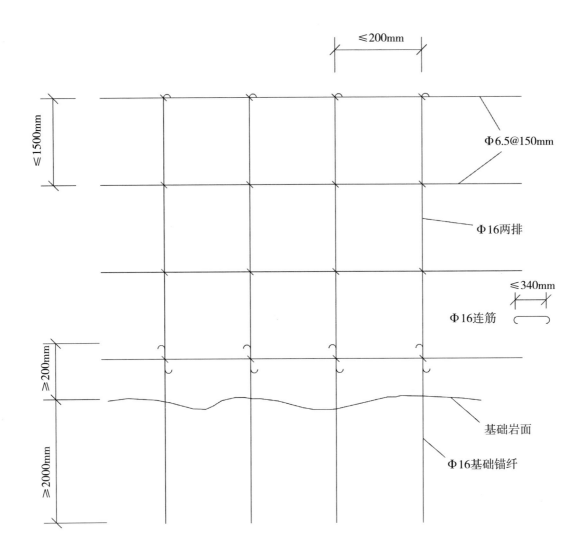

注

1. 和稳定岩体接触的立墙、立柱的上、下及接触侧都要有
基础铺纤形式连接。

2. 锚纤注浆结束后3小时以上方能进行编网绑扎。

3. 钢筋保护层厚度要求30毫米以上。

4. 要分层振捣混凝土强度全部为C20。

附图4-4 钢筋配置图

内蒙古自治区鄂托克旗阿尔寨石窟壁画抢救性保护修复工程设计方案

第一章　前言

阿尔寨石窟原有洞窟 108 个，因而也称百眼窟。由于洞窟岩体崩塌等原因，现仅残存洞窟 65 个，分三层不规则地分布在平顶山四周的崖壁上，石窟壁画已大部分遭到破坏而消失，现仅残存壁画近千幅，面积约 2000 平方米。壁画题材以佛教的佛像、天王像、菩萨像、供养像、金刚以及佛经故事等内容为主，有多幅描述世俗生活的人物、祭祀、礼佛图等，以及极为珍贵的回鹘式蒙古文榜题。阿尔寨石窟将中国北方地区石窟寺的建造历史延至明代晚期，在石窟考古、学术研究上有十分重要的价值。

阿尔寨石窟壁画未做过有效的保护修复工作，存在许多问题——裂隙切割形成的危岩体；洞窟内壁画表面发生起甲、酥碱、霉变、空鼓、地仗层脱落、烟熏油渍污染等破坏；风沙对洞窟壁画的吹蚀破坏；风沙侵蚀使崖壁中下层的洞窟被风沙掩埋等，对壁画的长期保存与使用构成严重威胁。

受内蒙古自治区鄂托克旗文化局的委托，中国文物研究所承担阿尔寨石窟壁画保护修复方案设计任务。2004 年 12 月，中国文物研究所组织有关人员对阿尔寨石窟壁画保存进行了现状调查、颜料取样分析，考察阿尔寨石窟壁画制作材料和工艺，研究壁画病害原因，在此基础上，设计了壁画保护修复方案。

第二章　阿尔寨石窟壁画价值评估

阿尔寨石窟遗址，是集寺庙、石窟、岩刻、壁画为一体的佛教建筑遗址，是蒙古草原目前发现规模最大的石窟群，具有草原文化、蒙古民族文化的鲜明特色，是以密宗为主的佛教（尤其是喇嘛教）文化荟萃之地，被赞誉为"草原敦煌"。阿尔寨石窟及其周边地区又是成吉思汗晚年活动的重要地区，其遗迹犹存，甚至可能是一代天骄的长眠之地，其历史、文化价值是无可替代的。

窟内保存着众多的藏传佛教壁画、世俗壁画和回鹘式蒙古文题记，成为多学科的研究对象。自 20 世纪 80 年代初田广金先生发表《百眼窟石窟》一文，标志着对阿尔寨石窟研究的启端，80 年代末引起蒙古语言文字学术界的浓厚兴趣而受到重视，现已成为语言文学、历史、民族、宗教、建筑等多学科的研究对象。根据别具风格的石窟形制、石壁上的浮雕塔以及石窟内的佛像图、佛教故事画、祭祀图、世俗图、藏文梵文题记、回鹘蒙文题记、印有回鹘蒙文的土坯等，学者们认为该石窟群大概始建于北魏中期，鼎盛于西夏、元代，毁于明代，是佛教在蒙古地区较早传播的证据之一。

经研究阿尔寨石窟第 30 窟的 55 块回鹘式蒙古文榜题，其时代包括元代初期至北元时期，价值和数量均高于敦煌莫高窟保存的回鹘式蒙古文榜题。按内容可以划分为迎请诗、祈祷诗、赞颂诗三大类，涉及三十五种佛、二十一救度母佛、十六罗汉、四天王、达摩居士五个门类。榜题共有单词 31 个，单词总频率为 715 词次。在壁画中有元代绘制的"成吉思汗及夫人、四子受祭图""丧葬图""各族僧侣、官员礼佛图"等。

在国外，德国学者呼日查巴特尔（原籍鄂托克旗）对阿尔寨石窟进行了较为系统的研究。但是，由于对其研究的起步较晚，关于阿尔寨石窟的历史文化价值，国内外尚缺乏足够的认识。对其历史、文化、艺术、科学技术价值的认识，还有待于进一步深入发掘与研究，保护修复阿尔寨石窟及其壁画，使其尽可能完整地保存下去，是对其进行多学科研究的前提。

第三章　阿尔寨石窟壁画现状调查

数百年来，已有不少石窟毁于岩体崩塌，风沙也埋没了不少下层石窟。同时，风化、酥碱、空鼓、起甲、脱落、虫害、霉变等病害严重威胁着现存近千幅壁画的长期保存与研究。为了治理阿尔寨石窟壁画病害，中国文物研究所组织人员于 2004 年 12 月赴现场进行壁画病害调查与统计，调查报告见附件。各洞窟壁画病害面积统计计算结果见表 1。

壁画各种病害总面积为 621.93 平方米，其中空鼓壁画 218.99 平方米、起甲壁画 197.21 平方米、酥碱壁画 47.35 平方米、烟熏壁画 17.1 平方米、被污染壁画 141.28 平方米。

表 1　内蒙古自治区鄂托克旗阿尔寨石窟壁画病害统计

窟号	位置		病害壁画面积（平方米）					
			合计	空鼓	起甲	酥碱	烟熏	覆盖物
1	东壁		2.98	1.4		1.58		
	西壁		9.75	5.64		4.11		
	南壁		12.58	4.19	5.59	2.8		
	北壁		5.97	3.98	1.99			
	合计		31.28	15.21	7.58	8.49		
14	东壁		8.68	1.58	2.37			4.73
	南壁		8.87	1.27	3.8			3.8
	北壁		7.61	1.36	2.76			3.49
	顶部		36.46	9.94	13.26			13.26
	合计		61.62	14.15	22.19			25.28
16	西壁		0.92	0.55	0.37			
	南壁		2	2				
	合计		2.92	2.55	0.37			
18	主室	西壁	4.29	4.29				
		南壁	15.87	5.29	3.53			7.05
		北壁	3.35	3.35				
	甬道	东壁	5.04	2.88	2.16			
		西壁	5.31	2.81	2.5			
		北壁	1.56	0.89	0.67			
	合计		35.42	19.51	8.86			7.05

窟号	位置	病害壁画面积（平方米）					
		合计	空鼓	起甲	酥碱	烟熏	覆盖物
20	东壁	0.18	0.18				
	南壁	2.23	1.21	1.02			
	合计	2.41	1.39	1.02			
21	东壁	13.76	5.16				8.6
	合计	13.76	5.16				8.6
22	东壁	3.4		1.46	1.94		
	西壁	3.45		1.15	2.3		
	南壁	3.46	0.58	1.73	1.15		
	顶壁	8.4		4.8	3.6		
	合计	18.71	0.58	9.14	8.99		
23	佛龛	0.88		0.88			
	合计	0.88		0.88			
24	东壁	9.16	2.5	1.67			4.99
	西壁	7.23		1.45			5.78
	南壁	3.83					3.83
	北壁	15.49	4.27	4.81			6.41
	合计	35.71	6.77	7.93			21.01
25	东壁	7.47	1.87	2.8	2.8		
	西壁	7.76	3.88	1.94	1.94		
	南壁	2.74		1.37	1.37		
	北壁	5.94	3.96		1.98		

窟号	位置	病害壁画面积（平方米）					
		合计	空鼓	起甲	酥碱	烟熏	覆盖物
25	顶部	8.92		4.46	4.46		
	合计	32.83	9.71	10.57	12.55		
26	东壁	12.88	3.55	4			5.33
	西壁	10.08	3.63	4.84			1.61
	南壁	3.47	1.49				1.98
	北壁	10.33	3.15	2.46			4.72
	顶部	25.38	9.14	4.06			12.18
	合计	62.14	20.96	15.36			25.82
27	东壁	12.9	3.13	3.52	1.56	4.69	
	西壁	17.29	3.97	5.92	1.48	5.92	
	南壁	10.05	2.62	3.49	0.45	3.49	
	北壁	8	2	3		3	
	合计	48.24	11.72	15.93	3.49	17.1	
28	东壁	14.02	8.01	6.01			
	西壁	17.2	9.83	7.37			
	南壁	5.79	3.47	2.32			
	北壁	1	1				
	顶部	1	1				
	合计	39.01	23.31	15.7			
29	东壁	16.83	4.82	4.29	1.29		6.43
	西壁	14.69	4.52		3.39		6.78

窟号	位置	病害壁画面积（平方米）					
		合计	空鼓	起甲	酥碱	烟熏	覆盖物
29	南壁	12.99	4.33	1.68			6.98
	北壁	14.62	4.57	3.74			6.31
	顶部	29.3	8.62	9.19			11.49
	合计	88.43	26.86	18.9	4.68		37.99
31	东壁	12.46	4.17	6.2	2.09		
	西壁	9.38	3.75	5.63			
	南壁	7.82	2.13	5.69			
	北壁	8.72		6.34	2.38		
	顶部	20.01	15.01	5			
	合计	58.39	25.06	28.86	4.47		
32	东壁	6.17	2.37	3.8			
	西壁	6.88	3.33	3.55			
	南壁	1.63	0.79	0.84			
	北壁	6.41	3.56	2.85			
	顶部	2	2				
	合计	23.09	12.05	11.04			
33	东壁	2.06	2.06				
	西壁	8.17	4.09	2.04	2.04		
	南壁	3.34	2.31	1.03			
	北壁	7.19	4.79	2.4			
	合计	20.76	13.25	5.47	2.04		

续表 1

窟号	位置	病害壁画面积（平方米）					
		合计	空鼓	起甲	酥碱	烟熏	覆盖物
34	西壁	2.3		2.3			
	北壁	3.26		3.26			
	合计	5.56		5.56			
36	西壁	1.56		1.1	0.46		
	合计	1.56		1.1	0.46		
56	顶部	7.19		5.75	1.44		
	合计	7.19		5.75	1.44		
58	东壁	2.38		2.38			
	南壁	2.96		2.22	0.74		
	北壁	0.8	0.4	0.4			
	合计	6.14	0.4	5	0.74		
小阿尔寨1窟	东壁	10.53	4.21				6.32
	西壁	10.48	4.19				6.29
	南壁	4.87	1.95				2.92
	合计	25.88	10.35				15.53
合　计		621.93	218.99	197.21	47.35	17.1	141.28

第四章　阿尔寨石窟壁画制作工艺和材料

经现场调查研究，阿尔寨石窟壁画制作方法是先在陡峭的红色砂岩崖壁上开凿洞窟，之后在洞窟围岩上用掺有麦秸的黏土泥抹平砂岩壁面，待该层泥质地仗层完全晾干后用白垩粉涂刷，最后进行线描添彩。因此，阿尔寨石窟壁画的制作方法与我国其他地方一致，也属于古代干壁画，其基本组成为四部分，即基础支撑体（洞窟围岩岩体）、地仗层、白粉层、颜料层。

一、壁画的基础支撑体

阿尔寨石窟陡壁高 10 米，陡壁下部的泥岩软弱夹层因差异性风化被剥蚀淘空，陡壁顶部岩体受卸荷裂隙、构造裂隙、层面裂隙交错切割，岩体成块状分离，分离体在重力作用下向临空面发生崩塌。根据岩石薄片鉴定，其为变质砂质泥岩，主要由黏土矿物、氧化铁、石英、斜长石组成，具细微粒隐晶质结构。根据扫描电镜分析结果，泥岩主要由云母、石英、长石、方沸石、方解石和绿泥石组成，为孔隙充填式胶结，粒间由方沸石、云母和绿泥石充填，结构相对致密，孔隙较小，粒间孔一般 2～15 微米，长石多已蚀变为云母或绿泥石，云母呈片状，绿泥石呈绒球状。根据 X 射线衍射分析结果，其造岩矿物成分为：云母 30%，石英 25%，方沸石 15%，长石 15%，绿泥石 15%。泥岩的力学强度较低，具有弱膨胀性，室内试验在水中浸泡 12 小时后，泥岩样品崩塌达 50% 以上。

石窟区岩体，尤其砂岩风化严重，结构松散，强度较低。

二、壁画地仗层

阿尔寨石窟壁画的地仗层系当地河水沉积的黏土中加入具有补强及增加柔韧性的麦秸后和泥制成，经 X 射线衍射分析，其主要成分是石英、长石、白垩（见表 2）。

三、壁画白粉层

白粉层使用普通石灰水在地仗层上涂刷而成，经 X 射线衍射分析（见表 2），其主要成分是碳酸钙，是氢氧化钙在空气中二氧化碳的缓慢作用下转变而成，即：

$$Ca（OH）_2+CO_2 \rightarrow CaCO_3$$

四、壁画颜料层

颜料层是壁画的精华，是壁画保护修复的关键之所在。阿尔寨石窟壁画的主要色彩为蓝、绿、黑、白、红等颜色，分别对 1、14、26、28、31 窟壁画各种色彩的颜料、白粉层及地仗层进行了取样,共取颜料样品19个、白粉层样品2个、地仗层样品2个,并对这些样品进行了 X 射线衍射分析,结果见表2。

表2　内蒙古自治区鄂托克旗阿尔寨石窟壁画样品分析结果

洞窟	样品编号	色彩	取样位置	分析结果	备注
1	A—1—1	黑色	西壁	二氧化铅、铅丹、石英、白垩	
	A—1—2	白色	西壁中部下方	石英、白垩、长石	白粉层
	A—1—3	红色	南壁西侧	朱砂、石英、白垩、长石	
	A—1—4	绿色	南壁东侧	绿铜矿、石英、白垩	
	A—1—5		东壁下方	石英、长石、白垩	地仗层
	A—1—6	绿色	西壁	绿铜矿、石英、白垩	
14	A—14—1	蓝色	北壁	石青、石英、长石、白垩	
26	A—26—1	黑色	北壁东侧	硫酸矿、石英	
	A—26—2	绿色	西壁南侧	绿铜矿、石英、白垩	
	A—26—3	白色	北壁上方	石英、白垩、长石	白粉层
	A—26—4	红色	西壁北侧	朱砂、白垩	
28	A—28—1	蓝色	南壁中部下方	石青、石英、白垩	
	A—28—2	红色	南壁中部上方	朱砂、石英、白垩	
	A—28—3	红色	脱落颜料残片	朱砂、石英、白垩	
	A—28—4		脱落地仗层	石英、白垩、长石	地仗层
	A—28—5	绿色		绿铜矿、石英、长石	

续表2

洞窟	样品编号	色彩	取样位置	分析结果	备注
31	A—31—1	红色	南壁西侧	朱砂、石英、白垩	
	A—31—2	绿色	东壁南侧	绿铜矿、石英、长石	
	A—31—3	黑色	东壁南侧	二氧化铅、石英、长石	
	A—31—4	红色	东壁北侧	朱砂、石英、长石	
	A—31—5	蓝色	东壁南侧	石青、石英、长石、白垩	
	A—31—6	红色	南壁西侧	朱砂、石英、长石	
	A—31—7	红色	顶部脱落壁画	朱砂、石英、长石	

注：石英：$a-SiO_2$；长石：$1/2（Na_2O\ AI_2O_3 6SiO_2）$；白垩：$CaCO_3$；朱砂：$HgS$；
石青：$2CuCO_3 Cu(OH)_2$；绿铜矿：$Cu(OH)_3CI$；二氧化铅：PbO_2；铅丹：Pb_3O_4。

由表2可知，阿尔寨石窟壁画所使用的颜料为矿物颜料，其中使用的红色颜料是朱砂和铅丹，且铅丹已变为黑色，但依据取样时的观察，颜料表层下的铅丹尚未完全变色；蓝色颜料使用的是石青；绿色颜料是绿铜矿；白色颜料是白垩；均为常见壁画颜料。样品中的石英和长石，系壁画长期受风沙侵蚀而残留在壁画颜料中的杂质。

第五章　阿尔寨石窟壁画病害原因

一、石窟壁画保存环境

鄂托克旗地处内陆，属中温带大陆性季风气候。冬长夏短，春迟秋早，气温年月相差大，寒暑变化剧烈，光照充足，年降水量少，干旱多风，灾害性天气多，素有"十年九旱"之称。

多年平均气温为6.5℃，年平均气温最高8.1℃，最低5.3℃。一年中最热月是7月，平均最高气温 29.0℃，极端最高气温 36.7℃；一年中最冷月是 1 月，平均最低气温 -17.0℃，极端最低气温 -31.5℃，一年中温差较大，年平均温差 46℃。

多年平均降水量为 272 毫米。年均降水量最多为 611.6 毫米，最少为 125.3 毫米，年际差达 486.3 毫米。春季降水量占全年降水量的 14%，夏季降水量占 64%，秋季降水量占 20%，冬季降水量仅占 2%。降水时空分布不均匀，强度差异大，降水量地域差异明显，总体趋势是由东南向西北逐渐减少，东南部年降水量大于 300 毫米，西北部小于 200 毫米，中部一般在 260 毫米左右。多年平均蒸发量为 2470.4 毫米，是降水量的 9.1 倍。

境内风向以西、西北风为主，年均降雪 10.9d，最大积雪深度 10 厘米，年均无霜期 129d，多年平均日照时数为 3046.1 小时，最多年为 3089 小时，最少年为 2833.4 小时，年均日照差较小。

二、壁画空鼓及大面积脱落病害

由壁画洞窟围岩及地仗层的 X 射线衍射分析结果可知，两者在组成上存在较大差异，同时地仗层中因加入麦秸，较之围岩岩体柔韧。由于阿尔寨所在地区温差极大，受热胀冷缩效应的影响，致使地仗层与洞窟围岩局部脱离鼓起，久之逐渐向四周蔓延，造成壁画与地仗层分离。空鼓病害进一步发展，在重力等因素的作用下，将造成壁画地仗层并附带颜料层大面积分离脱落。

三、壁画酥碱病害

据地质调查，石窟区内主要为大气补给水，在开凿洞窟的平顶山顶部，存在 3 条构造裂隙及大量卸荷裂隙，这些裂隙是大气降水入渗洞窟围岩的良好通道。同时，由阿尔寨地区雨水及地下水分析结果可知，地下水类型为基岩裂隙水，含有较高 HCO_3^{-1} 和 Cl^{-1} 离子；雨水属 HCO_3+SO_4—$Na+K+Ca$，且偏酸性 (PH=6.24 ～ 6.30)，雨水中 Cl^{-1} 和 SO_4^{-2} 含量相对较高，这是石窟区周边工矿企业对大气污染所造成的。雨季时，阿尔寨平顶山斜坡上汇集的雨水汇入石窟区东南的乌兰乌苏河向远方进行地表径流排泄。

雨水通过裂隙入渗洞窟围岩后，向壁画表面移动并蒸发，从而将水中的可溶性盐留在壁画地仗层内并结晶。当新的水分再次入渗洞窟后，不但带来新的可溶性盐，同时将原有盐溶解，水分蒸发后再次结晶。壁画地仗层中的可溶性盐越积越多，而且始终处于结晶——溶解的变化，每次溶解后重新结晶的地点不同，壁画地仗层在这样的长期作用下出现酥松、解体、脱落等现象。其中，1号、21号、28号等窟较为严重。

四、壁画起甲病害

由于壁画颜料全部使用矿物颜料，作画时需要调入胶结材料以使颜料颗粒粘接在一起并黏附于地仗层上，受环境因素影响，颜料中的胶结材料老化，颜料层与地仗层分离起翘。该病害在阿尔寨石窟群中分布很广，所占病变比例很大，约占现存壁画病害的60％。表现为壁画表面像鱼鳞甲一样，一片片翘起，其中32号洞窟尤为严重。

五、壁画烟熏病害

烟熏病害是由人为因素所造成，如在窟内做饭、燃灯、烧火取暖等活动，烟尘在壁画表面形成一层油渍污垢，严重破坏壁画艺术价值和观赏价值。表现较为严重的洞窟有27号窟。

六、壁画表面霉变、覆盖物病害

霉变病害在阿尔寨石窟群中不严重，仅在个别洞窟少数壁画的表面出现一些灰色斑点。覆盖物在14、24、29等窟较为严重。

七、风沙对壁画的吹蚀破坏

阿尔寨山突兀矗立在草原，周围空旷开阔，秋冬季节的大风直接吹到崖壁岩体上，并夹杂着沙砾进入石窟内，对壁画进行磨蚀、擦蚀破坏，致使壁画颜料颗粒状脱落，严重时在画面上留下擦痕、凹坑等。

八、风沙掩埋石窟问题

由于阿尔寨石窟长期缺乏管理，风沙遇到山体后散落、积聚在崖壁脚下，时间已久，沙土积聚，加之崖壁岩体风化剥落、崩塌的块石堆积，将下层石窟掩埋。曾经进行的考古发掘发现了部分石窟，但具体有多少石窟被掩埋，仍不清楚。

第六章　阿尔寨石窟壁画病害修复方案

一、方案设计依据及原则

根据《中华人民共和国文物保护法》《中华人民共和国文物保护法实施条例》《纪念建筑、古建筑、石窟寺等修缮工程管理办法》《国际古迹保护与修复宪章》(威尼斯宪章)《中国文物古迹保护准则》等政策法规文件，结合阿尔寨石窟壁画制作材料和工艺的实际，在做好前提研究的基础上，针对不同的壁画病害选用不同的修复材料，采取不同的修复工艺及保护措施。

阿尔寨石窟壁画的主要病害为大面积空鼓、起甲、烟熏、裂隙和壁画表面泥污等，且同一处壁画多种病害并存。总的保护修复原则是：在实施过程中严格遵循"修旧如旧，不改变文物原状"，最小介入、最大兼容。经过专家对室内试验和现场试验评估后，确定对空鼓壁画采用灌浆回贴加固；对酥碱壁画和起甲壁画采用适宜的加固剂渗透加固；对壁画表面污物采用适当清洗剂软化后，机械清除。

二、壁画修复前期模拟试验

1. 空鼓壁画修复试验

① 揭取、回贴

② 灌浆加固

2. 起甲壁画修复试验

① 粉层起甲壁画修复

② 颜料层起甲修复

③ 颜料层粉化脱落修复

3. 壁画清洗试验

① 烟熏壁画清洗

② 石灰等涂层壁画清洗

4. 裂隙填充或灌浆加固

5. 修复工艺筛选试验

① 空鼓壁画修复工艺

② 起甲壁画修复工艺

③ 壁画清洗工艺

④ 裂隙填充或灌浆工艺

6. 修复工具及设备研制

① 空鼓壁画

② 起甲壁画

③ 壁画清洗

④ 裂隙填充或灌浆

三、空鼓壁画保护修复方案

1. 灌浆工艺

① 钻注浆孔

在壁画无画面部位 (如果可能最好利用壁画的裂隙或破损部位)，从下到上钻 0.5 ～ 1 厘米直径的注浆孔数个，孔内埋入 20 厘米左右长的胶管，以做注浆。

② 内窥镜观察

③ 支顶壁板

按照修复壁画面积，制作托壁画的壁板，同时在壁板上留有穿胶管的孔。壁板用棉花和光滑柔韧的纸衬面，然后牢固地支顶到壁画上，以防灌浆时滑动。

④ 注浆加固

用人力压浆器将浆液由下而上压入空鼓壁画内部，当注浆孔之上的孔中流出浆液时，立即将胶管临时堵塞，再从之上的孔中依次注浆。

⑤ 回贴

回贴壁画时，将堵塞的胶管适当放开数根，以便多余的浆液从胶管溢出，然后用螺杆或千斤顶在壁板上加压，使壁画最大限度地归位回贴。

⑥ 拆除壁板

壁画干燥后，拆除壁板，切割注浆管，然后用与壁画地仗层相同的材料修复注浆孔、排气孔、观察孔，使修复后的壁画与原貌相近。

⑦ 封闭注浆孔并补色

2. 灌浆材料

灌浆材料应具备的基本条件是无毒无味、无腐蚀、比重轻、透气透水性好、收缩率小、流动性好、强度适中。PS 材料在敦煌空鼓壁画病害的修复中已获得成功，考虑到阿尔寨石窟壁画保存的自然环境与敦煌莫高窟的极为相似。因此选用 PS 为主剂、氟砖酸钠为固化剂、粉煤灰和阿尔寨石窟当地的黏土为填料的灌浆加固材料。其特点是容重小，透气透水性好，收缩率小，流动性和可灌性好，强度适中并且可调。为了使灌浆材料具有较好的流动性，粉煤灰、白土和黄土的粒度控制在 150 ～ 300 微米左右，浆液必须用可调速搅拌器搅拌均匀。

3. 严重空鼓凸起且开裂壁画的灌浆加固

① 清理干净画面灰尘，再用 10% 团粉将白纱布贴到壁画表面，确保壁画的整体性，并对颜料层进行保护。

② 在画面次要部位或破损处，用手术刀切开大小适度的方孔，用特殊工具将空鼓处的沙土、地仗碎残块和碎石清理干净。

③ 通过裂缝和破损处，滴渗 6% ～ 8% PS 溶液对地仗层进行软化。

④ 待地仗层干到一定程度，具有塑性时，用固定在工作架上的可调丝杆，将包有棉毯的壁板小心支顶空鼓壁画，并且逐渐推压整形，使空鼓凸出的壁画平整。

⑤ 待加固的部分完全干燥后，清除壁画表面的纱布和团粉，对空鼓壁画按上述一般性空鼓壁画的灌浆加固工艺方法进行灌浆加固。

四、酥碱壁画保护修复方案

1. 修复工艺

① 用日本纸和二次蒸馏水进行壁画脱盐处理。

② 用注射器将适当浓度的加固剂向酥碱部位滴渗。

③ 待稍干燥后，用自制竹、木或不锈钢修复刀，将酥碱壁画轻轻压平。

④ 用白色绸缎包脱脂棉绑扎的棉球，对酥碱壁画进行拍压。

⑤ 待加固剂将要干燥时，将白色绸缎铺在酥碱壁画上，进行滚压。

2. 修复材料

对酥碱壁画加固剂的基本要求是：不改变壁画颜料颜色、渗透性能优良。参考敦煌研究院修复壁画酥碱病害的经验，选用 3% 的丙烯酸（AC3444）乳液作阿尔寨石窟壁画酥碱病害的加固剂。

五、起甲壁画保护修复方案

1. 修复工艺

① 清除起甲壁画表面尘土

用吸耳球将起甲翘起及裂隙之间的尘土吹洗干净。进行这一工作必须仔细小心，不能在起甲部位遗留尘土，如有尘土，注射后颜料层不能与地仗层吻合，用棉球拍压时很容易将颜料层带下，而且加固若干年后壁画仍然起甲。

② 注射黏合剂

在壁画起甲裂口处注射黏合剂（注射黏合剂过程中，如果遇到壁画脱落，一定想办法将它贴回原处）。

③ 待黏合剂水分被地仗层吸收后，用竹、木或不锈钢刀，将起甲壁画贴回地仗层。

④ 如遇到酥碱壁画，修复时用医用注射针（针管面接装吸乳球）将一定浓度的注射液注入地仗层，让其向地仗层渗透。酥碱部位修复工序完成后，再用合适浓度的修复材料修复起甲颜料层，一般最少注射两次才可达到粘接目的。

⑤ 用棉球拍压起甲壁画

已注射过黏合剂的壁画，就要用棉球压平。棉球是用质地细腻的白绸包脱脂棉绑扎而成，直径一般以 5 厘米左右为宜。在拍压壁画时，要注意棉球的起落方向，最好是从壁画未裂口处向裂口处轻轻滚动，这样能将起甲内的空气排出，不会出现气泡，同时壁画也不会被压出皱褶。

⑥ 加固后的壁画表面再喷涂黏合剂

这一工序有两种作用：其一，对壁画表面修复加固，特别是壁画未起甲部分；其二，检查起甲壁画有无未注射黏合剂的遗漏处，因有些起甲壁画虽已脱离地仗层，但未起翘，从外表不易发现，表面喷涂黏合剂后，这种画面很快出现鼓泡。若发现这种情况，再按上述第 2 个工序开始进行修复加固。

⑦ 滚压壁画表面

当喷涂黏合剂的壁画表面达到 70% 的干燥程度后，将白绸（与包棉球材料相同）铺在壁画上，用软胶滚滚压。滚压时用力均匀，以防壁画上出现滚痕或将颜料粘在白绸上。干燥度不能超过 80%，以免粉层干燥而滚压时脱落。

2. 修复材料

阿尔寨石窟壁画洞窟围岩性质与敦煌莫高窟的差别较大，其余材料及制作工艺均相似，敦煌莫高窟起甲壁画修复材料使用聚醋酸乙烯酯乳液，且该项技术获得文化部科技进步二等奖。由于两处气候环境也极为相似，为此选用3%聚醋酸乙烯酯乳液为阿尔寨石窟起甲壁画的修复材料。

六、沙尘的防治

虽然阿尔寨石窟的全部洞窟安装了铁门，但窟门全部使用钢筋焊制而成，无法阻挡风沙进入窟内。因此，必须对排气窗用透气不透沙尘的玻璃纤维布进行封护。此外多数底层洞窟仍被积沙掩埋，须清理窟内积沙。且随着积沙的清除，可能有壁画露出，针对壁画病害种类，按上述方法进行修复。

七、裂缝填补

用吸耳球将裂缝内的尘土吹净，选用当地的黏土，用2%聚醋酸乙烯酯乳液调制成泥，填补裂隙。

如裂隙较宽，且两边的地仗层翘起脱离墙体，用5%的PS滴渗软化，待地仗层有一定塑性时，再在地仗层上涂抹少量的浆液，用壁板支顶推压回贴。待壁画稳定后，拆除壁板，在裂隙两侧，距裂隙垂直距离6～10厘米处，用直径1.5厘米、长16～20厘米木制锚杆锚固，视裂隙大小和两侧地仗层起翘的程度，锚杆间距30～50厘米为宜。

每修复填补1米裂隙，按0.5平方米起甲壁画折算工程量。

烟熏壁画、表面污染壁画的清洗工艺要根据最后确定的材料视不同情况进行。

第七章　壁画保护修复档案建设

保护修复档案包括以下主要内容：

① 洞窟保存环境监测；

② 绘制病害壁画现状图；

③ 修复施工图；

④ 修复前后壁画颜料层各种颜色的监测数据及其对比；

⑤ 修复前后纪录（文字、照片）。

第八章 保护修复工程预算编制说明

关于壁画保护修复加固工程，国家至今尚无正式的预算定额标准，在编制阿尔寨石窟壁画保护工程预算时，参考了"内蒙古自治区鄂托克旗阿尔寨石窟第一期保护工程——危岩体抢险加固工程设计"的工程预算及建筑工程预算标准，同时参照了敦煌研究院在青海瞿昙寺、塔尔寺，西藏布达拉宫，新疆库木吐拉石窟，敦煌莫高窟，安西榆林窟等处壁画保护工程的实际费用支出，确定了各项工程的基本单价。

为了更好地完成阿尔寨石窟壁画修复任务，须进行修复加固材料的筛选试验及修复加固工艺的系统研究，在经费预算中增加了试验研究费用。

考虑到阿尔寨石窟壁画病害以大面积空鼓、酥碱、起甲等为主，修复工艺难度较大。壁画修复费用包括：技术处理费；材料费（包括修复材料及其他化学试剂，如聚醋酸乙烯酯乳液、丙烯酸乳液、乙醇、丙酮、水玻璃、二次蒸馏水、脱脂棉、纺绸、日本纸、玻璃纤维布等）；材料运输费；工具费（空气压缩机、电锤、注射器、修复刀、玻璃器皿、不锈钢容器、喷壶、毛笔、毛刷等）；人员补助及差旅费；修复档案建设。综合考虑上述因素，空鼓壁画修复单价：2500 元 / 平方米；酥碱壁画修复单价：2500 元 / 平方米；起甲壁画修复单价：2000 元 / 平方米；裂缝填补修复单价：1000 元 / 平方米；画面污染物清洗：2000 元 / 平方米；清除窟内积沙及沙尘防治费：500 元 / 立方米。

壁画病害面积是 2004 年 12 月的统计结果，但因底层洞窟被积沙掩埋，限于条件，不能准确地进行壁画病害面积统计，具体施工时面积可能会有增加。

表 3 内蒙古自治区鄂托克旗阿尔寨石窟壁画保护修复工程预算

编号	工程或费用名称	工程量	单价（元/平方米）	费用（万元）
1	现状调查			10
1.1	环境监测（包括购置温、湿度计，窟内不同部位湿度监测）			2
1.2	壁画测绘（包括壁画现状图测绘等）			2

续表 3

编号	工程或费用名称	工程量	单价（元/平方米）	费用（万元）
1.3	壁画摄影（包括摄影及图片拼接）			1
1.4	病害调查			1
1.5	分析（包括地仗、颜料、壁画涂层、烟熏成分等分析）			4
2	前期试验			11
2.1	空鼓壁画修复试验			3
2.2	酥碱壁画修复试验			3
2.3	工艺筛选			2
2.4	壁画清洗剂筛选			2
2.5	修复工具及设备研制			1
3	工程直接费			145.2030
3.1	空鼓壁画修复	218.99 平方米	2500	54.7475
3.2	酥碱壁画修复	47.35 平方米	2500	11.8375
3.3	起甲壁画修复	197.21 平方米	2000	39.4420
3.4	裂缝填补修复	50.00 米	1000	5.0000
3.5	烟熏及画面污染物清洗	158.38 平方米	2000	31.6760
3.6	清除窟内积沙及沙尘防治	50.00 立方米	500	2.5000
4	管理费		8%	13.2962
5	税费		5%	8.3101
6	以上：1+2+3+4+5			187.8093

附件　阿尔寨石窟壁画病害现状调查报告
（壁画现状描述及面积统计）

1窟

东壁：中上部、北侧及下方岩体风化脱落严重。中间残留白粉层，有一纵向裂缝，白粉层需做边沿加固。空鼓壁画1.4平方米，酥碱壁画1.58平方米。

西壁：中上部、下方岩体风化脱落严重。中间残存壁画层。上部残留地仗层及颜料层，颜料层空鼓、脱落严重。中下部壁画表面刻划严重，佛像脸部已不可分辨。下部壁画酥碱严重。空鼓壁画5.64平方米，酥碱壁画4.11平方米。

南壁：东侧上方及下方岩体风化脱落严重；壁画起甲严重，表面颜料层多处脱落；壁画四周空鼓、酥碱严重。西侧下方岩体风化脱落严重；表面起甲严重，多处颜料脱落；周边空鼓并酥碱。空鼓壁画4.19平方米，起甲壁画5.59平方米，酥碱壁画2.8平方米。

北壁：东侧岩体风化脱落严重，残存白粉层，空鼓严重，局部起甲。西侧中上部岩体风化脱落严重，中下部为残存白粉层，空鼓严重，局部起甲。佛龛岩体风化脱落严重，东侧中下部为残存白粉层，表面刻划严重，有三处凿痕，凿痕处露出岩体；西侧中下部为残存白粉层，表面刻划严重，有五处凿痕，凿痕处露出岩体。空鼓壁画3.98平方米，起甲壁画1.99平方米。

14窟

东壁：下方边缘岩体风化脱落严重，有用泥层修补痕迹。壁画表面似经烟熏过，然后涂薄泥层，表面刻划严重。局部空鼓，零星起甲。空鼓壁画1.58平方米，起甲壁画2.37平方米，覆盖物壁画4.73平方米。

西壁：岩体风化脱落严重，壁画已完全脱落。

南壁：东侧下方岩体风化脱落严重，壁画表面被白色物覆盖，画面不清楚。整壁起甲严重，局部空鼓。西侧边缘及下方岩体风化脱落严重，壁画表面被白色物覆盖，画面不清楚。起甲严重，局部空鼓。空鼓壁画1.27平方米，起甲壁画3.8平方米，覆盖物壁画 3.8 平方米。

北壁：东侧下方岩体风化脱落严重，壁画表面被白色物覆盖，画面不清楚。覆盖层下颜色丰富，有红、绿、蓝等。部分画面空鼓、龟裂起甲。西侧岩体风化脱落严重，佛龛边缘残存 0.1 平方米壁画。佛龛岩体风化脱落严重，残存壁画 1.5 平方米。空鼓壁画 1.36 平方米，起甲壁画 2.76 平方米，覆盖物壁画 3.49 平方米。

顶部：经烟熏后，被白色物覆盖，呈不均匀白、黑交替状。壁画空鼓、起甲严重，有多处脱落痕迹。空鼓壁画 9.94 平方米，起甲壁画 13.26 平方米，覆盖物壁画 13.26 平方米。

16 窟

西壁：南侧上方残存壁画，画面划痕严重，多处颜料脱落。空鼓、开裂严重，局部起甲。空鼓壁画 0.55 平方米，起甲壁画 0.37 平方米。

南壁：东侧地仗层大面积脱落，西侧中上部边缘残留壁画。西侧中下部壁画脱落严重，中上部壁画刻划严重。画面刻划严重，局部空鼓。空鼓壁画 2 平方米。

18 窟
主室

东壁：壁画完全脱落，所存为后补泥层。

西壁：中间壁画大面积脱落，残存上方及下方白粉层，空鼓严重。空鼓壁画 4.29 平方米。

南壁：东侧上方及边缘壁画脱落严重；壁画表面有黑色覆盖层，刻划严重，画面不可分辨；透过覆盖层，可见下层鲜艳颜料；空鼓严重，局部起甲。西侧表面有覆盖层，画面不可分辨；刻划严重，经烟熏过；通过覆盖层破损处，可见下层鲜艳红颜色颜料。空鼓壁画 5.29 平方米，起甲壁画 3.53 平方米，覆盖物壁画 7.05 平方米。

北壁：中间壁画大面积脱落，有泥层修补痕迹。残存上方及下方白粉层，空鼓严重。空鼓壁画 3.35 平方米。

甬道

东壁：壁画表面有泥层覆盖物，刻划严重，有烟熏痕迹。上方壁画空鼓严重。下方壁画脱落严重，有修补痕迹。壁画表面多处龟裂起甲，并有脱落现象。空鼓壁画 2.88 平方米，起甲壁画 2.16 平方米。

西壁：南侧及下方壁画脱落严重，为后补泥层。上方及北侧有覆盖泥层，壁画表面烟熏较为严重，刻划严重。上方空鼓、开裂严重，局部起甲。画面除主体佛像尚能分辨外，其余分辨不清楚。空鼓壁画 2.81 平方米，起甲壁画 2.5 平方米。

北壁：壁画表面有覆盖物，刻划严重。东侧保存情况较西侧为好。空鼓壁画 0.89 平方米，起甲壁画 0.67 平方米。

20 窟

因窟内遮挡物较多，未能详细调查。

东壁：残存壁画块，空鼓严重。其中一块表面烟熏严重，刻划严重。空鼓壁画 0.18 平方米。

南壁：残存壁画烟熏严重，空鼓严重。空鼓壁画 1.21 平方米，起甲壁画 1.02 平方米。

21 窟

中下部有壁画，表面有白色覆盖物，表面刻划严重。空鼓壁画 5.16 平方米，覆盖物壁画 8.6 平方米。

22 窟

东壁：中下部壁画完全脱落，只余地仗层。上方壁画表面刻划严重，局部起甲。下方地仗层酥碱严重。起甲壁画 1.46 平方米，酥碱壁画 1.94 平方米。

西壁：北侧及下方岩体风化脱落严重，残余部分地仗层。南侧上方残留壁画表面刻划严重。酥碱严重，局部起甲。起甲壁画 1.15 平方米，酥碱壁画 2.3 平方米。

南壁：东侧壁画表面刻划严重，起甲严重；上部空鼓严重；上方及下方有酥碱现象。西侧下方壁画脱落严重，画面已不可分辨，靠近底部岩体风化脱落严重；中上方壁画表面刻划严重，起甲严重；上方及下方壁画空鼓并酥碱。空鼓壁画 0.58 平方米，起甲壁画 1.73 平方米，酥碱壁画 1.15 平方米。

顶部：颜料层呈片状起甲，脱落严重，酥碱严重。起甲壁画 4.8 平方米，酥碱壁画 3.6 平方米。

24 窟

东壁：下方壁画脱落严重，为后补泥层。壁画被蓝色底色覆盖，蓝底色又被薄泥层所覆盖，覆盖物上刻划严重。中间有一纵向裂缝。南侧边缘有一带状水泥修补痕迹。壁画边缘有起甲、空鼓现象。空鼓壁画 2.5 平方米，起甲壁画 1.67 平方米，覆盖物壁画 4.99 平方米。

西壁：覆盖物情况同东壁。蓝色底色上泥层多处脱落，边缘起甲严重，尤以两侧及顶部为甚。在南侧下方，刮去蓝色底色后，可发现下层红色颜料。起甲壁画 1.45 平方米，覆盖物壁画 5.78 平方米。

南壁：东侧边缘有水泥修补痕迹。西边缘及下方为修补泥层。壁画表面泥层局部脱落，由于烟熏而发暗。西侧泥层上刻划严重，局部脱落，在底色下可见红色颜料。覆盖物壁画 3.83 平方米。

北壁：覆盖物情况同东壁。东侧中下方空鼓严重，多处地仗层脱落；上方边缘起甲严重。西侧壁画表面划痕严重；起甲、脱落严重；表面有泥层修补痕迹。佛龛起甲、脱落严重。现存壁画呈斑点状。空鼓壁画 4.27 平方米，起甲壁画 4.81 平方米，覆盖物壁画 6.41 平方米。

25 窟

底色打好后，未作壁画，对于了解阿尔寨石窟的制作有重要意义。

东壁：南北两侧大面积脱落，已露出岩体；底色上刻划严重；中上方空鼓、酥碱严重。南侧，中下方起甲、酥碱严重。空鼓壁画 1.87 平方米，起甲壁画 2.8 平方米，酥碱壁画 2.8 平方米。

西壁：表面刻划严重。北侧中上方空鼓、起甲、酥碱严重。空鼓壁画 3.88 平方米，起甲壁画 1.94 平方米，酥碱壁画 1.94 平方米。

南壁：东侧脱落严重，酥碱、起甲严重。西侧刻划严重。起甲壁画 1.37 平方米，酥碱壁画 1.37 平方米。

北壁：大面积地仗层脱落，空鼓严重，需抢修；边缘酥碱严重。西侧中上方空鼓严重。空鼓壁画 3.96 平方米，酥碱壁画 1.98 平方米。

顶部：大面积起甲、脱落严重，酥碱严重。起甲壁画 4.46 平方米，酥碱壁画 4.46 平方米。

26 窟

东壁：表面被泥层覆盖。北侧边缘及下方壁画脱落，为后补泥层。佛龛画面不清楚，刻划严重。南侧南边缘及下方壁画完全脱落，为后补泥层。中间露出画面部分空鼓、起甲严重。空鼓壁画 3.55 平方米，起甲壁画 4 平方米，覆盖物壁画 5.33 平方米。

西壁：画面被泥层覆盖。南侧壁画空鼓严重，刻划严重，表面多处破损；中间有一道纵向裂缝。从画面来看，所用颜料非常丰富。佛龛下方有 0.5 平方米壁画完全脱落。佛龛北侧有一纵向裂缝，空鼓、起甲严重，局部脱落。北侧中上方有一大块壁画脱落，下方为后补泥层，边缘及上方空鼓严重，中间有一纵向裂缝，起甲严重。空鼓壁画 3.63 平方米，起甲壁画 4.84 平方米，覆盖物壁画 1.61 平方米。

南壁：东侧下方壁画完全脱落，表面泥层较厚，画面不可分辨；中上方有一块地仗层脱落，所露画面似由做好纸画贴于地仗层而成；表面刻划严重，空鼓严重。西侧为后补泥层。空鼓壁画 1.49 平方米，覆盖物壁画 1.98 平方米。

北壁：东侧边缘壁画已完全脱落，为后补泥层。残存壁画损坏严重，中下方壁画空鼓尤为严重，脱落严重。佛龛两侧存有壁画，被泥层覆盖，局部空鼓。西侧大面积脱落，为后补泥层。残存壁画被泥层覆盖，起甲严重，局部空鼓。空鼓壁画 3.15 平方米，起甲壁画 2.46 平方米，覆盖物壁画 4.72 平方米。

顶部：表层有泥层覆盖物。东北至西北有一裂缝，周边脱落。局部空鼓、起甲。空鼓壁画 9.14 平方米，起甲壁画 4.06 平方米，覆盖物壁画 12.18 平方米。

27 窟

东壁：烟熏严重。北侧上方、边缘及下方脱落严重，为后补泥层。壁画上方空鼓、开裂严重，画面已不可分辨。南侧起甲严重。空鼓壁画 3.13 平方米，起甲壁画 3.52 平方米，酥碱壁画 1.56 平方米，烟熏壁画 4.69 平方米。

西壁：烟熏严重，画面已不可分辨。北侧中下方有一修补过的裂缝。下方及两侧上方地仗层脱落。南侧上方及下方空鼓严重。画面多处龟裂起甲、脱落。空鼓壁画 3.97 平方米，起甲壁画 5.92 平方米，酥碱壁画 1.48 平方米，烟熏壁画 5.92 平方米。

南壁：东侧下方壁画已完全脱落，露出基岩。表面烟熏严重，画面不可分辨。空鼓严重，有一纵向大裂隙。壁画表面起甲严重，多处颜料层脱落。西侧边缘有酥碱脱落现象，局部空鼓；表面龟裂起甲，脱落严重，脱落后壁画呈斑点状。空鼓壁画 2.62 平方米，起甲壁画 3.49 平方米，酥碱壁画 0.45 平方米，烟熏壁画 3.49 平方米。

北壁：壁画大面积脱落，多处有泥层修补痕迹。残存壁画空鼓、起甲严重，多处颜料层脱落。空鼓壁画 2 平方米，起甲壁画 3 平方米，烟熏壁画 3 平方米。

28 窟

东壁：中下方及北侧壁画脱落严重，露出基岩。中间有一纵向大裂隙，下方只余白粉层。北侧空鼓严重，有脱落危险。画面多处起甲脱落。空鼓壁画 8.01 平方米，起甲壁画 6.01 平方米。

西壁：下方边缘及北侧边缘地仗层脱落，画面局部地仗层脱落，刻划严重。佛像上起甲较严重。北侧下方刻划、脱落尤为严重。空鼓壁画 9.83 平方米，起甲壁画 7.37 平方米。

南壁：东侧下半部分完全脱落，只余上半部分。中间有一纵向大裂隙，空鼓严重，零星起甲。西侧下方边缘地仗层脱落。局部空鼓。空鼓壁画 3.47 平方米，起甲壁画 2.32 平方米。

北壁：壁画大面积脱落，佛龛两侧残存约 1 平方米空鼓壁画。

顶部：中心塔柱上残存约 1 平方米壁画，画面多处有机械凿痕，需加固。

29 窟

东壁：中部及下方地仗层脱落，壁画表面有蓝色及白色覆盖层，经烟熏过，透过泥层可见下层绿颜色。大面积空鼓、开裂。北侧上方酥碱、起甲脱落严重。空鼓壁画 4.82 平方米，起甲壁画 4.29 平方米，酥碱壁画 1.29 平方米，覆盖物壁画 6.43 平方米。

西壁：中部及下方壁画大面积脱落，画面污染、烟熏严重，已不可分辨。上方酥碱脱落严重。空鼓壁画 4.52 平方米，酥碱壁画 3.39 平方米，覆盖物壁画 6.78 平方米。

南壁：东侧中部脱落严重，画面上有多层覆盖物，已不可分辨。空鼓严重，中上方起甲严重。西侧中部脱落严重，画面不可分辨。空鼓壁画 4.33 平方米，起甲壁画 1.68 平方米，覆盖物壁画 6.98 平方米。

北壁：西侧烟熏严重，刻划严重，画面已不可分辨。中部有几处地仗层脱落，下方有纵向裂缝。佛龛起甲脱落严重，局部空鼓。东侧中下方脱落严重，可见壁画痕迹。空鼓壁画 4.57 平方米，起甲壁画 3.74 平方米，覆盖物壁画 6.31 平方米。

顶部：烟熏严重，大面积脱落，起甲严重。空鼓壁画 8.62 平方米，起甲壁画 9.19 平方米，覆盖物壁画 11.49 平方米。

31 窟

东壁：北侧边缘及下方岩体风化脱落严重。佛龛上、下方岩体风化脱落严重，佛龛顶部壁画起甲脱落严重。壁画表面刻划严重，局部起甲严重。空鼓壁画 4.17 平方米，起甲壁画 6.2 平方米，酥碱壁画 2.09 平方米。

西壁：南、北两侧下方岩体风化脱落严重。表面刻划严重，起甲严重，局部空鼓。空鼓壁画 3.75 平方米，起甲壁画 5.63 平方米。

南壁：东侧有一洞与 30 号窟相连，西侧一方壁画四周被锯开，但尚未揭取。壁画表面刻划严重，局部起甲。空鼓壁画 2.13 平方米，起甲壁画 5.69 平方米。

北壁：四周岩体风化脱落严重，壁画表面刻划严重，主佛像被刻划尤为严重。局部起甲、酥碱。起甲壁画 6.34 平方米，酥碱壁画 2.38 平方米。

顶部：壁画已大面积脱落，残存泥层层状剥离严重，残存壁画起甲严重。空鼓壁画 15.01 平方米，起甲壁画 5 平方米。

32 窟

东壁：四周壁画地仗层脱落严重，可见岩体上凿痕。壁画表面起甲，颜料层脱落严重，局部空鼓。空鼓壁画 2.37 平方米，起甲壁画 3.8 平方米。

西壁：壁画地仗层大面积脱落，下方岩体风化脱落严重。壁画表面刻划、空鼓严重。颜料层起甲脱落严重。空鼓壁画 3.33 平方米，起甲壁画 3.55 平方米。

南壁：地仗层大面积脱落，下方岩体风化脱落严重。西侧残存壁画空鼓，起甲脱落严重。空鼓壁画 0.79 平方米，起甲壁画 0.84 平方米。

北壁：东侧下方岩体风化，中下部分颜料层脱落严重。西侧壁画大面积脱落，空鼓、起甲严重。空鼓壁画 3.56 平方米，起甲壁画 2.85 平方米。

顶部：残存空鼓壁画 2 平方米。

33 窟

东壁：壁画大面积脱落，残存空鼓壁画 2.06 平方米。

西壁：上方及下方壁画大面积脱落，画面上刻划严重，局部颜料层脱落严重。壁画上方酥碱、起甲严重，局部空鼓。空鼓壁画 4.09 平方米，起甲壁画 2.04 平方米，酥碱壁画 2.04 平方米。

南壁：壁画大面积脱落，下方岩体风化脱落严重。残存白粉层空鼓严重，局部起甲。空鼓壁画 2.31 平方米，起甲壁画 1.03 平方米。

北壁：东侧上方及下方壁画大面积脱落，表面刻划严重。西侧中下方壁画脱落严重，下方岩体风化脱落严重。空鼓壁画 4.79 平方米，起甲壁画 2.4 平方米。

34 窟

西壁：北侧残存白粉层，起甲脱落严重。起甲壁画 2.3 平方米。

北壁：西侧残存白粉层，起甲脱落严重。起甲壁画 3.26 平方米。

36 窟

西壁：门两侧残存白粉层。前侧下方酥碱。起甲壁画 1.1 平方米，酥碱壁画 0.46 平方米。

56 窟

顶部：残存壁画为纸画，起甲严重，局部酥碱。颜料层脱落严重，壁画呈斑点状。起甲壁画 5.75 平方米，酥碱壁画 1.44 平方米。

58 窟

东壁：南侧壁画起甲脱落严重。起甲壁画 2.38 平方米。

南壁：壁画大面积脱落，下方岩体风化脱落严重。残存壁画起甲脱落严重，局部酥碱。画面中上方呈斑点状，已不可分辨。起甲壁画 2.22 平方米，酥碱壁画 0.74 平方米。

北壁：中部残存壁画。空鼓壁画 0.4 平方米，起甲壁画 0.4 平方米。

小阿尔寨 1 窟

东壁：壁画被泥层覆盖，画面已不可分辨，局部空鼓。空鼓壁画 4.21 平方米，覆盖物壁画 6.32 平方米。

西壁：壁画被泥层覆盖，脱落严重，画面已不可分辨，下方岩体风化脱落严重。空鼓壁画 4.19 平方米，覆盖物壁画 6.29 平方米。

南壁：壁画被泥层覆盖，脱落严重，画面已不可分辨，局部空鼓。空鼓壁画 1.95 平方米，覆盖物壁画 2.92 平方米。

阿尔寨石窟遗址保护资料汇编

（下）

阿尔寨石窟研究院　编

琪格琪　主编

文物出版社

第三部分

阿尔寨石窟危岩体加固工程资料

阿尔寨石窟危岩体加固工程竣工报告

阿尔寨石窟第一期保护工程

——危岩体抢险加固工程竣工报告

阿尔寨石窟危岩加固（第二期）竣工报告

阿尔寨石窟第三期保护工程竣工报告

阿尔寨石窟第一期保护工程

——危岩体抢险加固工程竣工报告

致监理工程师并建设单位：

阿尔寨石窟第一期保护工程——危岩体抢险加固工程现已施工结束，现将施工完成情况呈报，请审查。

一、工程概况

阿尔寨石窟多年未做有效的保护工作，存在许多问题——裂隙切割形成的危岩体；洞窟内壁画表面发生起甲、酥碱、霉变、空鼓、地仗层脱落、烟熏油渍污染等破坏；风沙对洞窟壁画的风蚀破坏；风沙侵蚀使崖壁中下层的洞窟被风沙掩埋等。其中裂隙切割形成的危岩体危害最严重。本次抢险加固保护的重点是平顶山南侧对石窟以及游人的人身安全构成严重威胁的 1# ～ 7#7 个危岩体。

本工程的设计由中国文物研究所完成，监理工作由河南东方文物建筑监理有限公司工程监理部承担。

二、工程实际完成情况

我公司阿尔寨项目部的施工人员和施工机械从 2005 年 6 月 8 日开始进入施工现场，并立即进行施工准备工作（施工暂设的搭建，临时施工道路的开通，临时施工用水、用电线路的架设），同时对全体施工人员进行了施工技术、质量、安全交底和文物保护相关知识的宣教工作。

从 2005 年 6 月 9 日正式开始施工，依次进行了 1# 危岩体、2# 危岩体、3# 危岩体、4# 危岩体、5# 危岩体、6# 危岩体、7# 危岩体的抢险加固工作，到 2005 年 8 月 23 日在建设单位的大力支持下，在监理单位的正确指导和监督下，圆满完成了全部野外施工任务，完成 工程量见附表。

三、加固施工中所采取的几项关键技术

1. 3# 危岩体的加固措施

3# 危岩体从东侧看较稳定，但从西侧看偏出重心较大。危岩体呈悬挑状，加之施工时的震动，随时都有倾倒的可能。为了保证危岩体的稳定及施工时的安全，首先制定了安全保障措施，即：用四道钢绞绳将危岩体固定在山崖上，悬挑下部用四根钢管作为支撑顶牢上部岩体。施工时在西半部支护砼中另增设了一层 Φ6.5 钢筋网，外部转角处增设了一根 4Φ16 ＋ Φ6.5@200 的钢筋柱，消除了安全隐患，确保了文物本体和施工的安全。

2. 5#、6# 危岩体的加固措施

5#、6# 危岩体岩石较破碎，强度极低，加固施工时极易造成整体坍塌破坏，加固前进行了捆绑和支撑，对其凹槽部分在原设计的锚钎加固方法上扩大面积含进破碎部分，形成土钉墙式外表，增强其岩体的整体性后再进行锚杆施工。其土钉墙的具体施工方法是：（1）加固部分面积按 300 毫米 ×300 毫米网度均布 150-200 ～ 50-100 毫米锚钎（每 1050 ～ 1350 毫米应为原设计锚钎长度），锚钎之间原 Φ6.5 网度不变，中间加入 8-10# 铁线编成 150 毫米 ×150 毫米铁线网。（2）编网后按简易喷射方法浇注混凝土并作旧处理。

3. 岩体内部裂隙的探查措施

为弥补本工程勘察设计中对岩体内部裂隙了解不清这一缺欠，也为在危岩体锚固施工中确定加装抗剪钢管的位置，施工中采用孔内摄影仪借助超深锚孔对孔内岩质及裂隙情况进行探查，准确掌握岩体内部的裂隙特征，以便采取相应的浆液和灌浆措施，确保了每根锚杆的施工质量都能满足设计要求，每一施工地段，至少检测 2 孔。

4. 表面裂隙的处理措施

为保持原有景观，并确保危岩体加固过程中的浆液不污染山（洞）体，施工中预先对表面裂隙进行隐形封堵。表面进行作旧处理，使其保持原始状态。

四、施工质量评述

本工程所用钢筋、水泥、钢管等原材料均有出厂合格证，进场后均经鄂托克旗棋盘井建设工程质量检测所（二级）检（试）验合格后方才使用。

在施工过程中会同监理、建设单位代表做好现场检查工作，发现问题及时进行

整改，有效地预防了质量事故的发生。

　　本工程施工中，采用孔内摄影仪自动成像系统进行锚杆成孔的详细检测，有效地查明了加固段岩体内隐伏裂隙的分布，确保了锚杆锚固深度能够满足设计要求。同时，其孔径、孔深、锚拉杆的制作和安装，经监理工程师和建设单位代表的现场实测，均符合设计要求。

　　水泥浆的试块强度经鄂托克旗棋盘井建设工程质量检测所试验合格，合格率达100%。而通过 3 根锚杆的现场抗拉试验检测表明，锚杆的抗拔力符合设计要求，可以进行竣工验收。

施工单位：辽宁有色基础工程公司

2005 年 8 月 23 日

附表：阿尔寨石窟第一期保护工程——危岩体抢险加固工程完成工作量一览表

部位			1# 危岩体	2# 危岩体	3# 危岩体
项目		单位			
锚杆	Φ90	m/ 根	5/32.5	22/212	19/141
	Φ42		80/200	90/225	60/150
灌浆	Φ90 锚杆	升	589.6	4082.4	2667.2
	Φ42 锚杆		830	940	620
	裂隙		5000	5000	5500
钢筋混凝土		m³	14.26	22.4	19.28
毛石砌筑		m³	3.89	3.19	2.11
脚手架（投影面积）		m²	162	180	108
危岩处理	岩石外裂隙封堵	m²	30	100	50
	环氧树脂灌浆	m³	0.2	0.3	0.3
人工挖土石方		m³	4	3	3
混凝土表面作旧		m²	35.58	42.64	30.29
设备、原材料二次倒运		t	67.7	87.5	76.5
孔内摄影探查		m/ 孔	2/14	2/23	2/22
人工凿岩		m³	1.0	1.0	1.0
临时用电线路架设		m	250		200
临时用水线路敷设		m	250		200

说明

1. 工程采用 75kW 柴油发电机组作为工程施工的动力电源。自 6 月 6 日开始使用，至 8 月 23 日工程完工为止。每日使用时间为 7：00 ～ 20：00，按每天 1.5 个台班计价，共 118 个台班。

2. 采用 130 货车去 3 公里以外区域用水袋拉水，每天分 3 次拉完，每次用人工数 2 人，自 6 月 6 日开始至 8 月 23 日工程完工为止共 79 天（每天按 8 小时计算）。

4# 危岩体	5# 危岩体	6# 危岩体	7# 危岩体	合计	
28/316	4/22	10/55	26/328	114/1106.5	539/2169
50/125	35/87.5	50/125	60/150	425/1062.5	
6025.73	419.34	1048.92	6261.21	21094.4	71994.4
520	360	520	610	4400	
6500	1500	3000	20000	46500	
15.4	3.371	4.392	13.852	92.955	
2.27				11.46	
108	36	72	144	810	
30	20	25	90	345	
0.3	0.2	0.2	0.4	1.9	
0.5	0.5	0.5	3	14.5	
27.96	16.85	21.9	29.12	204.34	
70	20.5	25	79	426.2	
2/26	2/12	2/12	2/29	125.8/12	
1.0	1.0	2.0	1.0	14/138	
				450	
				450	

3. 应建设单位和设计单位要求，对 2# 危岩体西约 35 米处一危岩体进行了两处毛石砌筑支撑，共砌筑毛石 $3.79m^3$，水泥砂浆表面作旧 $16.95m^2$，共用人工数 5 人，4 天（每天按 10 小时计算）。对施工区域西北角 3 处危岩体采用 Φ6.5 直条配合锚钎和钢管进行了捆绑支撑，共用人工数 5 人，1 天（每天按 10 小时计算）。

4. 锚杆验收试验 3 处，3 根。

阿尔寨石窟危岩加固（第二期）竣工报告

致监理工程师并建设单位：

阿尔寨石窟危岩加固（第二期）工程现已施工结束，现将施工完成情况呈报，请审查。

一、工程概况

阿尔寨石窟现残存洞窟 65 个，分三层不规则地分布在一砂岩平顶山四周的崖壁上。由于时代久远，石窟寺破坏严重，其中裂隙切割形成的危岩体危害最严重。在各级文物部门领导的关怀和支持下，中国文物研究所的阿尔寨石窟第一期抢险加固方案很快得到批准，并于 2005 年得到实施。由于第一期设计及施工宗旨是抢险，加固范围只局限于南部的几个保留有壁画的龛窟岩体，许多行将垮塌并带有重要人文痕迹的岩体没有被列入其中，而这些危岩正是本次加固的范围。

本工程的设计是由中国文物研究所和辽宁有色勘察研究院共同完成的，本工程的主要施工项目是：锚杆加固、裂隙灌浆及锚杆混凝土砌筑加固等。

本工程的监理工作由河南东方文物建筑监理有限公司工程监理部承担。

二、工程实际完成情况

我公司阿尔寨项目部的施工人员和施工机械从 2006 年 5 月 27 日开始进入施工现场，并立即进行施工准备工作（施工暂设的搭建，临时施工道路的开通，临时施工用水、用电线路的架设），同时对全体施工人员进行了施工技术、质量、安全交底和文物保护相关知识的宣教工作。

从 2006 年 5 月 28 日正式开始施工，依次施工了 11# 危岩体、12# 危岩体、13# 危岩体、14# 危岩体、15# 危岩体、16# 危岩体、17# 危岩体、18# 危岩体、19# 危岩体、10# 危岩体、8# 危岩体、9# 危岩体，到 2006 年 8 月 25 日在建设单位的大力支持下，在监理单位的正确指导和监督下，圆满完成了全部野外施工任务，完成工程量见附表。

三、施工技术措施

1. 脚手架搭设措施

脚手架的搭设系根据采用的施工机械和加固岩体处的地形地貌条件而确定。一般情况下是在立壁岩体处按照两个双排钢管外脚手架的形式搭设。搭设时，可在山体的合适位置打少量的锚桩进行拉结。脚手架一次性搭设到顶部，以保证加固施工按从上到下的次序进行，其端部或中部应搭设人行爬梯和上料坡道。

2. 施工用水措施

由于施工地点附近水资源较贫乏，为保证工程施工的正常进行，采用 130 货车去 3 公里以外区域用水袋拉水，在施工地点合适位置设置临时蓄水池，用水泵将水分级倒送直至供达各施工地段。

3. 施工用电措施

由于建设单位没有提供动力电源，为保证工程施工的正常进行，采用 75KW 柴油发电机组作为工程施工的动力电源。施工时架设临时用电线路，主电缆为 $35mm^2$ 三相四线胶质电缆，终端处设置总配电箱，通过配电箱分送至各施工地段。

4. 施工设备、原材料二次搬运措施

现有场地条件下，施工设备及所需原材料不能直接运抵施工现场，从经济、实用、有效等几方面综合考虑，施工中采用了人力搬运的最佳措施，虽然其难度极大，但节约了施工成本，大大降低了工程造价。

四、加固施工中所采取的几项关键技术

1. 16# 危岩体的加固措施

16# 危岩体重心支点从东侧看较稳定，但从北侧看向东偏出重心较大。危岩体呈悬挑状，加之施工时的震动，随时都有倾倒的可能。为了保证危岩体的稳定及施工时的安全，首先制定了安全保障措施，即：用两道钢绞绳将危岩体固定在山崖和 15# 危岩体上，悬挑下部用四根钢管作为支撑顶牢上部岩体。施工时东西向锚杆均穿透 15#、16# 危岩体，同时在两侧外锚头部位均加焊 200 毫米 ×200 毫米，厚 20 毫米钢板，消除了安全隐患，确保了文物本体和施工的安全。

2. 岩体内部裂隙的探查措施

为弥补本工程勘察设计中对岩体内部裂隙了解不清这一缺欠，也为确定危岩体锚固施工中加装抗剪钢管的位置，施工中采用孔内摄影仪借助超深锚孔对孔内岩质

及裂隙情况进行探查，准确掌握岩体内部的裂隙特征，以便采取相应的浆液和灌浆措施，确保了每根锚杆的施工质量都能满足设计要求，每一施工地段，至少检测2孔。

3. 表面裂隙的处理措施

为保持原有景观，并在危岩体加固过程中浆液不污染山（洞）体，施工中预先对表面裂隙进行隐形封堵。表面进行作旧处理，使其保持原始状态。

五、施工质量评述

本工程所用钢筋、水泥、钢管等原材料均有出厂合格证，进场后均经鄂托克旗棋盘井建设工程质量检测所（二级）检（试）验合格后方才使用。

在施工过程中会同监理、建设单位代表做好现场检查工作，发现问题及时进行整改，有效地预防了质量事故的发生。

本工程施工中，采用孔内摄影仪自动成像系统进行锚杆成孔的详细检测，有效地查明了加固段岩体内隐伏裂隙的分布，确保了锚杆锚固深度能够满足设计要求。同时，其孔径、孔深、锚拉杆的制作和安装，经监理工程师和建设单位代表的现场实测，均符合设计要求。

水泥浆和混凝土的试块强度经鄂托克旗棋盘井建设工程质量检测所试验合格，合格率达100%。而通过3根锚杆的现场抗拉试验检测表明，锚杆的抗拔力符合设计要求。

本工程严格按设计要求进行施工，施工中按相关规范、标准的规定执行，并实行监理工程师现场监督、工序质量验收、项目经理负责的管理措施，确保了各检验批、各分项、各分部工程质量的合格。

综上所述，认为本工程的施工质量符合有关规范和标准的规定，满足设计要求。

六、施工造价

本工程原施工预算为302万元，由于施工中设计调整和补充，工程量有所增加，以现场实际完成工程量为准、以相关定额为计价依据进行计算。

七、存在的问题

1. 由于工程本身的复杂性、隐蔽性、受不确定因素影响大等特点，本工程的施工需要与勘察、设计单位密切配合才能保证工程的施工质量，对施工中所发现的新情况必须及时向勘察、设计单位提出，以便采取相应的措施，造成了本工程存在一定的设计修改和补充，如 8#、12#、13#、16# 危岩体等处。

2. 本工程的施工中虽然采取了一定除尘措施，也极大地降低了施工中粉尘的污染，但距要求还有差距，今后施工中必须做进一步的改进。

八、建议

本次加固工程现已全面完成，达到了预期目的。但综观保护区内，尚有多处危岩体没有得到治理或有效的控制，这些危岩体对石窟和游客的危险极大，建议采取有效措施加以解决。

本工程的施工得到了内蒙古自治区文物局、鄂尔多斯市文物局及鄂托克旗文化广播电视局的高度重视，并在鄂托克旗棋盘井质量监督站、鄂托克旗文化广播电视局以及河南东方文物建筑监理有限公司的大力支持和全力配合下得以顺利完成，对上述单位和支持我们工作的朋友，我公司在此表示衷心的感谢。

施工单位：辽宁有色基础工程公司

2006 年 8 月 25 日

附表：阿尔寨石窟危岩加固（第二期）工程量一览表

部位			8# 危岩体	9# 危岩体	10# 危岩体	11# 危岩体	12# 危岩体	13# 危岩体
项目		单位						
锚杆	Φ90	m/根				119/13	43/5	399/33
	Φ42		30/20	62.5/25	63/42	92.5/37	107.5/43	268/13
灌浆	Φ90锚杆	升				2285.5	808	7597.3
	Φ42锚杆		130	260	260	390	450	1110
	裂隙					10000	5000	25000
钢筋混凝土		m³	1.04	3.7	2.53	15.39	21.74	23.87
毛石砌筑		m³		0.05	4.45	0.92	0.34	
脚手架（投影面积）		m²	60	36		132	120	180
危岩处理	岩石外裂隙封堵	m²				20	20	100
	环氧树脂灌浆	m³				0.5	0.6	0.8
人工挖土石方		m³	1.0	2.5	2.0	4.0	4.0	5.0
混凝土表面作旧		m²	9.26	10.51	26.04	27.12	32.86	48.04
设备、原材料二次倒运		t	6.53	11.1	18.1	70.8	76.3	119.8
孔内摄影探查		m/孔				21/2	19/2	27/2
人工凿岩		m³	1.0	1.0	1.0	1.0	1.0	2.0
临时用电线路架设		m	200		200	200		200
临时用水线路敷设		m	200		200	200		200

说明

1. 工程采用75kW柴油发电机组作为工程施工的动力电源。自5月27日开始使用，至8月20日工程完工。每日使用时间为7：00～20：00，每天按1.5个台班计价，共127个台班。

2. 采用130货车去3公里以外区域用水袋拉水，每天分3次拉完，每次用人工数2人，自5月27日开始至8月20日工程完工为止共85天（每天按8小时计算）。

14#危岩体	15#危岩体	16#危岩体	17#危岩体	18#危岩体	19#危岩体	合计	
96/11	310.2/33					967.2/95	2945.7/938
07.5/43	192.5/77	382.5/153	155/62	310/124	207.5/83	1978.5/843	
1825.3	5897.7					18413.8	117653.8
450	800	1590	650	1290	860	8240	
8000	21000	22000				91000	
19.97	25.34	35.45	8.83	35	22.11	214.97	
0.42		1.11				7.29	
96	162	162	36	36	36	1056	
40	45	30				255	
0.7	0.6	0.4				3.6	
1.0	10.0	8.5	3.0	10.0	5.0	56	
16.32	18.48	47.66	24.11	31.56	20.26	312.22	
77	108.9	138.8	28.5	93.4	61.2	810.43	
21/2	17.3/2	20.5/2				125.8/12	
1.0	2.0	3.0	1.0	3.0	2.0	19	
250	300		300	250		1900	
250	300		300	250		1900	

3. 应建设单位和设计单位要求，对7#危岩体底部、6#危岩体底部以及3#危岩体东侧底部3处地点风化凹槽部位进行了锚杆混凝土支护加固处理，完成工作量具体如下：小锚杆（Φ42毫米）67个，总进尺167.5米；小锚杆灌浆0.7m³；基槽开挖土方量5m³；水泥砂浆表面作旧17.36m²；浇注钢筋混凝土8.69m³。

4. 锚杆验收试验3处，3根。

阿尔寨石窟第三期保护工程竣工报告

一、工程概况

阿尔寨石窟地理位置偏僻，人烟稀少。在风化剥蚀作用和负荷地质作用下，出现裂隙切割形成的危岩体和风化凹槽两大地质病害。目前，大部分石窟存在不同程度的地质病害，部分石窟已经垮塌或面临垮塌毁灭的危险。

前期实施的地质病害治理工作主要有两期，重点是对直接影响石窟稳定的危岩体及部分地段的风蚀凹槽进行了治理。

第一期保护工程——危岩体抢险加固工程。以抢险保护的态势，针对平顶山南侧保留有壁画的对石窟构成严重威胁的 7 个危岩体（1# ～ 7#）进行了保护加固。

第二期保护工程——危岩体加固工程。对第一期工程未进行加固的带有重要人文痕迹的危岩体进行了加固保护。

本次工程是对严重影响石窟安全的岩体、风蚀凹槽进行治理，及对部分面临垮塌危险的石窟临时承重结构进行托换。本次工程设计由阿尔寨石窟研究院与辽宁有色勘察研究院联合完成。

本次工程的监理工作由河南东方文物建筑监理有限公司承担。

辽宁有色基础工程公司阿尔寨项目部的施工人员 2008 年 5 月 7 日进入施工现场，于 2008 年 5 月 10 日正式开工，至 2008 年 7 月 31 日全部完成本期工程的施工任务。

本期工程完成了第一加固区段（阿尔寨石窟西北侧危岩体及风蚀凹槽）、第二加固区段（阿尔寨石窟北部东侧危岩体及风蚀凹槽）、第三加固区段（阿尔寨石窟东部北侧危岩体及风蚀凹槽）以及第四加固区段（13 号窟顶危岩体加固、风蚀凹槽的治理、10 号～ 66 号窟临时承重结构的托换）等工程内容。完成工程量见附表。

二、洞窟及危岩体的加固保护

1. 第一区段加固保护

该区段位于阿尔寨山体的西北部，正是阿尔寨山体的主迎风区。这一区段山体长 65 米，陡壁上不规则地分布有大小 10 个石窟，编号 43 ～ 52 号。

对 46 号窟至 52 号窟上部的危岩体选用锚杆进行加固。锚杆选用了两种形式：全长黏结型钢筋锚杆和全长黏结型钢管锚杆。对加固区段的风蚀凹槽选用钢筋混凝土浇注的方式进行加固保护。

2. 第二区段加固保护

该区段位于阿尔寨山体的北部东面。对 55 ~ 56 号窟上部及佛塔附近的碎裂岩体选用全长黏结型钢筋锚杆进行加固。对石窟围岩中发育的大小不一、形状各异的风蚀凹槽，采用钢筋混凝土浇注的方式进行加固（局部凹槽较深处采用毛石砌筑的形式填充）。

3. 第三区段加固保护

该区段位于阿尔寨山体的东部北面。对 61 号窟依附的危岩体选用全长黏结型钢筋锚杆进行加固。对危岩体表面的风蚀凹槽采用钢筋混凝土浇注进行加固。

4. 第四区段加固保护

该区段位于阿尔寨山体的南面，长 37 米，陡壁上雕凿有 5 个石窟、1 个佛塔。对中心柱窟（13 号窟）上部危岩体选用预应力钢筋锚杆和抗剪钢管锚杆进行加固。对风蚀凹槽采用钢筋混凝土浇注进行加固。

对 10 号、12 号、13 号窟临时承重结构采用钢筋混凝土墙（或柱）进行托换。

对 66 号窟采用钢筋混凝土墙、板进行加固。对 66 号窟顶部碎裂岩体补充施工了 5 根钢筋锚杆。

三、施工技术措施

1. 脚手架搭设措施

脚手架的搭设系根据采用的施工机械和加固岩体处的地形地貌条件而确定。一般情况下是在立壁岩体处按照两个双排钢管外脚手架的形式搭设，搭设时，可在山体的合适位置打少量的锚桩进行拉结。脚手架一次性搭设到顶部，以保证加固施工按从上到下的次序进行，其端部或中部应搭设人行爬梯和上料坡道。

2. 施工用水措施

由于施工现场无施工用水，只能采用运输工具到 3 公里以外区域拉水运输至施工现场设置的临时蓄水池，用水泵将水分级倒运直至各施工地段。

3. 施工用电措施

由于施工现场无施工动力电源，本次工程先用 75KW 柴油发电机组作为工程施工的动力电源。施工时架设临时用电线路，主电缆为 $35mm^2$ 三相四线胶质电缆，终端处设置总配电箱，通过配电箱分送至各施工地段。

4. 施工设备、原材料二次搬运措施

受现场施工条件所限，施工设备及所需原材料不能直接运抵施工现场。从经济、实用、有效等多方面综合考虑，施工中采用了人工搬运的措施。虽然难度较大，但节约了施工成本，大大降低了工程造价。

5. 施工中的文物保护措施

本次施工中切实加强了文物保护和整体环境的保护工作。

① 脚手架搭设时没有触及石窟残壁上的文化遗迹。

② 锚杆施工采用风冷回转钻进工艺，减少了对洞窟的振动破坏。施工中采用防雨布将窟门及附近的古迹全部遮盖，以确保灰尘不进入窟内，以及外露古迹不受其损伤。

③ 锚杆或裂隙灌浆前，采用封堵材料对窟内裂隙进行了仔细的封堵。

四、施工中采用的新工艺、新技术

1. 孔内摄影仪的应用。本次工程施工中，在各加固保护地段采用孔内摄影仪自动成像系统进行详细的检测，有效地查明了加固段岩体内隐伏裂隙的分布及产状特征，弥补了因取芯困难而无法判定岩体内隐伏裂隙的不足，为锚杆杆体、抗剪钢管的安装提供了可靠的依据。

2. 扩孔工艺的应用。洞窟依附岩体，有些部位胶结强度低，岩石强度低，锚杆受拉后在锚固体与岩体结合部的岩体一侧，产生剪切破坏，从而影响锚固体与岩体之间的摩阻力。使用扩孔工艺，在锚固段的指定部位进行扩孔，通过锚杆注浆使锚固体形成扩大头，增大了锚固体与岩体间的摩阻力。

3. 成孔过程中，使用了我公司新研发的反循环排渣成孔工艺。同时采用了我公司自主研发的防尘技术，成孔过程中大大降低了粉尘的排放。

五、工程施工质量评述

本工程的施工是按施工设计和批复的施工组织设计进行。各项工程的施工严格执行相关规范和标准。

通过孔内摄影仪对岩体内部裂隙的检测证明，各加固段的锚杆锚固深度及抗剪

钢管安放位置符合设计要求。

通过 3 根锚杆的抗拉验收试验检测，锚杆的施工质量均符合设计要求。

施工过程中，监理工程师对危岩体锚杆加固、钢筋混凝土浇注以及承重结构托换的施工进行全程监督。并对使用的原材料测试、水泥浆（混凝土）试块的抗压试验按见证制度跟踪监理。

施工中采用的原材料均有出厂合格证明。钢材、水泥经复试符合相关规定的技术要求。

施工中严格按照施工设计要求进行，符合其工艺要求。认定本次工程施工质量满足设计要求，达到相关规范、规定的标准。

六、存在的问题

由于水泥浆锚固体龄期不足 28 天，第四加固区段的锚杆验收试验未能进行。

七、建议

保护区内尚有多处危岩体（尤其是东部，2008 年 7 月中旬曾有岩块脱落）没有得到治理或有效的控制，这些危岩体对石窟和游客的危险极大，建议采取有效措施加以解决。

本工程的施工得到了鄂托克旗阿尔寨石窟研究院、鄂托克旗工程质量检测实验室及河南东方文物建筑监理有限公司的大力支持和全力配合。对上述单位和支持我们工作的朋友，表示衷心的感谢。

施工单位：辽宁有色基础工程公司

2008 年 7 月 31 日

附表：阿尔寨石窟第三期保护工程工作量一览表

部位 项目		单位	第一加固区段	第二加固区段	第三加固区段
锚杆	Φ100	m/根	218.1/33	204/38	115/13
	Φ42		792.5/634	301.5/201	711.25/569
灌浆	Φ100 锚杆	m³	5.165	4.895	2.725
	Φ42 锚杆		4.66	1.25	6
	裂隙		60	40	30
钢筋混凝土		m³	104	41.278	85.56
锚喷		m²	130		
毛石砌筑		m³	8.6	12.6	
脚手架（投影面积）		m²	216	240	252
危岩处理	裂隙封堵	m²	70	50	60
	环氧树脂灌浆	m³	1.5	0.5	2.5
人工挖土石方		m³	54.5	14.994	24.5
混凝土表面作旧		m²	133	128.12	84
设备、原材料二次倒运		T+m³	137t+180m³	80t+92m³	89.5t+130m³
孔内摄影探查		m/孔	22/3	31/6	27/3
人工凿岩		m³	5.85	4.494	3.55
临时用电线路架设		m	200	100	100
临时用水线路敷设		m	200	100	100

第四加固区段	10、12、13、66窟加固	合　计	备　注
652.8/80	147.6/23	1337.4/4187	
649.5/433	132/88	2586.75/1925	
14.34	4.5	31.625	
3.7	1.2	16.81	
60		190	
31.88	21.025	283.743	
		130	
		21.2	
414		1122	
80		260	
4.5		9	
4.5	4.5	3	
63.75	150.75	559.62	
123.83t+48m^3	18.16t+36m^3	448.49t+486m^3	砂石料按立方米计算
25.1/3		105.1/15	
1.55	1.85	17.294	
200		600	
200		600	

阿尔寨石窟危岩体加固工程监理报告

阿尔寨石窟危岩加固工程（第1—2期）监理报告

阿尔寨石窟第三期保护工程
——临时承重结构托换与抗风蚀结构工程监理报告

阿尔寨石窟危岩加固工程
（第1-2期）监理报告

一、监理工程概况

内蒙古鄂托克旗阿尔寨石窟是中国长城以北内蒙古草原地区硕果仅存的晚期佛教石窟遗址，是全国重点文物保护单位。但由于自然因素和年久失修等原因，导致近十分之一的岩体裂缝、分离、坍塌，窟内的精美壁画也已千疮百孔，存在诸多破坏性因素。故2005年国家文物局正式批准立项，对该石窟危岩进行抢救性保护。为确保该石窟危岩加固工程的质量，内蒙古鄂托克旗文化广播电视局于2005年3月15日委托河南东方文物建筑工程监理公司承担阿尔寨石窟危岩加固工程的监理业务。承担该项工程施工任务的是辽宁有色基础工程公司。第1、2期危岩加固工程分别于2005年6月9日、2006年5月28日正式开工；2005年8月24日、2006年8月20日完工。第1、2期工程合同总价款为615.8万元。

二、监理工作要点

在该工程启动前，河南东方文物建筑工程监理公司受业主委托承担对该石窟危岩加固保护工程的监理工作，公司领导十分重视，并多次深入施工现场，结合设计方案中抢救加固的要求，按照法定保护原则及委托合同约定范围，组建了项目工程监理机构，并制定职责，明确了分工。监理人员为切实做好阿尔寨石窟危岩体加固工程监理工作，及时编制了《内蒙古自治区鄂托克旗阿尔寨石窟危岩体加固工程监理规划》，制定切实可行的监理措施和步骤，将所有不安全因素排列归类，以防文物本体工程质量和人员安全事故的发生。

该工程是展现内蒙古草原文化的重要窗口，是研究少数民族佛教历史和古代绘画艺术的实物例证，对展示内蒙古草原文化特点，提高人文品质，无疑会带来多方位的效应；对促进民族大团结，进一步推动阿尔寨石窟成为全国旅游胜地，造福于草原人民，都具有深远的历史意义。

三、工程质量控制

本工程由中国文物研究所和辽宁有色勘察研究院共同勘测设计，依据国家文物局对设计的批复精神，第一期设计及施工宗旨是抢险，加固范围只局限于南部的编号 1# ～ 7# 几个保留有壁画的龛窟岩体，即将垮塌并带有重要人文遗址的编号 8# ～ 19# 危岩被列入第二期加固范围。

该工程施工难度大、危险性高、工期短、质量要求高。针对以上特点，监理人员以施工及验收规范、工程质量检验评定标准等为依据，督促承建单位全面实现工程项目合同约定的质量目标。对工程项目施工过程实施质量控制，做到对工程项目的人、机、材、法、环境等因素进行全面的质量控制。本工程主要施工项目是：危岩体锚杆加固、裂隙灌浆和锚杆（混凝土）支护等。其施工技术工艺要求为：

（1）基底清理：首先清理危岩基底，将危岩清理至强度够用的持力层，同时保证避开未经发掘的遗址或被掩埋的洞窟。

（2）锚杆施工：本工程的锚杆类型主要有 Φ42、Φ16 钢筋小锚杆，Φ90、Φ25 钢筋预应力和非预应力锚杆，锚杆施工是本工程的重要工作。岩体内部灌浆大部分通过锚杆实现。

锚孔定位：采用罗盘和皮尺根据设计图纸和加固处岩体内部裂缝的发育和分布特征现场确定，要求定位误差不大于 20 毫米，开孔方位和倾角误差小于 20 毫米。

锚杆成孔：对较破碎层位和对振动影响敏感部位，要求采用回旋钻进成孔，孔深应根据设计图纸和附近探测孔的结果而确定。要求孔深误差不小于设计深度＋100 毫米。

锚杆的制作、安装：采用符合设计要求的钢筋现场人工制作。要求导正架间隔 1 米，要求锚杆长度误差不小于孔深即 50 毫米，安装时锚杆不得严重变形，并居中。

灌浆：既是锚杆灌浆又是岩体内部空隙灌浆。一般采用水灰比 0.5∶1 的纯水泥浆。灌浆时自孔底灌起，采用低压、无压或人工灌注。对特殊地段采用化学灌浆，以灌注后 15 米内不渗浆为终止标志。每灌一处（一个加固点）至少留一组试块。

施加预应力：采用内外锚固段第二次灌浆方法进行预应力施加，内锚固段灌浆体强度达到 80% 时（7 ～ 10 天后）施加，预应力施加不大于设计值的 70%。

（3）锚杆（混凝土）支护 1# ～ 19# 危岩体：

将待支护部位坡面上的活石、覆土清理干净，露出砂岩稳定基础持力层。

小锚杆的施工：在风化凹槽区域内小锚杆按设计要求布置，钻孔径为 42 毫米，孔深 2.5 ～ 3 米，间距 1.0 米 ×1.0 米，上下交错排列，成孔后灌浆灰砂比 1：1 的水泥砂浆，插入 Φ16 的螺纹钢，根据凹槽的形态和空间，钢筋出露 20 ～ 30 毫米，利用出露钢筋绑扎 Φ6.5 毫米的钢筋网。

钢筋网：钢筋首先调直，钢筋网的规格为 Φ6.5 毫米 @200×200 毫米，编网时根据岩面的平整情况，采用现场编制或预定网片的形式。

混凝土浇注：小锚杆固化后浇注混凝土，混凝土由机械或人工搅拌，按 C30 混凝土强度等级配制，在其上部与危岩的接触部位留有预埋管，处理（混凝土）收缩冷凝后留下的结合缝。

养护：混凝土养护 14 天后，按照加固区域岩体的形态、特征、色泽进行作旧，保证混凝土体与石窟、周围环境的协调统一。

根据总体规划的要求，本着保护文物的同时不干扰文物的历史信息，加固危岩，又能与周围环境协调一致的修旧如旧原则，以最大限度保持原来的平面布局、造型和风格，为保持该文物本体原貌，严把工程质量关。施工前，1# ～ 19# 危岩加固各工序认真做了施工技术交底。钢材、水泥、石料按规格进场时，监理与施工方做到严格把关，保质保量。该项目施工最大的问题是用水、用电和原材料运输。为确保施工计划顺利完成，必须合理安排工序，克服各种阻力和干扰。工程采用 75KW 柴油发电机组作为工程施工电源，采用 130 货车到三公里以外区域用水袋拉水，每天分三次拉运。设备、原材料采用钢索往山上进行二次搬运（搬运水平距离 200 米，高差 50 米），以满足施工需要。两期 1# ～ 19# 危岩共浇注 C30 混凝土 308.97 立方米；锚杆工程所用 Φ90、Φ42 杆体制作安装符合设计要求；所用危岩灌注砂浆、C30 混凝土抗压试验，分别达 28.7mpa、33mpa，均符合规范标准。

本工程由于 1# ～ 7# 岩体设计所定支护面积小于凹槽现状，以及支护（混凝土）无稳定支点等原因，经设计方、业主同意，分别进行了锚杆（混凝土）支护加固处理，使岩体得到有效的稳固和保护。支护（混凝土）的表面处理则根据设计规定要求，在外轮廓形态及色泽上必须与周围岩体接近。为了解决这一难题，施工方和监理人员曾多次一起讨论施工方案，最终确定使用较薄软、易于受推力变形的胶合板支模，固定模板的支撑杆人为地调整间距，使软模板能在浇注混凝土时随岩体变形。在模板里则固定安放沙袋或石块，模板拆除取出沙袋和石块，使混凝土表面表现出风化侵蚀的形态，再在混凝土表面不太自然的凹槽处人工剔凿出较顺畅的凹槽，使支护部分的外表形态与周围岩体协调一致。处理外表色泽时为了防止风沙腐蚀后出现脱皮，露出里面的支护（混凝土）层，采用混凝土表面抹加色水泥浆，再于原层上涂刷与岩石相接近的色浆的方法，使其达到修旧如旧效果。该做法得到了设计方、业主领导的一致认可与好评。

四、工程进度及安全

1. 工程进度

阿尔寨石窟危岩加固工程施工过程中，监理人员依据合同约定、施工组织方案及工程进度计划，做好组织协调工作。由于该工程特定的环境气候，每年只有四个月的时间可以施工，每到九月份天气变化无常，冬季来临极早，不利于（混凝土）工程施工。因此，为了保证工程质量，降低工程费用，缩短工期，监理方要求合理调整人力资源，加班作业，按照工程进度计划实施，做到只许提前、不准滞后，从而确保了施工进度紧张有序进行。按照双方合同约定时间要求，两期危岩加固工程均提前完成任务。

2. 安全

监理人员为加强对安全管理体系和施工规范的检查，积极督促落实有关安全措施，增强施工人员的安全意识，消除隐患，杜绝事故的发生。施工期间，脚手架的搭设系根据本次拟采用的施工机械和加固岩体处的地形地貌而确定，要求锚杆的作业平台宽度不大于 4 米，每层高度 1.5 米，承重大于 600kg/m^2。其次，在立壁岩体处按照两个双排钢管外脚手架的形式搭设，可在山体合适位置打少量锚桩，进行拉结，以确保加固施工按从上到下的次序进行。一期危岩加固工程，危岩不安全和随时垮塌的因素很多，加之施工产生的震动，危岩稳固系数极小。尤其是 3#、4#、5# 危岩体，基部的软弱泥层凹进较多，上部的岩层探出较多，呈悬挑状，在悬挑的岩体底部有较大的形成裂缝，施工时如不采取相应固定措施，极易产生垮塌，造成人员、文物本体和相连石窟的伤击破坏。因此，监理人员建议施工方实施先稳固，后加固措施，力求确保安全。裂缝灌浆时，由于裂缝较大，砂岩石层层开裂，浆液极有可能顺裂缝跑渗，污染窟内的壁画。为杜绝污染事件的发生，要求施工方对附近的裂缝进行及时封堵，然后进行灌浆施工，并派人密切观察有可能冒浆的部位。由于措施得力，落实到位，两期加固施工期间，未发生文物破坏及人员伤亡事故。

五、资料信息收集

资料信息收集是反映整个工程"三控制""两管理""一协调"的重要内容，也是现场监理人员的重要职责。为了确保工程质量，在施工期间，由业主配合查阅有关阿尔寨石窟一、二期加固工程的各种资料报告及中国文物研究所和辽宁有色勘察研究院设计的施工图和设计说明，对施工方施工过程中的资料收集进行审核，促其完善各种组织和责任制度，并在施工过程中加以监督。在施工中收集各种重要材料的出厂质检报告和产品合格证以及主要材料在棋盘井质检部门的复试报告，从材料方面控制工程质量。及时收集各工序分部 / 分项的验收资料，并对其进行确认。监理人员在收集施工单位资料的同时，也加强对监理方资料的收集，工程期间收集了监理通知单、监理例会记录、监理日记、监理月报等资料，更清楚准确地向主管部门和业主反映了工程进度情况和工程质量情况。

六、工程特点及存在问题

1. 工程特点

内蒙古鄂托克旗阿尔寨石窟是全国重点文物保护单位，各级政府和文物管理部门十分重视，近两年内，国家文物局张柏、童明康副局长，内蒙古自治区文物局和鄂托克旗政府及文化广播电视局领导多次到现场检查指导督促工作，对工程质量的提高和工程顺利进行都起到了十分重要的作用。

该工程作为文物保护工程，对抢救保护好这一历史文化遗址，具有极大的影响力，备受社会各界人士的关注。业主与监理方、施工方积极配合，对每一道工序环节都认真把关，危岩加固严格按文物保护原则及施工标准进行，并借以现代建筑工程质量手段，将该工程各种材料、试块及时送质检部门进行复验和试验。利用经纬仪、孔内摄影仪、消尘器对施工定位、锚孔、锚杆体、尺寸、标高以及施工锚杆过程进行检测，确保了文物保护工程质量建立在科学的基础上。

从整个施工过程来看，建设单位从严管理，监理人员忠于职守，施工人员认真施工，使文物本体最大限度地保持了原有的风貌，使其更加稳固和俊美，监理方认为本工程已达合格。

内蒙古鄂托克旗棋盘井质检站的工作人员以极其负责的态度对整个保护危岩加固工程及施工行为进行监督，并在工作上对河南东方文物建筑监理公司监理人员予以了大力支持。

2. 存在问题

辽宁有色基础工程公司是从事石窟寺和石刻保护的一级文物保护工程施工单位，属于石窟保护专业施工队伍，施工经验较为丰富。但随着建筑市场的不断变化，应不断完善各种规章制度，正确处理法人与项目承包者的关系，项目部的人员配备应满足施工项目管理的需要；进一步提高对文物保护工程施工技术水平；全面提高企业内部人员的素质。

本次一、二期加固工程虽已完成，但需支护的部位还有很多。本次加固只是将最危险的岩体进行了加固保护。从文物保护的角度上，还需进一步彻底加固或保护。山体顶部和侧面裂缝纵横交错，软弱岩层形成凹槽和悬挑现象在山体四周普遍存在，应尽快实施下一步加固方案，同时，山顶平面遗址大殿复建，山间步梯、道路、园林、大门、停车场等应同步报批方案，争取最快时间，尽早实施，形成景区规模，发挥旅游资源应有的经济、社会效益。

七、后记

随着国家文物局对阿尔寨石窟文物保护工程力度的不断加大，阿尔寨石窟许多文物保护加固复建项目迫在眉睫，任重而道远，对文物保护中的监理工作也是一个机遇和挑战。河南东方文物建筑监理公司组建五年多来，对省内外一些文物保护工程承担着监理工作，2005 年内蒙古鄂托克旗文化广播电视局委托河南东方文物建筑监理公司对阿尔寨石窟危岩一、二期加固工程实施监理。为确保文物得到切实保护，河南东方文物建筑监理公司派员工常驻工地，监理人员忠于职守，与甲方密切合作，严格检查督促工程全过程，使得该保护工程一、二期分别于 2005 年 8 月、2006 年 8 月圆满结束，监理工作得到了内蒙古鄂托克旗文化广播电视局和当地质检部门领导的大力支持，施工方也给予积极配合。在此，一并致以感谢。

河南东方文物建筑监理公司内蒙古阿尔寨石窟项目监理部

2006 年 8 月 30 日

阿尔寨石窟第三期保护工程
——临时承重结构托换与抗风蚀结构工程监理报告

一、监理工程概况

由于阿尔寨石窟地理位置偏僻，人烟稀少，管理难度大，在 2002 年以前基本未进行过有效的保护工作，在风化剥蚀作用和负荷地质作用的共同影响下，出现了裂隙切割形成的危岩体和风化凹槽两大地质病害，大部分石窟存在不同程度的地质病害，部分石窟已经遭受灭顶之灾或面临垮塌毁灭的危险。在前国务院副总理李岚清的亲自批示和过问下，在国家文物局的安排、部署下，阿尔寨石窟地质病害治理工作按计划、有步骤地分期实施。目前，已经阶段性完成阿尔寨石窟第三期保护工程的施工及监理工作。

二、监理工作要点

自 2008 年 5 月 10 日工程开工起，河南东方文物建筑监理有限公司受业主委托承担了阿尔寨石窟第三期危岩体保护工程的监理工作，并结合设计方案抢救加固的要求，按照法定保护原则及委托合同约定范围，组建了项目工程监理机构。监理人员为切实做好阿尔寨石窟危岩体加固工程监理工作，及时编制了《内蒙古自治区鄂托克旗阿尔寨石窟第三期保护工程——临时承重结构托换与抗风蚀加固工程监理规划》。

阿尔寨的石窟危岩具有大量的风蚀凹槽，其存在已久，严重影响石窟的安全。此外，部分石窟的临时承重结构也面临垮塌的危险，需要进行托换。为此，受内蒙古自治区鄂托克旗文化局的委托，我监理公司在设计方案的指引下，对前两期加固未涉及的、影响石窟、佛塔、遗迹稳定的风化凹槽的封堵和临时承重结构托换工程进行严格监督、检查，以确保文物本体的安全。

三、工程质量控制

本工程由阿尔寨石窟研究院和辽宁有色勘察研究院共同勘测设计。依据国家文物局对第三期保护工程的设计批复精神及阿尔寨石窟地质病害治理工作实施情况和地质病害现状，本次设计的宗旨是：针对影响阿尔寨石窟稳定的风蚀凹槽进行保护治理。为此，我们对前两期加固未涉及的四个区段内影响 22 个石窟与 6 个佛塔、1 处遗迹的地质病害进行了危岩体加固。

针对以上特点，监理人员以施工工艺及验收规范、工程质量检验评定标准等依据，督促承建单位全面实现工程项目合同约定的质量目标，做到对工程项目的人、机、材、环境等因素进行全面的质量控制，以质量预控为重中之重。本工程主要施工项目是：危岩体锚杆加固、裂隙灌浆和锚杆（混凝土）支护、危岩体托换等。其施工工艺为：

（1）锚杆注浆加固

加固目的：提高岩体与基岩的联结强度，防止雨水的渗入破坏，从而改善岩体受力状态，增强岩体结构。

加固对象：周边存在裂隙的石窟。

施工工序：钻孔定位—成孔—锚杆制作、安装—注浆—二次注浆—封孔。

施工要求：

① 采用无水钻进工艺成孔，钻孔直径 91 ～ 110 毫米，倾角误差 ±0.5°，终孔深度误差 ±5 厘米。钻孔深度应穿过裂隙 2.5 ～ 3 米，以保证深部没有隐藏的裂隙。

② 锚杆体采用 1Φ25 螺纹钢筋，锚头钢垫板尺寸 220 毫米 ×220 毫米，厚 30 毫米。

③ 裂隙清理中，要用适宜的工具清除裂隙间的松散填充物质，并用高压风吹净裂隙内残留岩粉。

④ 注浆前用环氧树脂胶泥封堵裂隙边界，尤其注意切穿石窟的裂隙。

⑤ 采用 42.5 级水泥，浆液水灰比（0.7 ～ 0.5）：1，注浆压力 0.3 ～ 0.5Mpa，设计拉拔力 90KN。

⑥ 施工中应执行《水工建筑物水泥灌浆技术规范》（SL62—94）与《岩土锚杆（索）技术规程》（CECS22：2005）之有关规定。

（2）抗剪钢管锚杆加固

加固目的：提高石窟或佛塔顶部岩体抗剪切破坏强度，从而改善岩体受力状态，增强岩体结构，防止窟顶垮塌。

加固对象：存在剪切破坏病害的石窟或佛塔顶部岩体。

施工工序：钻孔定位—成孔—抗剪钢管锚杆制作、安装—注浆—二次注浆—封孔。

施工要求：

① 采用无水钻进工艺成孔，钻孔直径91～110毫米，倾角误差±0.5°，终孔深度误差±5厘米。钻孔深度应穿过裂隙或窟内侧壁2.5～3米，以保证深部没有隐藏的裂隙。

② 钢管直径57毫米，壁厚5毫米。中心柱窟钢管直径75毫米，壁厚5毫米。采用42.5级水泥，浆液水灰比（0.7～0.5）:1，注浆压力0.3～0.5Mpa。

③ 裂隙清理中，要用适宜的工具清除裂隙间的松散填充物质。

④ 注浆前用高压风吹净孔内残留岩粉，用环氧树脂胶泥封堵裂隙边界，尤其注意切穿石窟的裂隙。

⑤ 施工中应执行《水工建筑物水泥灌浆技术规范》（SL62—94）与《岩土锚杆（索）技术规程》（CECS22:2005）之有关规定。

（3）小锚杆混凝土（或锚喷）加固

加固目的：根治风的磨蚀作用，大大降低风化作用的速度，从而改善岩体受力状态。

加固对象：风蚀凹槽。

施工工序：基底清理—钻孔—插筋—灌注—钢筋编网—浇注混凝土（或喷射砼）。

施工要求：

① 基底清理深度要掘进坚硬砂岩200毫米以上，宽度不小于300毫米。

② 凹槽深度不超过400毫米时采用锚喷，钻孔直径42～65毫米，小锚杆选用1Φ16螺纹钢筋，间距500毫米×500毫米，锚固长度0.5～1米，上下、左右深浅相间。

③ 凹槽深度超过400毫米时采用混凝土浇注，混凝土强度C_{25}。混凝土浇注前必须先支好模板，扫清残土积沙，每浇注300毫米后振捣一次，完成时必须有一次振捣。人工浇注的混凝土其立面必须预留作旧空间。

④ 钢筋网规格Φ6.5@100×100。凹槽深度超过400毫米时每300毫米增加一条中间钢筋。上下分布的小锚杆不但要立筋相连，靠外侧还要有斜上、斜下的"之"字形钢筋连在小锚杆上，除横钢筋外，连出"△"形钢筋网。

⑤ 由于凹槽形状各异，本次设计对支撑模板不做统一要求，施工时因地制宜，在保证不破坏文物、不污染环境的前提下自行解决。

⑥ 施工中应执行《混凝土结构工程施工质量验收规范》（GB50204—2002）与《岩土锚杆（索）技术规程》（CECS22：2005）之有关规定。

（4）外置全黏结预应力悬吊式锚杆加固

中心柱（60号）窟进深8330毫米，窟高2315毫米，宽6550毫米，在内壁向外1434毫米处留有一个1200毫米×1200毫米的中心柱。由于窟顶围岩中软弱夹层、裂隙及楔形岩块的存在，使中心柱窟（本设计中指13号窟）窟顶具有潜在的垮塌危险，窟内的临时承重结构——砖墙，对窟顶岩体起到支撑作用。

根据施工场地条件，不拆除临时承重的砖墙无法进入窟内施工。而拆除砖墙进入窟内施工或者在石窟外正面施工，也会对文物本体产生一定的负面影响。从最大限度地保护文物本体的角度考虑，本次设计选择外置全黏结预应力悬吊式锚杆加固措施。

加固目的：改善窟顶岩体受力状态。

加固对象：最大中心柱窟窟顶。

施工工序：钻孔定位—成孔—锚杆制作、安装—注浆—施加预应力—二次注浆—封孔。

施工要求：

① 采用无水钻进工艺成孔，钻孔直径110毫米，倾角80°±0.5°，终孔深度与窟顶面垂直距离0.3米±5厘米。施工中应准确测量，采取可靠措施确保窟顶不受破坏。

② 锚杆选用2Φ25螺纹钢筋，锚头钢垫板尺寸220毫米×220毫米，厚30毫米。

③ 采用42.5级水泥，水灰比（0.7～0.5）：1，注浆压力0.3～0.5Mpa。

④ 注浆前清除孔内岩粉。待浆液凝固强度达到设计的80%时，按规范要求张拉锁定。

⑤ 施工中应执行《水工建筑物水泥灌浆技术规范》（SL62—94）与《岩土锚杆（索）技术规程》（CECS22：2005）之有关规定。

（5）表面作旧

① 前述所有加固工作均需要进行表面作旧。

② 表面作旧最基本的要求就是要与周围环境协调。阿尔寨石窟山体颜色主要

是砂岩、泥岩的红色，因此表面作旧材料应选择类似的红色材料，如铁红色 32.5 级以上彩色水泥，或者是白色水泥配以红色颜料。

③ 表面作旧另一个要求就是耐久性。因为阿尔寨地区风沙较大，所以作旧材料应具备较强的抗风蚀能力，同时应具有足够的厚度。本次保护工程的作旧厚度不能低于 10 毫米。

此外，在作旧形式上要认真研究原有的历史信息，既要有加固的作用，又不能影响视觉环境，使新旧和谐。

四、工程进度及安全文明施工

1. 工程进度

在阿尔寨石窟第三期保护工程施工前，监理人员依据合同的约定，要求施工单位编写施工总进度计划，同时在实际施工中检查、督促施工单位按照合同规定及国家相关的技术规范，做到科学、合理、真实、可靠、符合实际、便于管理。既能明确表达施工中全部活动及与其他相关工作的联系，又可以反映施工组织及施工方法，预料可能出现的施工障碍和变化，及时化解，从而确保了施工进度紧张有序推进。

2. 安全文明施工

监理人员依据国家文物局提出的修改方案，监督施工方落实有关安全施工措施及安全意识的教育，消除隐患，杜绝事故的发生。施工期间，主要针对外脚手架的搭设及现场采用的施工机械两大方面进行安全管理。按照加固岩体处的地形地貌，要求锚杆的作业平台宽度不大于 4 米，每层高度 1.5 米，承重大于 $600kg/m^2$，在立壁岩体处按照两个双排钢管外脚手架的形式搭设，靠近山体位置打少量锚桩，进行拉结，以确保加固施工过程中的稳定性。

另外，在对裂缝灌浆时，由于裂缝较大，岩石结构层层开裂，浆液极有可能顺裂缝跑渗，震动也相当强烈。为杜绝安全事件的发生，要求施工方每人佩戴安全帽、安全带和安全手套，对附近的裂缝进行及时封堵，然后进行灌浆施工，并派人密切观察有可能冒浆的部位，做到文明施工。

五、资料信息收集

为了确保工程质量，在施工期间，对施工方施工过程中的资料收集进行认真审核，促使其完善各种制度，并在施工过程中加以监督。

在施工中收集各种重要材料的出厂质检报告和产品合格证，对主要材料指派当地质检站（棋盘井质检部门）进行复试，合格后方可使用。及时收集各工序分部 / 分项的验收资料，并对其进行确认。监理人员在收集施工单位资料的同时，也加强对监理方资料的收集，工程期间收集了监理通知单、监理例会记录、监理日记、监理月报等资料，更清楚准确地向主管部门和业主反映了工程进度情况和工程质量情况。

另外，还要收集准备阶段的各项批文，施工合同以及地方法规和施工阶段的申报审批资料，收集施工、验收过程中的全部资料以及竣工图和报载信息等，及时整理入档，工程竣工后档案资料齐全。

六、工程特点、存在问题和建议

1. 工程特点

阿尔寨石窟地质病害以风蚀凹槽为主要表现形式，其破坏方式为：在长期的风化、剥蚀作用下，山体岩石被自重拉裂、拉断，直至崩塌。本期加固保护对象主要是石窟，为此确定设计原则为"保顶、强帮、固底"，加固范围主要是石窟两侧 3～5 米。

风蚀凹槽的存在、发展将改变岩体的受力状态，而裂隙的发育破坏了岩体的整体结构。为此，本期设计从改善岩体的受力状态和增强岩体结构两个方面入手。

从修缮后的效果来看，基本保持了"以不改变文物体的原状为原则，不破坏、不损伤、不干扰石窟的历史信息，保持石窟原有的历史信息不变"，对不确定的信息不能臆断推测。保护工程的全过程经监理人员严格执法，保留了文物体真实性。

2. 存在问题

阿尔寨石窟部分地段表皮岩石松动、蚀化形成凹槽或裂缝，所以当地人称之为"百眼窑"。

石窟地区气候干燥，植被稀疏低矮，风力强，且沙暴日较多，被吹扬起来的碎屑物多，而泥岩的抗磨蚀强度明显低于砂岩，所以泥岩条带中磨蚀作用更为显著。石窟围岩中的风蚀凹槽，对石窟的稳定有着极其不利的影响。

石窟内的负荷地质作用主要是崩落作用，即平顶山上岩体在自重及山体侧向压力的作用下，在地震、风暴等外力触发下，迅速向坡脚移动的过程。石窟区山体四周有陡壁存在，山体岩石风化强烈，构造裂隙、卸荷裂隙和风化裂隙交错切割，陡壁上风蚀凹槽发育，容易出现崩落现象。地质调查发现，山体四周有多处崩积区。最大崩积区位于平顶山南侧，崩积区面积达 140 米 ×20 米。

3. 建议

利用科技手段，增加化学黏合剂或者类似黏稠状的物体，用以加固石窟外墙面，起到保护的作用，能大大减轻风蚀造成的巨大影响。

河南东方文物建筑监理有限公司阿尔寨石窟项目部

2008 年 8 月

第四部分

学术论文及大事记

学术论文

百眼窑石窟的营建年代及壁画主要内容初论
　　——兼述成吉思汗在百眼窑地区之活动

试析阿尔寨石窟壁画的艺术特色

偏光粉末显微法在颜料分析中的应用
　　——以阿尔寨石窟为例

百眼窑石窟的营建年代及壁画主要内容初论

——兼述成吉思汗在百眼窑地区之活动

王大方（内蒙古自治区文物局）

巴图吉日嘎拉（内蒙古自治区鄂托克旗阿尔寨石窟文物管理所）

张文芳 （内蒙古博物院）

百眼窑石窟，蒙古语称为阿尔寨石窟。石窟位于伊克昭盟（现鄂尔多斯市）鄂托克旗阿尔巴斯苏木（现为蒙西镇），距鄂托克旗人民政府所在地乌兰镇西北约130公里。1956 年，内蒙古文物工作队的张郁先生曾在此调查，后因种种原因，考察笔记散失，故未能公开发表。20 世纪 70 年代末，内蒙古文物工作队的田广金先生到百眼窑考察，初步判断该石窟"可能为元代或稍晚些"[1]。田广金先生的发表文章，是内蒙古文物工作队成立以后，对百眼窑这座沉寂于草原山间的石窟寺的首次报道，具有重要的学术价值。

1989 年和1990 年，内蒙古社会科学院、中央民族学院、内蒙古大学、内蒙古师范学院等单位，相继到阿尔寨考察了石窟中回鹘式蒙古文和藏文榜题，有学者认为石窟开凿年代"可能始于西夏时期或者更早些"[2]。

1993 年秋，我们在以往诸学者考察的基础上，再次前往百眼窑石窟，并根据国家文物局关于"要把保护与维修百眼窑石窟的工作办好"的要求，对石窟存在的裂隙、风化等病害加以考察，准备维修施工的方案。工作告一段落后，我们前往北京汇报，分别得到了中国石窟保护科学研究所和国家文物局文物一处的业务指导。此后，又就有关问题向张郁、田广金两位先生请教。宁夏回族自治区文化厅文物处处长、石窟寺研究者雷润泽同志向我们提供了许多西夏石窟资料。内蒙古自治区席

[1] 田广金：《百眼窑石窟》，伊克昭盟文物工作站编《鄂尔多斯考古文集》，内蒙古农牧场总局印刷厂印刷，1981 年 8 月。

[2] 丹森等：《阿尔寨石窟佛教文化遗址概述》，《内蒙古社会科学》汉文版1991 年第 3 期。

力图召第十一世活佛、藏传佛教研究者卡尔文·扎木苏大师对百眼窑壁画中的密宗壁画进行了鉴别命名。在此，谨对各位先生和同志们的热心帮助致以衷心的感谢。

由于考察时间仓促，加之我们学识水平有限，本文只就考察的情况和结论，以及百眼窑石窟的重要价值、成吉思汗在百眼窑地区的活动情况等问题，加以初步论述。

一、石窟的基本情况

百眼窑石窟的地理坐标为东经 107.10°，北纬 39.43°，位于鄂尔多斯高原与黄河河套地带的交接处。它所开凿的苏默图阿尔寨山，是一座高约 80 米、东西长约 300 米的平顶桌形山，四周为陡壁。石窟依山开凿，位于山之四壁，分上、中、下三层，共计有 65 座石窟。其中较完整的 43 座，塌陷或被风沙掩埋大部的 18 座，开凿半途停工的 4 座。洞窟间距大多较小，唯北壁与东壁石窟（56 号窟至 57 号窟）间距较大，其间有 53 米的岩壁未凿石窟。在石窟间的岩壁上，有浮雕覆钵式塔 24 座，楼阁式塔 1 座。

石窟可分大、中、小三种。大型窟 1 座（第 19 窟），已塌。据观测，窟为长方形，面积约 30 平方米，位于南壁中部，门向南，门外有凿刻痕迹和台阶，估计曾在外部建有窟檐。该洞窟为南壁之主窟，其余洞窟则分布在它的两侧。

中型洞窟的数量较多，面积约为 20 平方米，高约 2.5～3 米，方形。其前壁正中凿拱形门或长方形门，后壁正中凿出主佛龛，主龛两侧分布上下两排佛龛，左右两侧壁也对称地凿开排龛。窟顶正中雕出方形莲花藻井，面积约 0.5 平方米，为典型的西夏风格，有的藻井为叠涩方形。在第 10 窟和第 28 窟中央，雕凿出方形窟柱（中心柱），方形中心柱后部的石壁上是主佛龛，这是我国北魏时期石窟的典型风格。中型石窟大多绘有壁画，绘制的时代为西夏、元、明。

小型石窟面积约 10 平方米，高约 1.5～2 米，从洞口至主室进深约 4～5 米，呈前后室状，洞内无佛龛，壁画较多，除藏传佛教密宗内容外，有回鹘式蒙古文和藏文榜题及多幅元代和明代的壁画。

上述三类石窟中，佛塑像均已不存，只采集到部分泥塑残件。但令人欣慰的是，中、小型石窟中保留有近千幅壁画。其绘制方法是先用掺麦秸的黏土将洞窟壁面抹平，然后用白垩粉涂白，再施以彩绘。所使用的色彩多为绿、黑、白、红等色，颜料为矿物质，经久不褪色。壁画题材以反映佛教方面的内容为主，如佛像、天王像、佛经故事、明王像、僧侣等，最为珍贵的是多幅描绘世俗人物供养、祭祀、舞蹈、礼佛的壁画。在元代壁画中，以方形网格将壁面分成若干方格，每格之间留一宽栏，上面整齐地书写着古回鹘式蒙古文榜题，内容是赞礼佛的颂诗，并有回鹘式蒙古文"红、绿、蓝"等字，是画师上色前标注的颜色记号字。

在石窟外的岩石上，以高浮雕的手法凿出覆钵式塔 24 座，高约 1.5～1.8 米，早期塔与宁夏发现的西夏时期的此类塔风格和造型相同，中期和晚期的塔为元代至明代所雕刻。在一些塔腹中，凿有椭圆形石洞，内装骨灰和绢纸残片，应为高僧的骨灰灵塔。在一座塔中，凿刻有密宗早期派别黑教的驱魔标志，为首次发现，是判别其为西夏时期的断代标志之一。在浮雕石塔中，还有一座楼阁式 13 层塔，高 1.6 米，造型与北宋、西夏时期的楼阁式塔相同。

在阿尔寨山顶平坦之处，发现有大型庙宇建筑遗址，有被火焚烧的痕迹。建筑遗址残墙高 1 米许，为长方形石条垒砌。庙宇遗址共由三部分构成，依次排列，呈正南北方向，总面积约 1200 平方米。地表采集到的物品有黄色和绿色的琉璃瓦、兽头瓦当、青花瓷片，还发现半块模印回鹘式蒙古文的青砖。在《蒙古语言文字》1990 年第 2 期封二上，刊有百眼窑 3 号窟发现的半块印有回鹘式蒙古文的土坯照片，曾引起学术界关注。刻有回鹘式蒙古文的早期建筑材料，在国内外较为罕见。根据庙宇遗址上采集的建筑构件和明代青花瓷片分析，此处庙宇的规格较高，建筑物富丽壮观，始建年代约为元朝，被焚毁的时间可能在明末。

二、石窟开凿的年代及内容

我们根据此次考察的资料，参考对照历史文献以及其他相关的石窟壁画、建筑等，初步将百眼窑石窟开凿的年代划分为四个阶段，现分别予以论述。

1. 北魏时期

百眼窑石窟第 10 窟和第 28 窟，平面为方形，窟中央雕出方形塔柱，后壁开凿佛龛。这种形制与云冈第 1、2 窟（北魏中期）、宁夏须弥山第 14 窟（北魏中晚期）相似 [1]。

在这一时期，由拓跋鲜卑建立的北魏政权在今内蒙古中西部和北部地区有着强

---

[1] 山西省文物工作委员会、云冈石窟文管所：《云冈石窟》，北京：文物出版社，1977 年；宁夏回族自治区文物管理委员会、中央美术学院美术史系：《须弥山石窟》，北京：文物出版社，1988 年。

大的势力和影响。开凿于 460～523 年的云冈石窟，由于受到皇室和上层权贵的支持，其建筑规模和艺术形式达到了极高的水平，建筑风格和规范被称为"云冈模式"，影响波及北方及西域地区。在与鄂托克旗相邻的宁夏地区发现有受到云冈石窟风格影响的石窟，如宁夏须弥山石窟第 14、24、32 等窟，均为平面呈方形的中心柱窟，与云冈第 2 窟（北魏中期）风格相同。

综合上述历史及考古资料，可以认为百眼窑早期石窟的营造，与北魏时全国范围的崇佛及云冈石窟的影响有关，其开凿时代可定为北魏中晚期。

2. 西夏时期

10 世纪崛起的西夏王朝，使佛教得到空前传播。西夏于 1036 年占领敦煌地区后，即大力重修莫高窟和榆林窟。同时，在前人开凿洞窟的基础上绘制壁画。但西夏人此期所奉之佛教，系从汉族地区传入的显宗，佛经也是从北宋求得，由汉文翻译成西夏文。因而，西夏早中期占统治地位的佛教壁画一直是汉传佛教题材，其内容和形式以沿袭北宋为主，呈现出重墨轻彩、重线轻色的倾向[1]。西夏晚期，由于统治者的倡导，积极引进藏传佛教，因此在佛窟中密宗题材的壁画较多。这种所谓"藏密"题材和风格的壁画，对西夏佛教画坛影响甚大。由于西夏统治者长期崇佛，在其统辖的境内广建庙宇、开凿石窟，推动了西夏时期佛教艺术的繁荣和传播。百眼窑石窟所在的鄂托克旗，在西夏时属夏州和宥州地区，为拱卫河西地区之军事要地。因此，西夏人完全可能在此开凿石窟，此次考察的发现，也证明了这一推论。百眼窑西夏石窟均为中型洞窟，其特点是：

（1）布局为正面墙和两面墙开凿半椭圆形佛龛，墙底部设坛，有台阶，与甘肃马蹄山西夏石窟正墙凿三龛、龛前设坛的布局相同。

（2）外壁刻有覆钵式塔和楼阁式塔，时代越早者，塔腹越扁而粗。

（3）壁画按内容可分为两个阶段。第一阶段为西夏早中期，以大量的石绿色打底，即学术界称西夏之"壁画绿"，用焦墨薄彩绘出佛和菩萨以及山水和人物。佛教壁画为显宗题材，佛本尊为药师佛，与敦煌莫高窟西夏壁画的风格相同。其山水画风格，也受汉族画风影响，为青绿山水。经变图有"舍身饲虎""收服外道"题材，此外还有天王像和罗汉像；反映世俗生活的壁画有舞蹈图；反映僧侣生活的有"出行礼佛图"。此期壁画内容丰富，数量较多，面积较大，反映了当时西夏人

---

[1] 刘玉权：《略论西夏壁画艺术》，《西夏文物》，北京：文物出版社，1988 年。

崇拜佛教显宗的历史。第二阶段为西夏晚期的作品，内容由显宗变为密宗，出现了十一面观音像、双身明王像、密宗大师说法及礼佛图。

（4）洞窟中的藻井有两类。第一类为石刻正方形莲花藻井；第二类为绘制的莲花平棋图案，增强了石窟内的装饰效果。这种风格也与同期莫高窟、榆林窟藻井风格相同。

3. 蒙元时期

蒙元时期，中国逐步由战乱归于和平。成吉思汗征西夏时，曾在百眼窑地区活动过。虽然当时军务紧急，不可能在此建造石窟，但西夏被灭之后，蒙古人占领此地，出于礼佛需要，同时也为纪念成吉思汗，仍然在这里继续修凿石窟。此期的百眼窑石窟具有礼佛与祭祀双重功能，其特点如下：

（1）在山顶上兴建了宏大的藏传佛教寺院，用于佛事和祭祀。因其使用黄、绿色琉璃瓦铺顶，以巨条石和模印回鹘式蒙古文经咒的砖建墙，可证明其较高的庙宇等级。庙宇呈正南北方向，大庙居中、小庙居两侧的排列布局，体现出三座庙宇可能有不同的功能。

（2）此期的石窟，规模小于西夏时期，有的窟中绘满壁画，而有的窟中仅涂白色，所有的小型窟均无佛龛。这些窟多为套间结构，有的窟内砌有僧炕，说明由于山顶建有大庙，礼佛的重点已转移到山顶的庙宇了。

（3）此期壁画内容出现萨迦派的图案，即以白、绿、红、黑诸色彩绘于佛像的四周。在中型石窟中，有些元代壁画是覆盖前代壁画重新绘制的。元代壁画多划分为若干方格，绘制佛像及佛教故事。在宗教壁画的下方，绘有世俗人物祭祀、礼佛的场面。

（4）出现用竹笔墨书的回鹘式蒙古文榜题和少量梵文及藏文榜题，经考释为礼佛颂诗，每四行为一首。其内容有四天王颂、十六罗汉颂、优婆塞达摩多罗颂、圣教度佛母二十一种赞经及诸佛赞等。梵文、藏文的内容与蒙文内容相同，但保存状况不佳，没有一首是完整的。

（5）出现盛放高僧骨灰的覆钵式塔，即浮雕佛塔的腹部凿一椭圆形洞，内盛高僧骨灰。

4. 明朝时期

1368 年，元朝被明朝取代，但藏传佛教仍在蒙古族聚居地区存有影响。并且，今鄂尔多斯地区从元朝被推翻到明朝天顺年间，一直是明与蒙古拉锯争夺之地。

明成化十五年（1479年），巴图孟克被推举为蒙古大汗，即达延汗，蒙古内部纷争逐渐平息。明正德五年（1510年），达延汗率领左翼察哈尔、喀尔喀、乌梁海三万户及科尔沁万户，西征右翼鄂尔多斯、土默特、永谢布三万户，最终获胜。达延汗在分封11个儿子时，封第三子巴尔斯孛罗特驻鄂尔多斯部，负责统治右翼三万户。明天顺年间，鄂尔多斯部进驻今伊盟地区。其后，逐步与青海地区的藏传佛教上层恢复联系。

明万历六年（1578年）五月，俺答汗与藏传佛教格鲁派大师索南嘉措，在青海湖边的仰华寺举行了历史性会见。据索南嘉措宣称，他与俺答汗分别是八思巴和忽必烈的转世者。为此，俺答汉奉索南嘉措为"圣识一切瓦齐尔达喇达赖喇嘛"（即达赖三世），索南嘉措也回赠俺答汗尊号"咱克喇瓦尔第彻辰汗"。从此，蒙古上层开始信奉格鲁派（即黄教）。至万历十三年（1585年），达赖三世从青海抵鄂尔多斯地区传播黄教，藏传佛教的黄教很快风靡全蒙古。20多年后，明人萧大亨著《北虏风俗》一书中，记载了蒙古族普遍崇佛的盛况："比款贡以来，颇尚佛教。其幕中恒祀一佛像，饮食必祭，出入必拜，富者每特庙祀之，请僧奉经，捧香瞻拜，无日不然也。"[1]

在这种崇佛的背景下，百眼窑石窟在鄂尔多斯蒙古部的经营下，再度兴旺起来。此期石窟均为小型窟，有的洞窟是在前代基础上加以改造扩建而成。山顶的庙宇仍然继续使用，这可从山顶庙宇遗址中发现有明代建筑构件和青花瓷片得到证明。

明朝时期的壁画，一般面积较大，往往绘满一面墙，不在画面上划方格，壁画中出现黄教祖师宗喀巴的形象。此期壁画还有毗沙门天王像，蒙古族奉之为财神，像下绘蒙古贵族家庭与高僧，绘画风格与包头市美岱召明代壁画相似。此期仍有回鹘式蒙古文榜题，经考证，约为15世纪的作品。明朝时期的壁画具有明显的蒙古民族特色，富有装饰性，色彩以红、白、绿、黄为主。

百眼窑石窟的终结，有可能是明朝后期的战火造成的。清朝文献中没有关于百眼窑石窟及该地区礼佛活动的记载。在考察中发现百眼窑石窟的庙宇遗址有火焚迹象。依据《蒙古源流》和《大清太祖高皇帝实录》考证，后金与林丹汗两大军事集团在长期的战争中，曾数次经过鄂尔多斯地区。林丹汗曾信奉格鲁派，后来又改信萨迦派，在与后金战败、退守归化城时，曾大规模破坏过此地的格鲁派召庙。在退

---

[1]　转引自曹永年：《蒙古民族通史》（第三卷），呼和浩特：内蒙古大学出版社，1991年，第360页。

至鄂尔多斯地区后，因鄂尔多斯部对其支持不力而生怨，曾有武力镇压的举措。供奉格鲁派的百眼窑石窟及庙宇，可能就是在此阶段被焚的，时间大约在 1632 年。

三、百眼窑石窟的几幅重要壁画

1. 供养菩萨像（西夏）

绘于第 31 窟内右侧，共两尊，像高约 40 厘米，侍立于佛龛左右两侧，佛龛内绘一座覆钵式白塔。佛塔左侧绘一尊供养菩萨，束高髻，眉眼细长，上唇绘小八字胡须，袒胸，身穿绿色紧身衣裙，腰束带，裙下摆呈喇叭状，为浅红色。菩萨身段优美，赤足站立在圆台上，头后绘圆形光环。佛塔右侧也绘一尊供养菩萨，因色彩发生化学变化，肌肤呈黑色。这尊菩萨袒上身，绿色飘带搭在胸前和两臂间，下身穿浅红色紧身裙，赤足站于圆台上，头后绘光环，体态优雅。这两尊西夏早中期的菩萨像为百眼窑显宗艺术的作品，与莫高窟西夏供养菩萨像的风格相似，在内蒙古属首次发现。

2. 各民族僧俗人等礼佛图（元代）

绘于第 28 窟主龛左侧。壁画长约 1 米，高 45 厘米。画中绘有 50 余人，分 4 队排列在山谷间。第一排 5 人，身穿红色、黄色袈裟，头戴平顶、尖顶、方形僧帽，为藏族密宗大师。第二排 17 人，光头，披红、黄袈裟，为蒙、藏两族高僧。第三排 9 人，前 3 人为僧侣，第 1 人披红袈裟，戴方帽；第 2 人披黄袈裟，戴方帽；第 3 人蓄短须，披黄袈裟，戴尖顶帽。在僧侣之后，绘一汉族官吏，头戴幞头，身穿绯色官服，上有碎花团，其穿戴合乎元代六、七品官的制度。《元史》卷七十八《舆服志》载："百官公服……六品七品绯罗，小杂花，径一寸……幞头漆纱为之，展其角。"[1] 在官吏身后，绘有 6 人，前两人头扎白色软巾，第 3～5 人头束汉族男子发髻，第 6 人光头。此 6 人均为汉人，为官吏的随从或近亲。第四排绘年轻僧侣 21 人，应为蒙古人，均肃立向前。这幅各族僧俗人等礼佛图人物众多，民族各异，服饰和发式各有不同，既反映了元代社会各族各界崇佛的实际，又记录了元代各族人民相互交融与友好相处的历史情况。从壁画考察，图中的人物有藏族、蒙古族、汉族，其身份有高僧、官员、一般僧人和侍从。这是内蒙古自治区首次发现的元代不同民族和不同身份的人们共同礼佛的壁画。

---

[1]　《元史·卷七十八·舆服志》，上海古籍出版社，1990 年。

3. 蒙古族丧葬图（元代）

绘于第 31 窟主龛右侧的上方。长 50 厘米，宽 35 厘米，画面右角绘白色蒙古包 2 座，尖顶高耸。蒙古包左侧绘寺庙 1 间，宫殿 1 间。宫中绘一妇人，垂头作痛哭状。在壁画中部，绘 3 人立一木棺后。左侧男子着盛装束袖袍服，头戴盔形圆帽，在其右侧立两位僧人。木棺头粗尾细，由一圆木中分而成，棺头年轮清晰，木棺中间有 3 道长方形箍。3 人身后，绘有方形墓圹，其中伏卧一尸，4 只白鹤用嘴将尸体衔起，墓圹右角绘跪僧 1 人为死者念经超度。这幅丧葬图涉及蒙古丧俗等内容。木棺之制，与明人叶子奇所著《草木子》记载的元代蒙古人送终之礼相合，即"用掐木二片，凿空其中，类人形大小，合为棺，置遗体其中，加髹漆毕，则以黄金为圈，三圈乃定……"蒙古包与庙宇宫殿同绘于一图，说明元代在草原上有多种居住方式。白鹤衔尸升天的画面，构图十分奇妙，反映了蒙古人对灵魂升天的崇拜和向往。此外，在石窟中还发现有秃鹫（密宗中的神鸟）啄尸的天葬图，也反映了元代蒙古人对灵魂升天的向往。

4. 成吉思汗及后妃、四子受祭图（元代）

绘于第 31 窟门内左侧。长 120 厘米，宽 50 厘米。该壁画场面浩繁，壁画上方绘密宗黑教的财神像，计有大小人物百余个，共分为四组。壁画中，第一组人物为 1 个被祭祀的大家庭，共有 8 人。男主人身穿盛装蒙古礼服，形体魁伟，头戴四方瓦楞帽，盘腿坐于正中，左手放于腿上，右手举于胸前。在他的左侧，绘一蒙古贵妇，着礼服，戴固姑冠，坐姿与男主人同，头侧向男主人。贵妇左侧，绘 4 名蒙古男子，年少而无冠，身穿礼服，均只盘右腿，左腿收回半立，双手合十于胸前。在男主人右侧，绘有两名盛装贵妇，均戴固姑冠，双手合十于胸前，盘左腿，收右腿。这 8 人同坐于白色高台上。在高台之下，呈品字形摆放丰盛的祭品。中间为主供，上罩红色伞盖，其下置高案承托。祭品状若 3 座山峰，耐人寻味。主供两侧的副供，均置于红色案上，为全牲之祭品。

第二组人物绘于高台右侧偏下，约 20 人，均穿蒙古礼服，由一头戴固姑冠的贵妇带领，跪坐于白色高台下。

第三组人物也绘于高台右侧，由一座小山将其与第二组人隔开。他们约 20 人，均穿蒙古礼服，由一男子带领，站立在高台下，向台上 8 人行弯腰礼。这些男子中有人牵马，共 3 匹，1 白色，2 红色。在人群后部绘有山谷，人群站在山谷间，形成只见头不见尾的浩大队列。

第四组人物约 20 人，绘于高台左侧，均穿礼服，跪拜或盘坐，双手合十，向台上行礼。

这幅壁画是百眼窑石窟中所绘人物最多的一幅，场面浩大，内容繁复。正中坐于白色高台之上的 8 人，为同一家庭成员，他们受到了蒙古贵族和广大民众的崇拜与祭祀，享有至高无上的地位。初步认定他们应当是成吉思汗及其 3 位夫人和 4 个儿子。在画面上排列的序列应为：左起第三人为成吉思汗，其左侧为正夫人孛儿帖·兀真皇后，其右侧第一人为也速干皇后，右侧第二人为忽兰皇后。成吉思汗的 4 个儿子的排列从左至右依次是：术赤、察合台、窝阔台、拖雷。

在白色高台下，位于突出位置、头戴固姑冠的贵妇，应为主祭人，她与成吉思汗之妃也遂皇后有关。祭祀成吉思汗及其家庭成员的壁画在百眼窑石窟出现，与成吉思汗第六次征伐西夏时，在鄂尔多斯及百眼窑地区的军事活动有关。

四、成吉思汗在百眼窑地区的军事活动

公元 1226 年，成吉思汗已是 64 岁的老人，他不顾连续 7 年西征的疲劳，携夫人也遂亲率大军第六次进攻西夏。此时的西夏虽经蒙古军队多次打击，但实力尚存。为保其国家不被灭亡，西夏与金订立盟约，互称兄弟之国，企图联合对抗蒙古。为此，成吉思汗决定征伐西夏，以拆散夏、金联盟，先灭西夏，然后再居高临下攻灭金国。此次西征，成吉思汗率军从漠北蒙古本部南下，经过鄂尔多斯进兵西夏。同时，他命令从俄罗斯归来的速不台率军从西北方向包抄，以形成东、西两路夹击之势。《蒙古秘史》第 264、265 节记载："太祖征回回七年……第七年鸡儿年秋（1225 年），回到秃剌河黑林的旧营内。"[1] "成吉思汗即住过冬，欲征唐兀（西夏）。重新整点军马，至狗儿年秋（1226 年），去征唐兀，以夫人也遂从行。"[2]就在这一年秋冬之际，成吉思汗率大军进入今鄂尔多斯，在今鄂托克旗与西夏军队隔黄河对峙。军旅之中，成吉思汗在阿尔巴斯山围猎野马，不慎坠马受伤，在百眼窑一带养伤。对此，《蒙古秘史》有详细的记载："冬，间于阿儿不合地面围猎，成吉思汗骑一匹红沙马为野马所惊，成吉思汗坠马跌伤，就于搠斡儿合惕地面下

---

[1] 额尔登泰、乌云达赉：《蒙古秘史》（校勘本），第 258、264、265 节，呼和浩特：内蒙古人民出版社，1980 年。

[2] 同注 [1]。

营。"[1] 据考证,《秘史》中所记"阿儿不合",指的是今阿尔巴斯山,西夏时称"省嵬山",清人张穆在《蒙古游牧记》中称之为"阿布山"。《蒙古游牧记》云:"《水道提纲》:黄河北经阿布山,塞尔旺喀喇山西麓至白塔之东,东北稍曲折,北流,歧为二派。"[2] 清嘉庆二十五年(1820 年)所绘制的地图,也记载了鄂尔多斯右翼中旗(今鄂托克旗)西境有塞尔旺喀喇山 [3],与阿尔巴斯山从北向南逶迤相连。"搠斡儿合惕"为蒙古语"多窟汇聚之处",内蒙古学者已有考证文章,认为即百眼窑石窟 [4]。阿尔巴斯山的地理坐标约为北纬 39.6°,东经 107.1°,主峰海拔高度为 2149 米,距银川(西夏都城中兴府遗址所在地)东北 110 公里,实为成吉思汗西征西夏所经之要地。

成吉思汗在阿儿不合坠马受伤后,即在搠翰儿合惕扎营养伤,由夫人也遂在身边服侍。《蒙古秘史》第 265 节对成吉思汗养伤和其后的情况也有详细的记载:"次日,也遂夫人对大王并众官人说:'皇上今夜好生发热,您可商量。'"[5] 众将军见成吉思汗受伤又发烧,均劝其暂且退兵,但成吉思汗坚决不同意。他说:"唐兀惕百姓见咱回去,必以为我怯,且在这里养病,先差人去唐兀处看他回甚么话。"[6] 蒙古的使者到了西夏首都,向西夏君臣转达了成吉思汗对他们的质问:以前你们的国王曾说过,我们西夏百姓愿为您的右手。但当花剌子模人挑起争端时,我们派使者希望你们从征,而你们却不实现诺言,不但不派兵从征,反而用恶语讽刺。我当时就说过等西征回来再与你们理会。今天,我们来与你们折证前言。西夏国主不儿罕(献宗李德旺)辩解说:讽刺的话我不曾说过。西夏大臣阿沙敢不马上站出来承担责任说:相讥之语,我曾说过"今汝蒙古若以惯战而欲战,而我有阿剌筛之营地(今贺兰山,与鄂托克旗隔河相望,距百眼窑约 50 公里),有褐子之帐房,有骆驼之驮焉,可趋阿剌筛山奔我,在彼战之。若需金银、缎匹、财物,则可奔额里合

---

[1]　额尔登泰、乌云达赉:《蒙古秘史》(校勘本),第 258、264、265 节,呼和浩特:内蒙古人民出版社,1980 年。

[2]　〔清〕张穆:《蒙古游牧记》,寿阳祁氏刊本,第 6 卷第 7 页,同治六年(1867 年)。

[3]　谭其骧主编《中国历史地图集》(第八册),北京:中国地图出版社,1982 年,第 57 ～ 58 页。

[4]　纳·巴图吉日嘎拉:《〈蒙古秘史〉地名"阿儿不合""搠斡儿合惕"考略——兼及〈史集〉记载的"翁浑答兰忽都黑"》,《内蒙古社会科学》汉文版,1991 年第 1 期。

[5]　同注 [1]。

[6]　同注 [1]。

牙（即西夏都城中兴府）、额里折兀（即凉州，今甘肃武威西北）"[1]。阿沙敢不这番大话，实为自不量力。因为西夏本为小国，之所以能够存在近二百年，除去自己有一定兵力外，主要是利用宋、辽、金之间的矛盾，在夹缝中以实力和灵活的对外政策才存在下来。但现在形势已发生变化，西夏君臣仍态度强硬，错过了与蒙古议和的机会，使蒙古使者扫兴而归。成吉思汗听了使者的禀报，十分震怒。尽管他当时尚在发烧，但仍坚持用兵。他说："诺！听彼出此大言，曷可退耶？即死也，亦应就其言而行之。长生天汝其知之。"[2]成吉思汗身患重病，宁死不回，不灭西夏誓不罢休的决心，极大地振奋了军心，加速了西夏的灭亡。蒙古大军在成吉思汗率领下，从百眼窑地区拔营直趋阿剌筛山，"至而与阿沙敢不战，胜阿沙敢不，逼使塞于阿剌筛山上，遂擒阿沙敢不，掳其有褐子帐房，有骆驼驮伏之百姓，使如灰飞而尽矣，屠彼唐兀惕勇健敢战之士"[3]。此时，速不台率领的西路军已先后攻占沙州、肃州、甘州等地（今河西走廊大部地区），彻底切断了西夏军西撤之退路。西夏主李德旺（不儿罕）一筹莫展，亲自携带厚礼到蒙古大营中求和，但为时已晚，三天后成吉思汗即下旨将不儿罕杀死。不儿罕死后，西夏人拥立南平王李睍继位（即失都儿忽）。

1226年11月，成吉思汗挥师南下，计划再渡黄河进攻灵州（今宁夏灵武西南），以切断西夏与金国的联系。据波斯人拉施特《史集》所载："唐兀惕国王失都儿忽，唐兀语称作李王者，从他的京都所在的大城里，带着五十万人出来，与蒙古军作战。"[4]成吉思汗亲率大军迎敌，命骑兵趁着黄河结冰，抢渡黄河。《史集》将此役记述得很具体："成吉思汗站在冰上，下令发箭射（敌人）脚，不让他们从冰上过来，敌人应弦而倒。"[5]此役，蒙古军再次从东而西渡过黄河，大败西夏援军，并攻下灵州，然后又攻克盐州川，于12月包围了中兴府。经过几个月的激战，西夏的主要州城及南连金国、西退凉州的道路均被蒙古军占领，西夏国主困守中兴府，已失去了反抗的力量。1227年，成吉思汗留下部分军队包围中兴府，自率主力南下进攻金国，并先攻下临洮等地，然后去六盘山驻夏。1227年6月，成吉思汗进

---

[1]　道润梯步：《新译简注〈蒙古秘史〉》，呼和浩特：内蒙古人民出版社，1979年。

[2]　同注[1]。

[3]　同注[1]。

[4]　〔波斯〕拉施特：《史集》第一卷第二分册，北京：商务印书馆，1983年，第317、318、320、321、352、431页。

[5]　同注[4]。

兵至清水县（今属甘肃），又派使者到中兴府喻降。西夏主表示："我多次反叛成吉思汗，我的国土每次都遭到蒙古人的屠杀、掠夺，自今以后我再也不叛乱了，必须向成吉思汗表示奴隶般的顺从。"[1]同时，他也向成吉思汗派出使者，请求议和，订立盟约，并希望给一个月的时间，"以便准备礼物，将城里居民迁出来，（成吉思汗）给了他请求的期限"[2]。此后不久，成吉思汗因劳累过度，加之旧伤未愈及气候不好，终于病倒。据《史集》所载，成吉思汗在病重期间，将窝阔台和拖雷召来，给他们留下三条极其重要的遗嘱：一是齐心协力抵御敌人，立窝阔台为蒙古大汗；二是取道南宋，共同灭金；三是秘不发丧，当西夏君臣、民众出城投降时，将他们消灭[3]。成吉思汗不愧为一位伟大的政治家和军事家，他临终留下的这三条遗嘱，对于大蒙古国的发展和巩固，对灭夏、灭金战争发挥了极重要的影响。以后的历史发展表明，成吉思汗的这些战略决策都是十分英明的。

1227 年 8 月 25 日（七月乙丑），一代天骄成吉思汗在清水县病逝，终年 66 岁。"异密们按照他的命令，秘不发丧，直到（唐兀惕）人民从城里出来。（当时）就（把他们）全部杀死。"[4]西夏国至此终于被蒙古军队灭亡了，由于也遂夫人随同成吉思汗出征西夏有功，"至猪儿年成吉思汗崩，后将唐兀惕百姓多分与了也遂夫人"[5]。

综上所述，成吉思汗在 1226 年第六次征伐西夏时，以今鄂托克旗阿尔巴斯苏木百眼窑为大军总指挥部，并在这一地区养伤疗疾，策划军事大计。此事在《蒙古秘史》中有颇为详细的记载，只是因地名在《秘史》中没有准确的位置，而一直没有被学术界发现。我们通过对百眼窑石窟中元代祭祀成吉思汗及其家人壁画的辨识，特别是对《秘史》中"阿尔布合""搠斡儿合惕"两个蒙古语地名的考释和查找，初步确认了上述史实经过。因此，我们认为，百眼窑石窟是一代天骄成吉思汗转战万里、戎马一生中遗留的一处至今既有地名可考、又有准确地点可寻的故址，其意义十分重大。此外，在鄂托克旗阿尔巴斯苏木境内，还有一处名为"百眼井"的遗址，

[1]　〔波斯〕拉施特：《史集》第一卷第二分册，北京：商务印书馆，1983 年，第 317、318、320、321、352、431 页。

[2]　同注 [1]。

[3]　同注 [1]。

[4]　同注 [1]。

[5]　额尔登泰、乌云达赉：《蒙古秘史》（校勘本），第 258、264、265 节，呼和浩特：内蒙古人民出版社，1980 年。

它可能是成吉思汗所率大队骑兵集中取水和饮马之处。百眼井遗址位于百眼窑石窟以东20公里处，在不足一平方公里的范围内，分布有80余口深井。每口井的间距为10多米，深者几十米，浅者十余米，均开掘于一处古老河床上。为了防止泥沙淤积，井口处均以石块垒起高约1米的圆形护墙。这些古井今已大多废弃，当地牧民称其为"敖伦其日嘎"，汉译为"众狗之井"，汉族群众称之为"百眼井"。据当地的老牧民讲，这些井已有几百年历史，原来共有108眼。据说是成吉思汗围猎时，他的众多猎狗由于长途追猎，口渴体疲，成吉思汗命众工匠以猎狗的快速，在河床上挖出水井，因而得名为"众狗之井"。从这个古老的传说中可以隐约发现，成吉思汗大军曾在此集结，为了解决大部队人马饮水问题，命众工匠挖掘了众多水井，以供军需。

据我们实地调查了解，这些水井不是近代所挖，它们距百眼窑较近，地势平坦，水位较高。此外，查阅史料时，发现在拉施特《史集》第231、258节中，有两次提到"翁浑—答兰—忽都黑"[1]这处地名，汉译为"翁浑的70眼水井"。这处重要的地名，在《多桑蒙古史》《蒙兀儿史记》《元史译文补证》等书中也有引述，但拼音方法略有差异。在上述诸史书中，都记载了成吉思汗在"翁浑—答兰—忽都黑"做了噩梦，知道自己死期将至。这与成吉思汗晚年征西夏的时间相符，因此，我们认为百眼井应是上述蒙古史文献中所记载的"翁浑—答兰—忽都黑"。

基于以上对成吉思汗时期的百眼窑和百眼井遗址的考证辨识，特别是成吉思汗在阿尔巴斯及百眼窑地区围猎、坠马受伤、养伤并策划进攻西夏战略大计，以及西夏被灭后其百姓大多分与也遂夫人的记载，我们认为成吉思汗及也遂夫人之后代传人，是元代营建第31窟并绘制祭祀成吉思汗及其家庭成员壁画的主持人。

五、百眼窑石窟的重要价值和学术意义

百眼窑石窟的资料公布之前，我国石窟研究界认为内蒙古地区的石窟属于弱项。所以，当百眼窑石窟的资料发表后，因包含有诸多历史信息和形象资料，立即引起有关学者的高度重视。我国著名考古学家、石窟寺研究专家宿白先生在为《中国大

---

[1]　〔波斯〕拉施特：《史集》第一卷第二分册，北京：商务印书馆，1983年，第317、318、320、321、352、431页。

百科全书·考古学》所撰写的《中国石窟考古》中，将百眼窑石窟加以介绍[1]。此外，学术界曾认为，中国北方石窟寺的开凿史，始于十六国而终于元。百眼窑石窟中的明代石窟，可以说明我国北方石窟营建的历史，大约延续至明代晚期。

百眼窑石窟是历史上密宗各大派别的集中地。石窟中黑教、红教、花教、白教和黄教的壁画内容构成了藏传佛教在今内蒙古地区流传的历史画卷，它是研究西夏、蒙元和明代藏传佛教各主要派别的宗教仪轨和信仰内容的重要实物资料。最迟在 12 世纪下半叶，密宗已通过西夏传入今内蒙古西部。西夏时期的佛教文物过去在内蒙古自治区发现不少，百眼窑大批西夏佛教壁画的发现，丰富了内蒙古自治区西夏文物的内容。此外，密宗是否又通过今内蒙古西部再向东传，进入辽国地区，值得引起注意。因为在 1993 年夏，哲里木盟（今通辽市）开鲁县在维修一座元代覆钵式白塔时，在地宫中发现一批辽代瓷器和梵文墨书经咒，还有毗卢遮那佛铜像，是为密宗遗物。这些文物证明开鲁白塔的始建年代应早于元代。藏传佛教在历史上对蒙古民族的文化发展曾经有过重大影响。但藏传佛教东传后，又在蒙古民族文化的土壤中逐渐被吸收、融汇并发生了变化，百眼窑石窟所包含的蒙元至明代的具有浓郁蒙古民族风格的佛教壁画和世俗壁画，记录了藏传佛教东传至蒙古社会早中期的历史发展和演变的面貌，因而弥足珍贵。

百眼窑石窟及其周围地区，曾经是成吉思汗养伤疗疾并与西夏作战的前沿。为了纪念他，其后人在百眼窑石窟中绘制了祭祀成吉思汗及其家庭成员的壁画。这幅珍贵壁画的发现，是内蒙古地区蒙元考古工作的一大收获，同时，百眼窑和百眼井遗址丰富的文化内涵，也为民族关系史研究，特别是蒙元史的研究领域提供了诸多新资料。

百眼窑中那些历史悠久、丰富多彩的壁画，是石窟中最有价值的文物遗存。其内容不但有佛、菩萨、天王、力士、罗汉、高僧，还有帝王、后妃、贵族、平民，以及山川草原、飞禽走兽、宫殿帐房、服饰工具等等，这为研究中国古代北方民族的政治、经济、文化、艺术、地理、宗教信仰和民风民俗，提供了丰富的形象资料。其中，珍贵的元代各族僧俗人等礼佛图，首次将蒙古、藏、汉民族的人物同绘于一图，是元代草原地区各族人民友好相处历史的真实写照。

---

[1] 宿白：《中国石窟考古》，《中国大百科全书·考古学》，北京：中国大百科全书出版社，1986年，第 698 页。

百眼窑石窟中诸多回鹘式蒙古文榜题，是研究中古蒙古语文发展历史的珍贵资料。其时代最早者，比敦煌莫高窟壁画上的蒙文榜题还要古老。这些榜题中保留的古蒙语词汇和书写格式，以及具有不同时代特点的几种书写方式，在古代蒙文研究界已引起了普遍关注。

六 、结语

百眼窑石窟的出现不是孤立的，它与鄂托克旗悠久的历史和丰富的文物古迹有着密切的关系。据文献记载，今鄂托克旗在两汉时属朔方郡；十六国及南北朝为大夏和北魏所辖；隋唐时为关内道；西夏为夏州、宥州辖区；元明时属陕西省延安路河套地；清顺治六年（1649 年），设鄂尔多斯右翼中旗。

据当地牧民传说，鄂托克旗是造物主埋藏珍宝的一块宝地。事实上，鄂托克旗的文物古迹的确十分丰富。近年来，内蒙古的考古工作者相继在这里发现大批重要的古墓葬和古文化遗址 [1]，主要有察罕淖尔苏木东汉壁画墓、巴音淖尔乡北朝壁画墓、阿尔巴斯苏木五代灵州节度使墓及墓志铭、阿尔巴斯苏木西夏城堡遗址、新召苏木西夏至蒙元百眼井遗址、额尔和图苏木西夏至元代遗址、苏米图苏木宋元至明代的遗址及元代古墓群。石窟寺在鄂托克旗也非百眼窑一处。在查布苏木 1 号水库峡谷的峭壁上，有一座大型石窟，面积约 100 平方米，窟为南北向，门内雕 7 根圆形石柱，与云冈石窟第 12 窟的风格相似，在苏米图苏木阿贵塔拉发现 5 座石窟，其建筑风格与陕北地区"塬上人家"的窑洞相似，先在平坦的灰色砂质岩石上向下开凿石壕沟，沟宽 1 米、深 1.4 米，再沿沟壁向内凿石窟。这 5 个石窟互相连通，内有中心塔柱，窟顶有通气孔通向地表。考察发现洞中有 5 件模制佛像，1 件灰白釉绘褐色弦纹瓷瓶，还发现石斧石磨棒等物。这组洞窟的开凿时代也应为北魏，沿用的时间很长，可能是一处供僧侣修行的石窟群。百眼窑石窟在上述历史文化的氛围中产生、发展延续直至终结，是内蒙古迄今发现的规模最大的石窟寺建筑群。其时代起于北魏中晚期，历经西夏、蒙元而延续到明代，因此也是内蒙古地区时代跨度最悠久的石窟群。百眼窑石窟的文化内涵极其丰富，堪称内蒙古地区的"敦煌莫高窟"，它包含有石窟、浮雕佛塔、壁画、寺庙建筑遗址、榜题和尚待深入发掘清理的窟前遗址等，是内蒙古地区的古代先民们在克服了重重困难的情况下，开凿和

---

[1] 鄂托克旗文管所：《鄂托克旗文物志》（内部刊物），1990 年。

营建的一项宏大工程。

对于百眼窑石窟的研究只是刚刚开始，今后应当在鄂托克旗境内继续深入调查，在此基础上，对百眼窑石窟进行考古发掘、石窟分期、壁画临摹等，以使其长久地保存在鄂尔多斯高原上，供世人瞻仰和研究。

试析阿尔寨石窟壁画的艺术特色

康·格桑益希（四川大学教授、国家一级美术师）

  阿尔寨石窟壁画艺术是蒙古民族历史上继成吉思汗征服西夏王朝之后，伴随着藏传佛教在蒙古地区的传播兴起应运而生的一个标志性的佛教文化艺术。阿尔寨石窟不仅以其佛教寺院、宫殿、石窟建筑数量的规模性、集约性令人瞩目，更以蒙古历史上空前的鸿篇巨制的壁画开启了蒙古族藏传佛教文化艺术在蒙古辽阔草原的崭新局面而被人们称道，其壁画表现的题材、内容、形式、色彩、线条、装饰、造型等艺术特色具有高品位格调的审美特征，可以说再现了与蒙古民族古老的传统文化一脉相承的深厚源流和特定历史时期蒙古民族文化大开放、大交流、大吸收、博采广撷、融会发展的局面。

  阿尔寨石窟壁画精湛的绘制技艺和博大深邃的内涵所折射出的恢宏创意，所展现的质朴的信仰意蕴和民族精神，是蒙古民族数千年本土文化发展凝聚的璀璨结晶，同时也是蒙古民族以开阔的胸怀广撷多种地域文化艺术精华，和多个民族相濡以沫、交流互补、融会发展、精心培植的瑰宝明珠。因而阿尔寨石窟壁画艺术所形成的艺术特色和审美特征不仅具有质朴的地方性、浓烈的民族性、神圣的宗教性和神秘的地域色彩，也具有宽泛的包容性和世界性。阿尔寨石窟的开凿修建是蒙古民族传统文化深化发展和藏传佛教艺术体系文化影响在蒙古地区不断扩大的结果，更是草原游牧民族不断完善建树思想意识形态观念、提升蒙古民族文化传统精神的绝妙风景线。

一、宽泛包容的题材内容

  阿尔寨石窟壁画历史悠久，不仅时间跨度久远，表现的题材内容也十分宽泛。除继承了传统的藏传佛教显密宗题材外，石窟最大的特色之处是出现了大量以表现蒙古民族历史典故，讴歌蒙古民族传统文化精神，图释马背民族英勇善战、与大自然顽强拼搏的写实主义题材作品，同时也出现了歌颂成吉思汗黄金家族事迹，元大汗忽必烈接受灌顶图及国师、帝师八思巴弘佛传法的写真壁画。即使是佛教题材的神佛造像，也被赋予了特定的象征内涵和神圣的现实意义，如 31 窟《成吉思汗黄金家族崇拜图》中主尊神像多闻天王的造型即象征着成吉思汗化身的无上境界。

1. 传统佛教题材的弘扬

阿尔寨石窟千幅壁画描绘的题材内容宽泛，形式变化丰富，延续时期较长，形成了阿尔寨石窟独特的风貌。而藏传佛教题材是阿尔寨石窟壁画的主要内容，尤其是其中的密宗题材内容更是壁画表现的重点。此时期也正是藏传佛教在西夏盛行并占主导地位的时期，许多藏地高僧被西夏王尊为上师，开窟造像之举风行各地，时属西夏管辖的鄂尔多斯地区随着阿尔寨百眼窑石窟的开凿，标志着藏传佛教传入蒙古。至 13 世纪下半叶，元世祖忽必烈汗建立统一的大元帝国，藏传佛教噶玛噶举派、萨迦派和大元帝国缔结了良好的佛陀与施主的关系，萨迦派第五祖八思巴被封为国师、帝师。藏传佛教便应运而成为大元帝国占主导地位的国教。阿尔寨石窟中藏传佛教萨迦派、宁玛派、噶举派、格鲁派，以至包括藏民族最早信仰的本教的壁画内容，构成了在蒙古地区流传的历史画卷，阿尔寨石窟壁画的大量显密宗佛教壁画题材集中体现了这一盛事。

现存石窟壁画中的传统佛教题材主要有以下几类。

佛像：阿尔寨石窟壁画中呈静善像的佛像主要有 31 号窟的释迦牟尼及二胁侍、32 号窟 35 佛。31 号窟的释迦牟尼佛占据壁面中心位置，呈坐姿，二胁侍恭卑站立莲台下两侧，以肖像形式突显释迦牟尼功德无量的伟然之尊。32 号窟之 35 佛则绘于整壁网格之中，姿态各异，神韵栩栩如生。

菩萨像：以 31 号窟的两尊十一面千手观音像最为突出。观音像均呈站姿，千手于身后呈圆形布局。但观音的十一个头的排列组合方式各异，一种是自下向上每层头像数为 3、3、2、2、1；另一种是自下向上每层头像数为 3、3、3、1、1。藏地造像均呈后一种方式排列，极有可能系出自不同母稿，或画师为追求变化所致。

二十一度母像：度母是以慈悲济世之德在藏传佛教文化中最受信徒崇拜的偶像。其表现形式各异，31 号窟度母像均呈坐姿，以 21 之数置于黑边方格之中，呈左右对称形式自上而下拱围于十一面观音像两则；而 32 号窟呈坐姿的度母像则置于满壁完全对称的网格式小方格之中，以整体组合的规整性和群体性为审美样式。

大成就者像：大成就者像是佛教提倡苦修佛法，提升智慧慈悲，舍身出世，走成佛之路而功成名就之高僧大德的写实图和圆满像。以 28 号窟右壁之下的 6 尊大成就者像最为生动。

十六罗汉图：在佛教中是因自觉功德而超脱于世的大德，独具神韵风采和个性特征的罗汉像出现于 32 号窟整壁网格之中。

密乘护法金刚像：阿尔寨石窟中比比皆是的密乘双修金刚壁画是最精彩的部分，皆以其所象征的慈悲和方便（男）、智慧和安静（女）特色跃然于壁。主要有 28 号窟象征成吉思汗往生的多闻天王像，以及密乘五本尊、黑色文殊、宝帐怙主、四面明王；31 号窟深受蒙古民众尊崇的护法神摩哈葛喇，象征坚利之智的金刚手、天王图等类型。这些密乘双修金刚造型夸张，姿态各异，形式生动，色彩缤纷，在固有的佛教题材中呈现着藏传佛教造像传入蒙古后的本土化特色，是阿尔寨石窟壁画中最鲜活的部分。

供养菩萨像：以 31 号窟龛门两侧两尊最为生动。两尊像均裸上身，着长裙，披天衣，身饰珠宝八饰，呈"S"形站姿，造型不仅具有印度笈多式特点，也可见西夏画风的深刻影响。

2. 现实历史题材的写真之美

以史作画，以画记史，紧密结合蒙古民族政治、军事、历史、文化的发展，表现活态的现实生活之美，是阿尔寨石窟壁画中具有重要创新特色的部分，也是对传统题材所做的重大突破。这些纪实性壁画以成吉思汗、忽必烈、八思巴等伟人的真实事迹为主线，具有原创性特色，因而也有着重要的历史价值和现实意义。如 28 号窟《成吉思汗家族图》，31 号窟《成吉思汗镇守蒙古汗室图》、《蒙古族丧葬图》（元代）、《帝师八思巴为蒙元汗室成员灌顶图》、《八思巴与道教辩论图》、《八思巴宣讲佛法图》等。壁画采用写实和写意相结合的方法，将滚滚历史烟云中战马驰骋，血光剑影，前赴后继，气吞山河的悲壮场面凝固于咫尺之间，令人遐思，回味无穷。

3. 民间世俗生活题材的铺陈

此类题材是相对于上述题材而独具生活情趣和审美意趣的内容，也是普通世俗大众宗教信仰、精神追求、物质生活的真实写照。这类题材的壁画有 31 号窟《西夏舞乐场面》《轮回图》《祭祀图》，33 号窟《蒙古使者渡河图》，28 号窟主龛左侧《各民族僧俗人等礼佛图》等。其中第 28 窟的礼佛图场面宏大，内容丰富，图中描绘有 50 余人，分 4 队排列在山谷间。第一排 5 人，身着红色、黄色袈裟，头戴平顶、尖顶、方形僧帽，为藏族密宗大师。第二排 17 人，光头，披红、黄袈裟，为蒙、藏两族高僧。第三排 9 人，前 3 人为僧侣，第 1 人披红袈裟，戴方帽；第 2

人披黄袈裟，戴方帽；第3人蓄短须，披黄袈裟，戴尖形帽。在僧侣之后，绘一汉族官吏，头戴幞头，身穿绯色官服，上有碎花团。在官吏身后绘有6人，均为汉人。第四排绘年轻僧侣21人，应为蒙古人，均肃立向前。这幅《各民族僧俗人等礼佛图》人物众多，民族各异，服饰、发饰各不相同，既反映了元代社会各族各界崇佛的实际，又记录了各族人民团结和睦、相互交融与友好相处的场景。

4. 蒙古大草原自然风情的地域特色

这类题材大多分布于各窟壁画背景之中，如31号窟《六道轮回图》侧壁壁画，采用横格式分格法，将宽广无垠的蒙古大草原自然风光似宽银幕般从上至下一幅幅展现。每幅表现的题材内容各异，有草坡祥云、寺庙宫苑、毡帐排楼、远山近水、瑞禽灵兽，堪称是草原风情画集锦。尤其是第31号窟《成吉思汗镇守蒙元汗室图》中象征大汗往生的毗沙门天两侧飞马扬鞭，姿态矫健，奔驰于白云绿草间的八员护法神更将蒙古大草原天苍苍，野茫茫，风吹草低见牛羊的游牧风情和一代天骄成吉思汗的民族英雄情结烘托得淋漓尽致，美不胜收。

阿尔寨石窟壁画中也穿插了大量的写实性动物造型，尤其是当地常见的牛、马、羊、狗、鹰、羚、鹿、豹、鸟等，更增加了民间世俗生活的情趣。

5. 宗教图符的象征性审美内涵

象征性是宗教艺术中常用的一种表现形式和艺术语言，属典型隐喻类，"象征"在藏传佛教艺术中充当了比喻性的绘画语言。它揭示了藏传佛教的深奥义理，可以说宗教题材的壁画艺术本身就是一种象征艺术。阿尔寨石窟壁画中就有许多宗教图案符号，如法轮、莲花、吉祥结、宝瓶、金刚杵、朗久旺丹等，这些符号以更为简洁的造型和抽象的符号图案象征不同审美内涵，同时又为壁画的表现形式增添了装饰美化的艺术效果。

二、生动多变的构成形式

阿尔寨石窟壁画的构成形式之美，具有自然和谐、天人合一、包容量大、变化丰富的特色。一是开凿者依据石山自然山体结构依山设计，依形开窟；二是绘制者根据窟形量体定做，以势布局；三是在题材内容的安排上主次分明，大小兼顾，繁密相衬，内涵深厚，从而使壁画产生了主尊突出，层次鲜明，细节丰富，整体完美统一的视觉效果，充分展现了蒙古族画家的智慧天赋。阿尔寨石窟壁画的基本构成形式概而言之可分为如下几种。

1. 环状长卷分格式

长卷分格式布局，即一面墙壁或一窟四面墙壁上的壁画以构图的长卷形式布局，其构图形式遵循表现内容和特殊审美的需要，将壁面从上到下分为二至三层不等，均呈条带状顺时针环绕石窟一周。如顶部第一层为一周单列神、佛、菩萨小像；第二层较宽的一周是壁画的主体部分，即壁画表现的主要内容，如主尊佛像、菩萨像、护法金刚像、天王佛母像等；再下一层绘一周佛本生故事、历史故事、人物传记、神话传说等，这是阿尔寨石窟壁画构图形式的基本格局。这类构图的主要部分又可分为单尊独幅排列式、单尊连续性排列式和散点透视全景式三种。

单尊独幅排列式壁画是在上述基本型的基础上，在其主尊佛像层等距排列一周单尊神灵像，每尊像四周用数条宽窄不同的彩色线边框装饰，形成既是单尊独幅画，又有连续性排列的总体构图布局。远看犹如一幅幅装裱好的肖像画挂在展墙上，具有一种整体的规整美和群体性气势感。如 28 号窟的 14 尊造型各异、神态威严、动作夸张的密宗护法金刚像即属此类。

单尊连续性排列式壁画构图的特点是在环状多层构图的下半段用连续性的横分隔形式，在大致相似的背景中，每一横格表现一位人物的动态情节，绕石窟一周，如 28 号窟《大成就者图》。

散点透视全景式壁画的构成形式采用鸟瞰的散点透视方法，无固定视点，因而比较自由灵动，活泼多变，构图以场面宏大、人物众多、情节复杂为特点，壁画大多以整铺墙面为一个独立单元，按表现题材内容的主次关系进行布局刻画。如第 28 号窟《成吉思汗家族图》，31 号窟《八思巴讲经图》《佛道辩论图》。

长卷式壁画的构图形式具有包容量大、内涵丰富、形式美观的优势，每层表现内容各不相同，但又服从于中心主题。形式美不仅体现于多层的条状构图美、丰富多彩的图像造型美，还表现在形象布局上的疏密美、大小美，更有色彩上的对比美、协调美以及图案纹样的装饰美。总之，阿尔寨石窟壁画的形式美所遵循的三界构成法（天、地、地下）已在壁画的整体布局中得到完美的体现。阿尔寨石窟壁画构图的形式美是壁画中最具审美意义和形式美感的部分，它使壁画表现的题材内容和艺术形式得到完美的结合。

2. 中心肖像式布局

这类构成形式在阿尔寨石窟壁画中应用较多，其布局结构主要用于表现佛、菩萨、度母、佛母、金刚等尊像画，通常是在一幅壁面的中心位置绘主尊像，其四周绘以众多神、佛、弟子等小像，以及动物、景物等不同造型的情节内容和精细的装饰图案，以突出画面中心的神佛像。如31号窟《释迦牟尼及胁侍》《金刚手》《成吉思汗镇守蒙古汗室图》《轮回图》等。中心肖像式布局特点使壁画具有主体突出，造像体态庄重伟岸、气势恢宏壮美的特点，神佛像以居高临下的神圣感令信徒见之即肃然起敬而顶礼膜拜。

3. 网格式布局

网格式构成形式是阿尔寨石窟壁画中最具地方特色之处。其形式是将完整而又具有不同人物或不同情节的内容用深色线条以方形网格或竖，或横，或多列分割画面，于方格内展开每一个相对独立的故事情节，使方格画面内容之间既有内在联系，又各有独立的表现内容而有所区别。这种构成形式具有连环画般长于叙事的特点。网格形式视其题材内容和场景，又可分为横排多行分格形式、多行多列分格形式和满壁分格形式三种。多行分格式，即将画面从上到下分成若干横格，于格内描绘一个故事中的一段情节，并与上下格内容相连贯，从而形成一个完整的主题。如31号窟壁画，中心位置绘十一面千手观音立像，观音像左边之《成吉思汗安葬图》、右边之《六道轮回图》就采用上下横分成五格的形式来表现这一完整的主题。多行多列分格式，即用粗墨线将画面横竖分成若干对称的方格，展开既相关又不同的故事情节表现一个完整的主题。如31号窟《度母故事》。满壁分格式，即一铺壁面从上至下、从左至右等距离分格，在每一格内表现一尊佛像或一个完整的具体内容。如第32号窟内东、西、南三壁，每面墙壁被分成四排方格形空间，每格内画着不同佛像，每尊佛像的两侧和上方还各有竖和横的长方形榜题牌。

4. 龛式布局

这类石窟的形式构成仅见于31号窟正壁，显然是受到西夏和中亚石窟艺术形制的影响。此壁为内挖式佛龛，龛下有台基座，龛内有升高台座，座上曾有塑像，龛门呈圆形顶，门两侧绘有供养菩萨像各一尊。龛壁内绘有上部呈半圆形的装饰壁画，应为六灵捧座图。此龛的窟形特征一是正壁主龛开有升高的龛坐，二是石窟左右两边下部均有台座相配。

5. 汉地山水画式布局

第33号窟的《蒙古使者渡河图》采用了类似汉地水墨画技法风格，山水画构图布局表现的独特样式。壁画以横幅占据整面墙壁，构图布局采用散点透视法，在波涛滚滚的江河流水和树木山石中分布着骑马待渡的蒙古使者一行，靠岸的木船，壁画顶部的高僧、大德、居士达摩达拉、天王等。浓墨淡彩，画风独特，有别于石窟整体风格，明显是受到了汉地山水画的影响。

6. 回环式布局

主要用于表现内容丰富，情节连贯，带有叙述性色彩的大型题材，如佛本生故事、佛传故事、历史故事等。常采用散点透视的方法，将故事情节按照一定的顺序，回环往复地安排成连环画式的结构。此类壁画具有主题突出、情节分明但意义连贯的特点。如28号窟《成吉思汗家族图》，就以成吉思汗家族为中心，四周分数组分别绘众多人物向中央八人行礼等片段情节，将内容一一展现。构图变化丰富，情景生动活泼，场面大气壮观，既表现了主题内容，又发挥了绘画视觉艺术的特长。

三、个性鲜明的人物造型

阿尔寨石窟壁画的人物造型可分为两大类和两种风格。一类为神佛造型，包括佛、菩萨、度母、罗汉、护法金刚、天王；一类为现实人物，有大成就者、成吉思汗黄金家族、大汗忽必烈及其家族、萨迦派五祖八思巴国师等。前者的造型忠实于藏传佛教造像量度经法度严谨的规范要求，而后者则强调现实主义的写实特征及个性化表现。由此使阿尔寨石窟的人物造型呈现出规范性和多样性的鲜明特点。

1. 佛的善良慈悲

阿尔寨石窟壁画中佛像的造型以我佛慈悲，法力无边为审美追求。而最生动的是观音、度母像，其审美特征更强调自觉、觉他的人文主义色彩和天人合一的理念。佛像少了些许庄严肃穆之威，多了一些人间世俗的洒脱欢悦和轻松自如。尤其是其中的二十一度母像，不仅造型变化丰富，姿态生动婀娜，富有节律动感，其神情样貌也格外温顺含蓄，给人以亲切和蔼之感。如31号窟的《释迦牟尼佛及胁侍》《十一面观音与二十一度母》，32号窟的《三十五佛与度母》。

2. 护法金刚的威猛雄强

阿尔寨石窟壁画中的护法金刚造型与上述佛像表征截然相反。这些金刚以动态表情高度夸张，身姿造型变化无穷而呈现出威猛雄强、孔武有力的超人法力，以示对外道邪恶入侵的震慑、对修法中不正之意念的警示和对佛法的捍卫守护之威。值得称道的是阿尔寨石窟壁画中护法金刚造型呈现出自身独特的民族特色和地方风韵，有着更深邃的学术含义和内涵表达。如28号窟《成吉思汗黄金家族崇拜图》，亦称《成吉思汗往生图》，上部的主尊佛多闻天王像象征着成吉思汗往生的最高境界，换言之，成吉思汗即是佛界多闻天王在凡尘的化身。故而对其刻画也别具一翻创意：夸大壮硕的身躯犹如典型的蒙古族摔跤手，豪放的游戏坐姿给人以敦厚、稳健、坚实的含义，坐于莲台上，而不是通常的骑雪狮，其表情显然也高度地世俗化、人性化了，造型于威严中显露出博大的豪壮之气和平实、智慧、仁慈、宽宏的胸襟。恰与左下角写实化的《成吉思汗家族图》中的汗王呼应，以象征手法成功地歌颂了蒙古民族伟大的英才大德成吉思汗和他所代表的蒙古民族精神。

3. 大成就者的无边智慧

阿尔寨石窟壁画第 28 号窟、32 号窟中还描绘了一批大成就者、高僧的肖像。虽因壁画脱落无法仔细辨认，但从壁画的连续性构图组合或网格式单尊像形式的表现，以及其人物动态，手姿足样，服饰台座，色彩搭配，线描功力和整体气势仍可看出，这些大成就者人物造型生动，神态从容，从中透出一种非凡的古老文化积淀所蕴含的无穷智慧，突显着一种超凡脱俗的文化底蕴和人格魅力。这正是石窟壁画绘制者所彰显的佛教思想精神和民众虔诚的信仰追求。

4. 现实人物的个性特征

现实主义题材，尤其是重大历史题材的彰显与写实的人物造型的完美塑造，是阿尔寨石窟壁画的重要特色。无论是对成吉思汗黄金家族的描绘、忽必烈与察必哈屯及蒙元汗室成员的再现，或国师八思巴为蒙元汗室成员灌顶图、讲经图和佛道辩论图中的精彩刻画，都着重于对人物个性特征的真实表现和对蒙古民族精神的颂扬。壁画中成吉思汗的伟然气度，忽必烈的厚积薄发，国师八思巴的足智多谋，乃至王室家族所象征的兴旺生气与凝聚力，画家寥寥数笔，其神韵风采便跃然于壁。

四、简洁明快的色彩渲染

阿尔寨石窟壁画色彩简洁明快、艳丽质朴，风格特色鲜明，既得力于对颜料的选用，也是蒙古民族本土文化特质的个性展现。

阿尔寨石窟壁画的用色早期与敦煌西夏壁画风格类似，以大量石绿色打底，有"壁画绿"之谓；中期壁画采用了藏族传统绘画手法，多使用绿、黑、白、红等矿物质颜料绘制，色调浓烈，线条奔放，画风独特；晚期壁画色彩以红、白、绿、蓝、黄为主，呈现出浓郁的蒙古地域格调。由于受生存地域自然环境色的影响，描绘世俗生活的画面也多采用蓝绿色调。

1. 原生态材质的绚丽美

阿尔寨石窟壁画所用颜料应是藏传绘画通用的矿物质、植物质和土质颜料。它有其不寻常的特点，呈不透明状，厚重纯净，覆盖力强，色质稳定沉着，经久不变。而且矿物质颜料晶体闪光，光泽效果好，色泽油润亮丽。故虽历经几百乃至上千年，画面仍然金碧辉煌、灿烂如新。壁画在材质应用上就体现出了强烈的地域性、民族性和独具特色的创美意志和审美追求。

2. 蒙古民族的象征色彩

阿尔寨石窟壁画色彩以矿物为主，原色种类不多，仅现在所呈现的颜料种类而言可以概括为"草原绿""蒙古蓝""宝石黄""珊瑚红""珍珠白""松烟黑"六种。由于蒙古民族生存环境地域的特殊性，大草原的绿色和天空的蓝色成为壁画中的主旋律，同时，也使暖色调的主体人物形象如大海中的珍珠般醒目突出，这也正是蒙古草原民族的象征色彩。蓝绿二色自然成为阿尔寨石窟壁画中应用最多的标志性色彩而呈现着蒙古民族独特的本土韵律格调。

3. 简洁质朴的色彩语汇

阿尔寨石窟壁画多使用纯度很高的矿物色，注重强调冷暖色调的对比，浓烈厚重与质朴清丽相辅相成，一改早期藏传佛教绘画以红色等暖色为基调的传统，强调固有色的协调统一，画面整体偏重蓝绿色调，背景设色淡雅柔和，中间色调的过渡和谐，人物色彩以暖色调突现，通过色彩的平稳沉着表现人物静谧与沉思的内心世界。技法以传统的单色平涂为主，达到一种精致、平整、统一，具有装饰美感的色彩效果和宁静、和谐、圣洁的氛围，是藏传绘画着色的最基本技法。同时，壁画中也可见层层烘染，渐变晕染、湿染、三重色并置等传统手法。

4. 浓墨淡彩的鲜明个性

阿尔寨石窟壁画也十分强调色彩的对比，包括色彩的冷暖对比、色度对比、明暗对比、体面对比等。以冷色调的环境背景衬托暖色调的人物，以浅色调的云烟衬托深颜色的前景物像，或以深色调的背景衬托浅色调的神灵人物造型，从而获得最佳的艺术表现效果。这是阿尔寨石窟壁画浓墨淡彩总相宜的鲜明个性特征。由此形成了阿尔寨石窟壁画人物形象鲜明突出，背景色彩变化有致，细节描绘丰富充实，整体和谐统一的视觉效果。

五、阳刚豪放的线描勾勒

线描勾勒是阿尔寨石窟的重要技艺特色，源自于蒙古民族古老的绘画传统。这种以线造型的东方审美表现特质在大量蒙古地区发现的远古岩画、摩崖石刻中可谓触目皆是。这些岩画表现的内容不仅涉及原始人类的经济、社会和生产情况，同时，岩画作为人类以审美方式把握世界的精神产品，还以其艺术审美打动人心，因此它又是人类最早的艺术品。阿尔寨石窟壁画的线描既有北方草原画派的骨脉神韵，也受到"西夏画派"的影响，同时也得力于藏传佛教传统绘画风格的规范性制约，并逐步形成了"蒙古族藏传佛教艺术体系"风格。这在阿尔寨石窟线描艺术中尤其得到生动的展现。阿尔寨石窟线描风格种类多样，既有阳刚豪放的铁线描、精细的高古游丝描，也有飘逸潇洒富于变化的兰叶描、水墨山水画般的写意笔描。在有的壁画上也会同时出现两种线描法，如28号窟，上部的多闻天王图用高古游丝描表现，下部成吉思汗家族图用铁线描表现，展现出了多元一统的文化风貌。

1. 阳刚豪放的铁线描

铁线描多用来表现现实生活题材中的人物、景物，造型简洁，用笔洗练，气韵生动。以28号窟《成吉思汗家族图》，31号窟《国师八思巴》《忽必烈汗与察必哈屯及蒙元汗室成员》《八思巴讲经图》最具代表性。

2. 精细的高古游丝描

此描法多用来刻画构图严谨，造型精细复杂，人物及动物变化较多、动感较强的画面，以28号窟《多闻天王图》，31号窟《十一面观音及度母图》《成吉思汗镇守蒙元汗室图》《佛道辩论图》《供养菩萨》，32号窟《三十五佛、罗汉、度母图》线描最具特色。

3. 飘逸潇洒的兰叶描

兰叶描以富有粗细变化，表现力活泼多姿为特点，以28号窟《藏传佛教密宗图》《大成就者图》，31号窟《六道轮回图》最具代表性。

4. 水墨山水画般的写意笔描

以33号窟《蒙古使者渡河图》为代表，此壁画墨色浓重，色彩少而清淡，线描重，写意传神，风格独特，从其表现技艺所展现的整体以墨色为主的风格特点分析，应是明显受中原汉地写意水墨画影响的早期作品。

六、苍劲古朴的壁画榜题

书写榜题，是阿尔寨石窟壁画的一大特色，它从一个侧面论证了蒙古民族历史文化源流的古老印迹，有如下特色。

一是书写文字种类多。包括早期的回鹘式蒙古文、梵文、八思巴文、藏文，具有多种语言文字共用的特色。同时，据专家考证，这里是世界上现存回鹘式蒙古文榜题最多的一处遗迹，主要集中在第 32 号窟内。

二是时间跨度久远。其中回鹘式蒙古文榜题出现时间最早者，比敦煌莫高窟壁画上的蒙古文榜题还要古老。阿尔寨石窟壁画和回鹘式蒙古文、藏文榜题都是同一时期的文物。从字体和语言特点来看，回鹘式蒙古文榜题可能书写于元末明初。

三是榜题内容丰富。据巴图吉日嘎拉先生介绍，这些榜题主要有《忏悔三十五佛之赞歌》《圣教度母二十一种礼赞经》《十六罗汉颂》《男居士达摩达拉赞歌》和《四天王赞歌》等。

四是榜题量大，初步统计约有 100 多条。如 32 号窟东、西、南三壁被分成四排方格形空间，都画着各种佛像，每尊佛像的两侧和上方各有竖的和横的长方形榜题牌。从残词中可以看出，这些回鹘式蒙古文榜题都是四行诗，与相关的壁画有关，主要是说明壁画内容，其中大部分是由藏文翻译的有关佛教的赞颂词。

五是书写形式不拘一格，一般多书写在佛像的两侧和上方。竖长方形榜题牌上书写着回鹘式蒙古文，横长方形榜题牌上书写着藏文。这些榜题都用竹笔墨书，具有极高的历史文献价值和艺术价值。

七、多元文化突显的蒙古民族精神

阿尔寨石窟中的近千幅壁画，历史悠久，内容丰富，色彩瑰丽，线条流畅，技法娴熟，文化内涵丰厚。其中大量具有蒙古民族人文特色的世俗壁画是中华民族艺术圣殿中举世罕见的文化艺术遗产，它为研究中国古代北方民族的政治、经济、文化、艺术、宗教信仰和民风民俗提供了丰富的形象史料。阿尔寨石窟壁画不仅继承和弘扬了蒙古民族优秀而古老的文化艺术传统，同时，又是吸收和融合多种外来文化精华而创造出来的艺术珍品，在漫长的发展历程中，无论是对博大精深的藏传佛教文化的接受，对风格浓艳的西夏地方文化的吸纳，或是对中原汉地文明影响的融会，都反映了伟大的蒙古民族长期以来与国内各民族及世界各国多元文化进行广泛交流的优秀历史传统。正是这种如蓝天般博大的胸怀，草原般包容的吸纳精神，造就了蒙古民族辉煌的历史成就和如日月般永恒的蒙古草原民族精神。

1. 以长生天为象征的蒙古民族精神

阿尔寨石窟中大量以讴歌长生天成吉思汗及其家族为题材的写实壁画，乃至一些以神佛像为偶像喻义的壁画，如"成吉思汗黄金家族供养图""成吉思汗丧葬图""毗沙门天王图""四大天王图"，以纪实性的大手笔和深邃的象征内涵再现了蒙古族伟大的英雄长生天成吉思汗在世界历史上所建立的历史性丰碑，在蒙古民族发展史上谱写了新的篇章，以及由此奠定的战无不胜的蒙古民族精神。

2. 以草原马背生活为传奇的蒙古人文风采

阿尔寨石窟壁画中无处不见的以蒙古草原民族马背生活原始素材为基调的写实画面简洁明快、生动真切、质朴厚重。壁画中无论是对现实人物彪悍、骁勇形态的刻画，草原马背游牧生活场景的真实再现，还是战斗场景中人喊马嘶、刀光剑影的渲染，或是对草原祥云流水、宫苑毡帐、瑞禽灵兽、花草树木的描绘，以及对民俗生活淋漓尽致的展示，都洋溢着草原游牧民族潇洒、热忱的生活情趣和豪壮坦荡的性格特征，突显着马背民族的阳刚之美。

3. 以蒙古民间文化信仰为源头的灿烂历史

阿尔寨石窟壁画还长于将蒙古民族民间传统文化贯穿于所表现的重大历史题材和佛教内容之中，如以萨满教国俗之制绘制的 31 号窟《六道轮回图》局部蒙元丧葬场面，即直接体现了"其祖宗祭享之礼，割牲，奠马醴，以蒙古巫祝致词，盖国俗也"。

阿尔寨石窟 28 号窟的《成吉思汗御容图》可谓场面宏大，人物众多。尤其是其中高大的多闻天王像，寓意深刻。据《元史·祭祀四》载："神御殿，旧称影堂。所奉祖宗御容，皆纹绮局织锦为之。影堂所在：世祖帝后大圣寿万安寺，裕宗帝后亦在焉……"这幅壁画以象征手法表现了大汗活着的时候是政教合一的最高统治者，长逝后是社稷守护神，故大汗所建寺庙必须供奉其御容并祈求冥福，可以认为以蒙古民间传统文化信仰展示了灿烂历史。这类题材还有 31 号窟《轮回图》《成吉思汗镇守蒙元汗室图》等。这些都是蒙古民族民间传统文化中精神信仰、生活追求的真实写照。

4. 以佛学思想为理念的蒙古草原文明

阿尔寨石窟壁画表现的主要题材内容就是藏传佛教各类传统的神佛像、度母像、护法神像和大成就者像，以藏传佛教萨迦派高僧八思巴为主角的《灌顶图》《说法图》《礼佛图》《六道轮回图》，以及以回鹘式蒙古文、梵文、八思巴文、藏文书写的榜题。这些深含佛学理念的壁画将佛、菩萨的善良慈悲，护法金刚的威猛雄强、大成就者的无边智慧，现实人物的风韵神采如数家珍般展现出来。这些佛学理念已完全融入蒙古草原沃土，成形于蒙古民族的精神生活信仰和思想意识形态之中，并以国教之殊荣而成为蒙古民族草原文明的重要组成部分。

阿尔寨石窟壁画艺术不愧是草原蒙古民族悠久历史文化发展进程中的恢宏画卷，不愧为表现蒙古民族精神的壮丽诗篇。

参考文献：

1. 潘照东主编《草原敦煌——阿尔寨石窟探秘》，内蒙古新经济研究会、鄂尔多斯学研究会，2002 年。

2. 巴图吉日嘎拉、杨海英：《阿尔寨石窟——成吉思汗的佛教纪念堂兴衰史》，东京：风响社，2005 年。

3. 康·格桑益希：《内蒙古阿尔寨石窟八思巴壁画探秘》，《西藏研究》2005 年第 2 期。

4.《全国阿尔寨石窟文化学术研讨会论文集》，2005 年 7 月。

5. 巴图吉日嘎拉、杨海英：《阿尔寨石窟》，王大方审校，阿尔寨石窟保护研究所，2006 年。

偏光粉末显微法在颜料分析中的应用

——以阿尔寨石窟为例

夏　寅（陕西秦始皇兵马俑博物馆）

王伟锋（陕西秦始皇兵马俑博物馆）

付倩丽（陕西秦始皇兵马俑博物馆）

巴图吉日嘎拉（内蒙古自治区鄂托克旗阿尔寨石窟文物管理所）

郭　宏（中国文物遗产研究院）

一、偏光粉末显微法特点与优势

近年来，随着国家对文物保护工作的日益重视，对博物馆文物保护研究的投入不断加大，文物保护工作呈现出一片蓬勃发展的新气象，但相对于博物馆内庞大的文物数量以及考古发掘中不断出土的文物来说，文物保护的资金缺口仍然很大，有能力投入资金购置大型分析检测仪器、设备的博物馆多集中在北京、上海等经济发达地区，在全国范围内，文物保护研究的发展极不平衡。

目前，对于大多数考古出土文物的分析鉴定，如颜料、金属器、陶器、石器、纺织品、木材等等，主要有 X 衍射仪、扫描电镜（能谱）、荧光、红外、拉曼光谱仪等大型分析仪器，但对大多数文博单位来说，置办这些昂贵的仪器是不太现实的。而将样品直接送到研究院所中，如果具体分析人员对于文物了解不够，很可能会漏掉样品中考古和文物保护工作者感兴趣的一些信息。利用偏光显微镜鉴定和研究颜料恰恰可以避免这一情况的发生，稍微有条件的博物馆即可借助它完成颜料的采样、制样、分析和数据输出等全过程，从而同样达到颜料的研究分析目的。事实上，相对于衍射等方法，偏光显微粉末法对样品的需要量是很小的，理论上甚至可以达到皮克 $(1pg=10^{-12}g)$ 和纳克 $(1ng=10^{-9}g)$ 级 [1]。

---

[1]　McCrone, W.C., *The microscopical identification of artists'pigments* . IIC - CG, 1982(1&2), pp.11-34.

充分利用偏光显微镜分析和归类大量的标准颜料并结合计算机的数据库技术，能对古代颜料分析更准确、更科学、更方便快捷，可以让大量缺乏经费的文博单位的研究人员，了解并研究古代颜料。特别是从经济角度看，项目完成后，分析一个样品的成本将下降到使用一般仪器分析的几十分之一。在此之前，由于经费问题，大量考古出土的彩绘没有进行科学分析，而使得大量的信息白白流失。偏光显微法经过优化后，使得对大批量考古出土的古代彩绘进行分析成为可能，有利于系统普查中国颜料使用的历史，迅速掌握中国古代彩绘技术发展脉络。

偏光显微镜装有两个可产生平面偏光（只在一定方向上振动的光波，称为偏振光）的偏光片，根据晶体光学原理，通过可见偏振光透过晶体产生的光学性质及其常数测定，从而达到鉴定目的。一般来说，该方法是通过分辨晶体的大小、形状、颜色、表面形态、折射率和双折射率等性质来鉴别颜料的。

二、偏光粉末显微法国内外应用概况

国外的文物保护单位十分重视利用偏光显微镜，甚至将其作为保护修复实验室的基本配置，一些国外的修复专业还专门设立了偏光显微课程。正如文物保护学科的交叉性一样，具备显微化学、光学和晶体学等背景知识对掌握好偏光显微镜是必不可少的。

而在国内，利用偏光显微法分析研究彩绘颜料的文献几乎没有，目前只有敦煌研究院等少数几家单位配备有相关的专业人员和设备。此次主要采用偏光显微法对阿尔寨石窟壁画颜料进行了分析研究，获得较为重要的考古学信息。

三、阿尔寨石窟壁画颜料分析

阿尔寨石窟壁画颜料分析研究工作采用了偏光显微镜分析、剖面分析，并结合X射线衍射分析对6个洞窟的24个样品进行了分析。结果表明，其绘制方法是先用掺有麦秸的黏土将洞窟壁面抹平，然后用白粉涂白，再施以彩绘。所使用的颜料为矿物质颜料，多为绿、白、红、蓝色等。其中使用的红色颜料是朱砂和铅丹；蓝色颜料是石青；绿色颜料是氯铜矿；白色颜料是碳酸钙，均为常见壁画颜料。样品中的石英和长石，系壁画长期受风沙侵蚀而残留在壁画颜料中的杂质[1]。

---

[1]　夏寅等：《内蒙古阿尔寨石窟壁画制作工艺和颜料的分析研究》，《文物保护与考古科学》2007年第2期。

四、结果与讨论

1. 关于白灰层中碳酸钙的分析研究

阿尔寨石窟壁画的制作方法与我国其他地方一致，也属于古代干壁画，所使用的颜料为矿物颜料。

白粉层使用普通石灰水在地仗层上涂刷而成，经 X 射线衍射分析，其主要成分是碳酸钙，为氢氧化钙在空气中二氧化碳的缓慢作用下转变而成，此次分析出的碳酸钙晶体一部分呈现微小的正方形状，应为缓慢反应所致；另一部分呈现细小的针状晶体，应为迅速反应的产物。

笔者也曾使用偏光粉末显微分析法对多处考古遗址中白色底层颜料进行分析，如陕西潼关税村隋墓壁画的底层是先将经过漂洗过筛的黏土加石灰混合，再加植物碎屑构成了所谓的草拌泥层，然后涂施了较薄的白色石灰层（100～180 微米）。尽管黏土中掺加的石灰有混合不均匀的现象（出现 1～6 毫米直径的团状白灰），但是这种黏土加石灰的工艺增强了整个壁画结构。

湖南岳麓书院宋墓壁画白色底层也为碳酸钙，其加工工艺推测为：将石灰岩灼烧为生石灰，加水，生成部分的熟石灰，上底；未完全干燥时，就用墨线起稿，再上黄色颜料，使得颜料层与底层结合较为紧密。

通过偏光显微镜了解壁画白灰底层中各层次或是内外层中碳酸钙的晶形和晶粒大小，可以推测当时工匠是采用了天然的碳酸钙(白垩)，还是烧成石灰后加水涂施，以及涂饰的过程情况，即是干后彩绘还是未干即涂施彩绘。相对于衍射、电镜等大型复杂的分析手段，偏光粉末显微分析法在分析颜料颗粒形成过程方面更具有独特的优势。

2. 关于颜料层中铅丹的分析研究

阿尔寨石窟壁画中使用的红色颜料是朱砂和铅丹。壁画表面黑色二氧化铅应为铅丹变色产物，据笔者观察，在某些黑色层内侧仍然存有尚未完全变色的橘红色铅丹。有研究表明，在强碱性的生石灰存在条件下，湿度较高的环境里，铅丹很快产生变色生成棕黑色的二氧化铅[1]。

---

[1]　Green, L., *Colour Transformations of Ancient Egptian Pigments In Davies*. W.V.(ed.), Colour and Painting in Ancient Egypt.The British Museum Press，2001，PP.43-48.

3. 关于颜料层中氯铜矿的分析研究

阿尔寨石窟壁画所使用的绿色颜料——氯铜矿，应为人造制品。

人造氯铜矿的历史相当悠久。最早是在埃及的壁画上分析出了氯铜矿，并且推测为人造[1]；早在唐代，中西方交流物品中就有"铜绿"，由于使用铜制造，故在价格上比天然的石绿要贵，如在日本龙谷大学收藏的吐鲁番出土唐天宝元年交河郡市估案残卷大谷文书 3081 号载："铜绿壹两上直钱叁拾伍文，下贰拾伍文"，文书 3036 号载："石绿壹两上直钱拾文，次捌文"[2]。所以，在以元代壁画为主的阿尔寨石窟壁画使用人造的氯铜矿，在技术上不存在任何问题。在清代故宫慈天花古建彩画颜料中也分析出了氯铜矿的存在。

关于氯铜矿的制造方法在我国未见有文献记载，但在西方一些文献上有所论及 [3]：如 Pliny 描述的用海水浸铜矿生成氯铜矿的方法，以及欧洲中世纪在铜板上涂抹蜂蜜再附以食盐，然后在密封的容器中用热的醋或尿液浸渍的方法。

氯铜矿晶体，在显微镜下一般呈现出两种完全不同的晶体形态。此次分析出的样品呈现圆形带深色内核的晶体形态，与块状岩石形态的天然氯铜矿截然不同，具有明显的表征意义。而这种特殊的形貌特征是在有外界干预的情况下产生的：一种是人工制造，一种是石绿受环境影响发生变化。Pique 在云冈石窟分析出北魏的氯铜矿 (但也同时分析出了石绿) 以及 Proudfoot 等人在唐代的两件雕塑上分析出的氯铜矿均呈现圆形带核颗粒，Fitzhugh 先生在一件 15 世纪伊朗手稿上也分析出了圆形带深色内核的氯铜矿颗粒，他认为其为人工制造的可能性较大 [4]。笔者对采自明代的水陆庵彩绘壁塑的绿色样品进行了偏光显微分析，主要成分为氯铜矿和红色氧化铜，也呈现相似的晶体结构。而在阿尔寨的绿色样品中只分析出了氯铜矿，并未检出有石绿颗粒存在，所以笔者也推测其为人工制造的氯铜矿。

[1]　李最雄：《丝绸之路石窟壁画彩塑保护》，北京：科学出版社，2005 年，第 130 页。

[2]　王进玉：《中国少数民族科学技术史丛书·化学与化工卷》，南宁：广西科学技术出版社，2003 年，第 403 ～ 405 页。

[3]　Helen Howard, *Pigments of English Medieval Wall Painting.Archetype Publication*, 2003, pp.72-78 .

[4]　Scott, D.A., *Copper and Bronze in Art.Getty Publications*，2002, pp.134-139 .

阿尔寨石窟大事记（1956 ～ 2017 年）

1956 年

内蒙古文物考古工作队的张郁先生对阿尔寨石窟进行考察，这是中华人民共和国成立以后文物工作者首次对阿尔寨石窟进行的考察工作。

1981 年

田广金先生发表考古调查报告《百眼窑石窟》，对阿尔寨石窟进行首次研究并提出该石窟建造的年代"可能为元代或稍晚些"的观点。

1989 年

由内蒙古师范大学、内蒙古社会科学院与内蒙古大学等单位组成的单独或联合考察队到阿尔寨进行考察，并提出了"石窟开凿年代可能始于西夏时期或更早些"的观点。

1991 年

11 月，鄂托克旗人民政府将阿尔寨石窟列为旗级重点文物保护单位，并树立文物保护标志。

1993 年

8 月，鄂托克旗人民政府将阿尔寨石窟文物保护范围确定为南北长 1000 米，东西宽 800 米。

1996 年

5 月，内蒙古自治区人民政府将阿尔寨石窟列为内蒙古自治区第三批重点文物保护单位。

1997 年

1 月，经鄂托克旗人民政府批准，阿尔寨石窟文化保护所正式成立。

2000 年

5 月，鄂托克旗人民政府将阿尔寨石窟建设控制地带范围确定为方圆 3 公里。

2002 年

10月，由鄂托克旗文物管理所负责修建的阿尔寨石窟工作站竣工，工作站总面积350平方米。

10月，根据时任国务院副总理李岚清同志的批示，国家文物局副局长张柏一行对阿尔寨石窟进行考察，并组织召开现场办公会，与内蒙古自治区、鄂尔多斯市、鄂托克旗政府领导和文化主管部门负责人讨论研究阿尔寨石窟的保护工作，初步形成了对阿尔寨石窟（包括百眼井）进行保护和利用的基本思路。

10月30日，经内蒙古自治区文化厅同意，由鄂尔多斯博物馆组织考古队对阿尔寨石窟进行了考古发掘。此次发掘清理石窟3座，出土瓷器2件，经书（残）1部，佛龛2个，以及部分壁画，半张契约，铜器和铁器等。

2003 年

1月，阿尔寨石窟专家论证会在京召开。考古、石窟、佛教历史以及藏传佛教研究方面的专家马世长、齐东方、李崇峰、孟凡人、孙国璋、李裕群、杨泓、丁明夷、温玉成等参加会议。与会专家在充分肯定阿尔寨石窟的重大价值后指出，石窟保护工作迫在眉睫，刻不容缓，并呼吁尽快将阿尔寨石窟列为国家重点文物保护单位，拨专款加以保护，组织人员开展考古勘测、发掘和拍照，同时进行深入、多学科的研究。

3月，国务院增补阿尔寨石窟为第五批全国重点文物保护单位，并予以正式公布。

4月，经鄂托克旗人民政府同意，阿尔寨石窟文物保护范围在原划定南北1000米的基础上向南延长500米，在原东西800米的基础上再延长300米，扩大后南北长为1500米，东西宽为1100米。

2005 年

6月9日～8月23日，阿尔寨石窟第一期保护工程——危岩体抢险加固工程进行施工建设。本次抢险加固保护的重点是平顶山南侧对石窟安全和游人人身安全构成严重威胁的1#～7#号7个危岩体。通过抢险加固消除了安全隐患，确保了文物本体的安全，避免了整体坍塌。

2006 年

1 月，鄂托克旗进一步调整扩大阿尔寨石窟保护范围，将石窟附近的古塔、古井遗址和成吉思汗射箭处划入重点保护范围，并确定阿尔寨石窟绝对保护范围为 15 平方公里，一般保护范围为 36 平方公里，建设控制区为 72 平方公里，环境影响区为 1333 平方公里。

1 月，内蒙古自治区人民政府正式公布《阿尔寨石窟遗址保护规划》。

5 月 28 日～8 月 25 日，阿尔寨石窟寺危岩加固第二期工程进行施工建设。本期工程对受裂隙切割影响而行将垮塌的 8#～19# 危岩体进行了抢险加固，工程的主要施工项目是：锚杆加固、裂隙灌浆及锚杆混凝土砌筑加固等。通过施工，使带有重要人文痕迹的危岩体得到了有效保护。

2008 年

4 月，阿尔寨石窟廊道台阶甬道修建工程开工建设，并于 7 月底竣工。该工程由游廊与台阶路面两部分组成，工程总造价 143 万元，其中游廊部分材料全部为木质结构，台阶路面为石板材料。此次共修建廊道 240 米，人行道 350 米，分西斜小路、东斜小路及石窟门前大路，路宽 1.3 米。该项工程的建设对于保护文物和游客的安全有着重要作用。

5 月 10 日～7 月 31 日，阿尔寨石窟寺顶窟基础托换和抗风蚀工程（第三期）进行施工建设。本次工程是对严重影响石窟安全的岩体、风蚀凹槽以及部分面临垮塌危险的石窟临时承重结构进行托换。本期工程完成了第一加固区段（阿尔寨石窟西北侧危岩体及风蚀凹槽）、第二加固区段（阿尔寨石窟北部东侧危岩体及风蚀凹槽）、第三加固区段(阿尔寨石窟东部北侧危岩体及风蚀凹槽)以及第四加固区段(13# 窟顶危岩体加固、风蚀凹槽的治理，10#～66# 窟临时承重结构的托换）等工程内容。

5 月～8 月，实施了阿尔寨石窟环境整治工程。工程按照《阿尔寨石窟遗址保护规划》组织实施，新建了 60 平方米的安全防范机房以及卫生间一处，在游览道路上放置环保垃圾箱若干。

7 月，科研专著《阿尔寨论丛》出版发行，综合期刊《阿尔寨》创刊，并出版发行蒙汉文各一期。刊物中包括"石窟保护动态""石窟考古与艺术""民族与宗教""阿尔寨史地""阿尔寨石窟与人物"以及书评等栏目，为研究阿尔寨石窟提供了一个交流平台。

9月17日～9月21日，阿尔寨石窟国际学术研讨会在鄂托克旗棋盘井镇举办。来自中国、日本、韩国、蒙古、俄罗斯、波兰、捷克、德国、法国、英国等国家和地区的120多位专家与会，共收到论文80多篇，其中外文论文20余篇。此次国际学术研讨会取得了重要成果，一是收集到的论文较多；二是研究内容不断深入，研究领域不断拓展，而且有所创新；三是研究方法有突破性进展。如雷纳德·克里斯汀把阿尔寨石窟壁画与欧洲教堂壁画进行比较，找出它们之间的异同，很有新意；回鹘式蒙古文榜题文献比较研究，在考证、补漏原有文献内容方面取得可喜成绩；张尚欣、夏寅、王伟锋等关于拉曼光谱、偏光粉末显微法的运用研究，把现代科技手段首次引入到阿尔寨石窟的研究方法中，为阿尔寨石窟学术研究打开了更加广阔的前景。新资料不断地被挖掘和发现，在以往的研究中，可利用的文献资料仅有十几种，通过这次会议达到了二十几种。

12月，《阿尔寨石窟国际学术研讨会论文集》出版。该论文集收录了用蒙文、中文、英文、日文等文字写成的80篇论文，内容涵盖石窟保护动态、石窟考古与艺术、民族与宗教、阿尔寨史地、阿尔寨石窟与人物、壁画保护与研究分析、历史民俗等。

2009 年

2月，为了更好地适应阿尔寨石窟研究与保护工作的需要，根据鄂尔多斯市编办《关于成立阿尔寨石窟研究院的批复》（鄂机编发〔2008〕156号）及鄂托克旗编办文件（鄂机编发〔2009〕1号）精神，正式成立阿尔寨石窟研究院。研究院业务范围包括：拟定石窟文物研究、保护、修复、发掘和利用规划方案并组织实施；开展石窟艺术、相关人文宗教历史文化研究；开展文物保护技术与方法研究；开展文物档案资料管理与研究；负责文物修复、文物信息管理与利用；协同有关部门负责阿尔寨石窟的文化旅游产业开发；负责相关专业技术人员的培训。根据上述业务范围，设立综合办公室、文物研究与保护办公室、规划与建设办公室三个内设机构。

3月，鄂托克旗政府为发展阿尔寨旅游事业，与石窟周边牧户协商开展搬迁工作，并按照阿尔寨旅游文化公司用地规划，由旗草监所配合，详细测算了所涉及8户牧民的草场面积。征用草牧场总面积为8672.14亩，按每亩550元计算，共计476.9677万元，其中需搬迁3户，到7月份按计划顺利完成了本次征地工作。

6月，阿尔寨石窟山顶观光亭项目开始实施。该工程由山西省古建筑研究所高级工程师滑辰龙等在阿尔寨石窟现场调研后根据原有的八思巴纪念堂复原设计而成。2009 年 5 月 29 日内蒙古自治区文物局与有关专家召集会议并到实地查看后给予了项目审批。

2010 年

7 月，总投资 20 余万元的阿尔寨石窟山顶观光亭工程竣工。

8 月，中文版《阿尔寨石窟回鹘蒙古文榜题研究》出版发行，中文版由内蒙古社会科学院纳·巴图吉日嘎拉、那楚格、嘎日迪三人历时 6 年多编译完成。《阿尔寨石窟回鹘蒙古文榜题研究》蒙古文版，于 1997 年内蒙古自治区成立 50 周年之际，由辽宁民族出版社出版发行。

8 月 28 日～9 月 1 日，首届"鄂托克·阿尔寨文化"高层论坛在鄂托克旗乌兰镇举行，此次论坛的主题是"阿尔寨文化与幸福鄂托克"。来自蒙古国以及我国中央民族大学、内蒙古自治区各大院校、内蒙古社会科学院的 50 多位专家学者参加会议并提交论文 35 篇。

8 月 30 日～9 月 6 日，首届中国阿尔寨文化节在鄂托克旗乌兰镇举行，期间举办了岩画、壁画展览和首届"阿尔寨"杯摄影大奖赛。

9 月，总投资 18.5 万元的阿尔寨石窟山体 2 公里通电工程经过两个月的施工建设正式竣工通电。

10 月中旬，阿尔寨石窟遗址安全防范系统工程开始实施，12 月中旬竣工，工程总造价 140 万元。

11 月 15 日，委托山西省古建筑保护研究所制作阿尔寨石窟国宝档案测绘文本，投入 10 万元。

2011 年

1 月，《祥瑞阿尔寨·幸福鄂托克》首届阿尔寨文化高层论坛文集出版发行。

3 月，大型画册《阿尔寨石窟壁画》珍藏版出版发行仪式在呼和浩特市举行。该画册的发行被誉为内蒙古文物保护领域的一件大事，是 30 多年来阿尔寨石窟保护和阿尔寨石窟文化研究的一项重要成果。

8 月，阿尔寨保护核心区标准化网围栏工程建成并投入使用。该项目经内蒙古自治区文物局批准，投资 137 万元，于 2010 年 11 月开始施工。

经鄂托克旗人民政府批准，投入15万元完成阿尔寨石窟观测站防汛泄洪工程。

2012 年

8月20日～26日，为期6天的第二届中国·阿尔寨文化（旅游）节在鄂托克旗乌兰镇举行。

8月20日，第二届中国·阿尔寨文化论坛举行。来自全国各地的50多名专家学者汇聚一堂，就阿尔寨文化的命名、内涵、特征、历史地位及其与成吉思汗文化、蒙元文化的关系等主题进行广泛讨论和交流，并对阿尔寨石窟保护所面临的问题提出了建议。

全面启动《阿尔寨石窟丛书》的出版工作。

2013 年

《第二届鄂托克·阿尔寨文化论坛论文集》出版发行。

《阿尔寨石窟危岩体加固工程、保护规划、安全防范工程报告》编撰工作启动。

2014 年

3月27日，委托中铁西北院制作完成《阿尔寨石窟保护工程设计方案》（阿尔寨石窟岩体整体保护工程子工程），并上报国家文物局。

8月14日～20日，阿尔寨石窟研究院部分专家学者前往敦煌考察，并参加"敦煌石窟国际学术研讨会"，巴图吉日嘎拉做学术报告。

2015 年

编制完成《阿尔寨石窟安全防范系统工程立项报告书》，并上报自治区文物局。

编制完成《阿尔寨石窟壁画数字化保护及洞窟三维重建工程立项报告书》，并上报自治区文物局。

2016 年

组织实施阿尔寨石窟保护修缮工程并顺利竣工。8月30日，阿尔寨石窟保护修缮工程通过公开招投标，与辽宁有色基础工程公司签订工程建设协议，委托河南安远文物保护工程有限公司对工程建设进行监理。9 月 22 日开工建设，11 月 10 日竣工。该工程是阿尔寨石窟山体整体保护工程的一部分，对阿尔寨石窟危岩体险情比较严重区域进行加固处理，为整体加固工程建设奠定了基础。工程投资 150 万元。

委托敦煌研究院制作完成《阿尔寨石窟壁画保护工程设计方案》和《阿尔寨石窟壁画数字化保护及洞窟再现工程设计方案》。

2017 年

《阿尔寨石窟壁画保护工程计划书》获得国家文物局批复立项，并下拨工程前期经费 60 万元，工程总预算为 1200 万。9 月，委托敦煌研究院制作的《阿尔寨石窟壁画保护方案》《阿尔寨石窟第 30 号窟壁画保护方案》通过自治区文物局专家组初评，并上报国家文物局审批。

《内蒙古鄂托克旗阿尔寨石窟寺顶窟基础托换和抗风蚀工程》被国家文物局列入 2018 年项目库，已计划前期经费 45 万元，工程总预算为 485 万元。9 月，委托辽宁有色工程公司制作的《内蒙古鄂托克旗阿尔寨石窟寺顶窟基础托换和抗风蚀工程设计方案》通过自治区文物局专家组初评，并上报国家文物局审批。

《阿尔寨石窟安全防范系统改造升级工程计划书》被列为自治区文物局重点项目，项目总预算 315 万元。

扩建阿尔寨石窟安防室，改善了看护人员生活、住宿条件。

完成了国保单位"四有档案"的收集整理。按照国家对全国重点文物保护单位档案资料管理工作要求，整理了 20 年来阿尔寨石窟相关一切资料，重点是保护规划、保护机构、组织实施、保护项目、保护范围、新闻报道及重要学术成果相关资料。

图　版

图一 阿尔寨石窟保护标识

图二　阿尔寨石窟远景

图三 阿尔寨石窟入口

图四　"草原敦煌"阿尔寨石窟

图五 阿尔寨山

图六　阿尔寨山北面

图七　毗沙门天

图八　成吉思汗家族图

图九　密教金刚护法、罗汉

图一〇 双身胜乐

图一一　喜金刚

图一二　胜乐六十二众

图一三　大威德金刚

图一四 无量光佛

图一五 罗汉 1

图一六　罗汉 2

图一七　罗汉 3

图一八　罗汉 4

图一九　罗汉5

图二〇　宝帐怙主

图二一　护法上师

图二二　野兽葬

图二三　鹰葬

图二四 罗刹

图二五 武士引弓

图二六　西夏舞乐场面

图二七　度母故事

图二八　度母故事局部 1

图二九　度母故事局部 2

图三〇 度母故事局部 3

图三一　度母故事局部 4

图三二　十一面千手观音

图三三　十一面千手观音局部

图三四　供养菩萨 1

图三五　供养菩萨 2

图三六　释迦牟尼及胁侍

图三七　忿怒莲师咕噜乍波

图三八 八思巴为蒙元汗室成员灌顶图

图三九　八思巴为蒙元汗室成员灌顶图局部

图四〇　成吉思汗镇守蒙元汗室图局部 1

图四一　成吉思汗镇守蒙元汗室图局部 2

图四二　成吉思汗镇守蒙元汗室图局部 3

图四三　成吉思汗镇守蒙元汗室图局部 4

图四四　毗沙门天王

图四五　威猛金刚手

图四六　忽必烈汗与察必哈屯及蒙元汗室成员

图四七　八思巴讲经图

图四八　八思巴讲经图局部 1

图四九 八思巴讲经图局部 2

图五〇　八思巴讲经图局部 3

图五一　八思巴讲经图局部 4

图五二　佛道辩论图

图五三　佛道辩论图局部

图五四　蒙古族丧葬图

图五五　蒙古使者渡河图

图五六　居士达摩达拉

图五七　度母、罗汉、护法神

图五八　度母像及榜题

图五九　回鹘式蒙古文榜题 1

图六〇　回鹘式蒙古文榜题 2

图六一 弥勒像及榜题

图六二　藏传佛教上师

图六三　龛内饰画 1

图六四 龛内饰画 2

图六五　龛内饰画 1 局部 1

图六六　龛内饰画 1 局部 2　　　　　　　　　图六七　龛内饰画 2 局部

图六八　藻井图案

图六九　莲花棋盘藻井

图七〇 浮雕佛塔 1

图七一 浮雕佛塔 2

图七二　浮雕佛塔 3

图七三　浮雕佛塔 4

图七四　浮雕佛塔 5

图七五　天梯

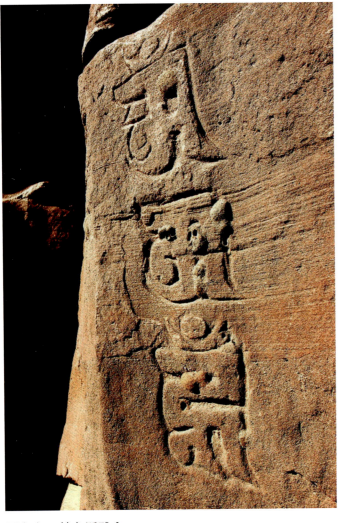

图七六　梵文浮雕 1

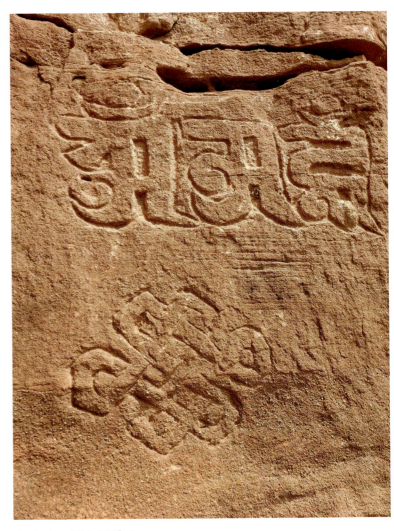

图七七　梵文浮雕 2

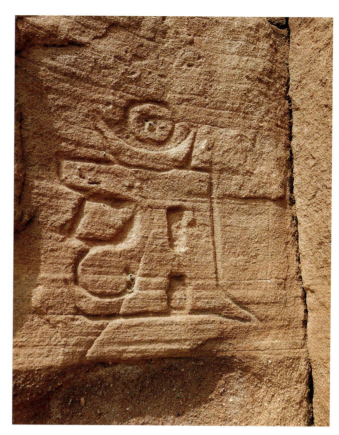

图七八　梵文浮雕 3

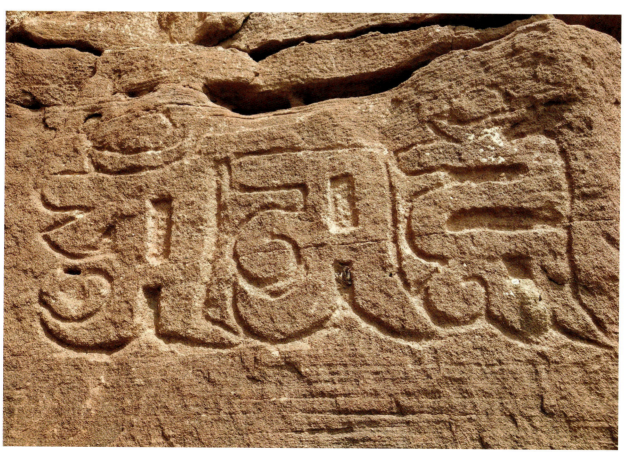

图七九　梵文浮雕 4

图八〇　山顶寺庙建筑遗址

图八一　蒙古包基址